Heinold · Bücher und Buchhändler

Heidelberger Wegweiser

D&M

Ehrhardt Heinold

Bücher und Buchhändler

Was man vom Einzelhandel mit Büchern wissen sollte

unter Mitarbeit von

Gernot Keuchen und Uwe Schultz

R. v. Decker & C. F. Müller
Heidelberg

Der Vermerk BuB mit einer Ziffer, die auf das jeweilige Kapitel verweist, signalisiert dem Leser, daß sich weitergehende Informationen in *Bücher und Büchermacher* des gleichen Autors finden.

Cip-Titelaufnahme der Deutschen Bibliothek

Heinold, Ehrhardt:
Bücher und Buchhändler. Was man vom Einzelhandel mit Büchern wissen sollte / Ehrhardt Heinold. Unter Mitarb. von Gernot Keuchen u. Uwe Schultz. – Heidelberg: v. Decker u. Müller, 1988.
(Heidelberger Wegweiser)
ISBN 3-8226-0287-6

Gestaltung und Herstellung: Richard Mader
Satz: Layout-Satz B. Knecht GmbH, Ockenheim
Druck: Druckhaus Beltz, Hemsbach

ISSN 0931-0959
ISBN 3-8226-0287-6

Buchhandel im Strukturwandel

»Der Sortimentsbuchhandel und wahrscheinlich auch der Verlagsbuchhandel . . . befinden sich in einer Anpassungskrise, die gleichzeitig eine Strukturkrise ist . . .

Am Ende des bürgerlichen Zeitalters, das ebenfalls mit einer Krise des Buchhandels begann, steht der Gegenstand des Buchhändlers, das Buch als Informationsmittel, im Wettbewerb mit neuen Konkurrenten, mit anderen Medien oder Informationsträgern, während gleichzeitig die Buchkäufer ihr Verhalten entscheidend ändern. Die Anpassung an diese veränderten Verhältnisse bringt eine krisenhafte Entwicklung mit sich. Der Buchhandel muß seine Struktur, die praktisch über anderthalb Jahrhunderte ähnlich geblieben ist, grundlegend überdenken. Einigen Buchhandlungen ist das offensichtlich schon gut gelungen, anderen weniger gut, mehr als ein Drittel befindet sich in der Verlustzone, aus der leicht eine Liquiditätskrise werden kann. Die Folgerungen aus einer Analyse dieser Daten sind vielfältiger Art. . .

Wir leben mitten in einer Zeit des Experimentierens. Doch die Krise ist nur zu überwinden und kommenden Krisen ist nur vorzubeugen, wenn ein einfaches Aktionsschema gefunden werden kann. Und dieses Aktionsschema ist das kaufmännische Grundrezept aller Zeiten: Erträge steigern, Kosten senken, modernes Management.«

Herbert Grundmann (1913–1981) im »Börsenblatt für den Deutschen Buchhandel«, *Frankfurter Ausgabe, Nr. 28/1971*

»Erst im Laufe von Jahrzehnten ist mir das eigentlich Selbstverständliche bewußt geworden – als Sortimenter dienen wir nicht dem Buch schlechthin, irgendwelchen Büchern, die wir für gut und schön halten und an denen wir vielleicht auch geschäftlich besonders interessiert sind. Wir dienen allen Büchern, die für unsere Kunden wichtig sind, ob wir sie auf Lager haben oder nicht, ob sie uns persönlich interessieren oder nicht, ja, ob wir sie für gut halten oder nicht.«

Hans Ferdinand Schulz (1899–1973) in »Der deutsche Buchhandel in unserer Zeit«, Göttingen 1961.

»Was die Branche insgesamt braucht, um den Problemen der jüngsten Zeit entgegenzuwirken, ist Professionalisierung. Bezogen auf den Marketing-Bereich ist es einfach keine professionelle Branche; da fehlen die Experten. Etwas anderes ist es im reinen Produktionsbereich. Die Inkompetenz auf dem Marketing-Sektor aber ist das Kernproblem.«

*Prof. Dr. Joachim Zentes (*1947)* in »Das massive Eindringen von außen kommt erst noch«. Interview im *BuchMarkt 8/88.*

Inhalt

Einleitung

Der Buchhandel ist einer der faszinierendsten Zweige des Einzelhandels. Die Ware, mit der er handelt, ist zugleich Träger geistiger Güter. An ihr lassen sich die Ideen der Zeit, ihre Vorlieben und Abneigungen, ihre Trends und ihre Gegentrends, ihre Problemlösungen und ihre Irrtümer, ihre Ängste und ihre Hoffnungen, kurz alles ablesen, was die Menschen einer Epoche innerlich bewegt und äußerlich zum Handeln treibt.

Ein Buchhändler kann seinen Beruf nicht ausüben, ohne sich mit dem Inhalt der von ihm angebotenen Bücher und Zeitschriften und damit mit den geistigen Bewegungen der Zeit auseinanderzusetzen. Da aber niemand den Buchhandel - wie andere Zweige der Kulturvermittlung, etwa das Theater - subventioniert, muß der Buchhändler seinen Beruf auf einer soliden kaufmännischen Grundlage betreiben. Nur wenn er den Marktgesetzen folgt, hat er Erfolg. Nur wenn er ertragreich wirtschaftet, vermag seine Firma zu überleben. Der Buchhandel ist ein Zweig der Wirtschaft wie jeder andere Zweig des Einzelhandels auch und ist demzufolge von den Gesetzen des Marktes nicht ausgenommen.

Der Buchhandel steht nicht nur in der ständigen Spannung zwischen Geist und Kommerz, zwischen kultureller Aufgabe und ökonomischem Handeln. Er ist mitten hineingestellt in die Spannungen des ausgehenden 20. Jahrhunderts, die sich aus einem weltweiten technologischen Wandel ergeben. Dieser Wandel führt zu politischen, gesellschaftlichen, wirtschaftlichen und geistigen Umwälzungen von einer Turbulenz und Geschwindigkeit, wie sie frühere Jahrzehnte und Jahrhunderte nicht kannten. Für den Buchhandel heißt das, daß die Wünsche der Käufer und Leser sich immer rascher wandeln, immer differenzierter werden und daß der Markt immer höhere Ansprüche an ihn stellt. Doch wandeln sich nicht nur die Kunden des Buchhandels und ihr Verhalten, sondern auch seine Mitarbeiter und er selbst, auch wo ihm dieser Wandlungsprozeß nicht immer bewußt ist. Es ist eine der großen Leistungen des deutschen Buchhandels der Jahrzehnte seit 1945, mit dem gesellschaftlichen Wandel Schritt gehalten und buchhändlerische Konzepte für eine immer stärkere Durchdringung des Marktes entwickelt und realisiert zu haben.

Als Mittler zwischen Autor, Verlagen und Lesern präsentiert der Buchhandel einen ständigen »Markt für geistige Werte« - eine Art »Dauermesse im Kleinen«, die auf einer ausgeklügelten Arbeitsweise und vielfältigen, hochqualifizierten Dienstleistungen beruht. Ein »Netz geistiger Tankstellen« überzieht die Bundesrepublik, das verbunden wird durch eine Logistik, die die modernsten Entwicklungen der elektronischen Informationsverarbeitung nutzt.

Wer im Buchhandel und in der Literaturvermittlung tätig ist, kann von den Inhalten der von ihm vermittelten Waren nicht absehen und muß deshalb die »Buchkultur selbst vorleben«.

Mit »Büchern der Stunde und Büchern für alle Zeiten« befriedigt der Buchhandel jedweden Informations- und Unterhaltungsbedarf. Noch zögernd öffnet er sich auch für Neue Medien, in deren Kontext das Buch die Funktion eines komplementären kulturellen Leitmediums ausübt.

1 »Ein Markt für geistige Werte« Die Buchhandlung als Mittler zwischen Autoren, Verlagen und Lesern

»Der Buchhandel mußte sich einen besonderen Markt schaffen, einen Markt für geistige Werte, der kulturbildende Kraft hat.«

Samuel Fischer (1859–1934)

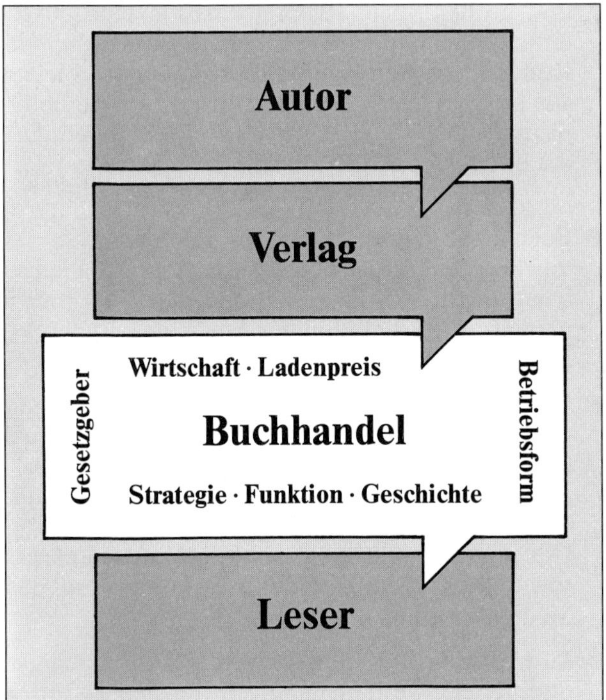

Dieses Kapitel beantwortet die Frage, was eine Buchhandlung ist.

1.0 Was ist eine Buchhandlung? Der Buchhandel und sein Markt

- Die zentrale Funktion einer Buchhandlung ist der Ein- und Verkauf von Büchern, Printmedien und auch sogenannten Non-Book-Artikeln an private und institutionelle Käufer im Rahmen der Preisbindung des deutschen Buchhandels. Der Einkauf erfolgt bei Verlagen, dem Zwischenbuchhandel (Grossisten), Ex- und Importeuren sowie sonstigen Produzenten.

- Durch ein engmaschiges Netz kleiner, mittlerer und großer Buchhandlungen sowie eine ausgefeilte Branchenlogistik kann das Sortiment seinen Kunden den weltweit einmaligen Service bieten, aus einem Gesamtbestand von rd. 500 000 lieferbaren Titeln das gewünschte Buch an jedem Ort der Bundesrepublik innerhalb knappster Frist - oft nur von 24 Stunden - zu besorgen.

- Buchhandlungen erhalten ihr unverwechselbares lokales Profil durch das Ambiente ihres Ladengeschäftes, die Themenschwerpunkte des Sortiments, die Präsentation des Angebots und die Persönlichkeit des Inhabers und seiner Mitarbeiter.

- Die verschiedenen Formen des klassischen Bucheinzelhandels befinden sich in einem Strukturwandel. Es gibt Tendenzen zu monopolistischen Großbuchhandlungen mit Warenhauscharakter, Spezialisierungen, Kanalisierung von Überangeboten über das Moderne Antiquariat sowie Veränderungen der Lesekultur und des Medienkonsums.

- Buchhandlungen stehen heute vor der Aufgabe, traditionelle Verhaltensweisen mit den Erfordernissen eines modernen Firmenmanagements zu verbinden. Sie müssen die vorhandenen neuen Techniken sowie zeitgemäßes Marketing effizient einsetzen, um positive Betriebsergebnisse in schwierigen Märkten zu erzielen. Gleichzeitig müssen sie die kulturelle Atmosphäre bewahren, die eine sensible Buchhandlung ausstrahlt.

Der Weg des Buches vom Autor zum Leser

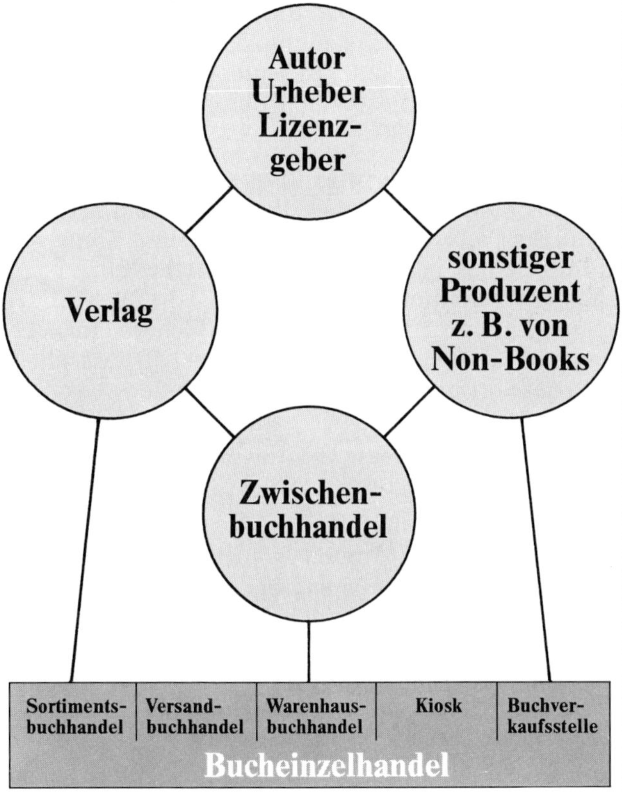

1.1 Funktion des Buchhandels

Dieses Buch befaßt sich mit dem Bucheinzelhandel als einem wichtigen Zweig der Literaturvermittlung. Im Gegensatz zum *herstellenden* Buchhandel – dem Verlagsbuchhandel – spricht man auch vom *verbreiten-*

den oder *vertreibenden Buchhandel.* Bucheinzelhandel, Verlagsbuchhandel und das Druckgewerbe entspringen der gleichen Wurzel. *Gutenberg* erfand den Druck mit beweglichen Lettern. Er und seine Nachfolger waren Drucker, Verleger und Buchhändler in einer Person. Der Bucheinzelhandel ist das Ergebnis einer Arbeitsteilung, die sich vom 18. Jahrhundert an entwickelte. In seiner heutigen Form ist er ein wichtiger Bestandteil der »Kulturwirtschaft« *(Friedrich Uhlig,* 1895–1973).

Buchhandel im weiteren und engeren Sinn

Im weitesten Sinne wird unter Buchhandel die gesamte Branche verstanden, die sich mit dem Verlegen und der Verbreitung von Büchern und sonstigen Print-Medien befaßt. Enger gefaßt und wie im ersten Abschnitt erläutert, bezeichnet das Wort Buchhandel den gesamten Einzelhandel mit Büchern. In noch engerem Sinne wird unter Buchhandel oft ausschließlich der Sortimentsbuchhandel verstanden, die dominierende, durchaus aber nicht einzige Form des Einzelhandelsverkaufs von Büchern.

Zentralfunktion Ein- und Verkauf

Die Funktion aller Formen des Bucheinzelhandels ist der Einkauf und Verkauf von Büchern, Print-Medien und sogenannten Non-Book-Artikeln. Der Einkauf erfolgt beim Verlag, bei sonstigen Produzenten und beim Zwischenbuchhandel. Der Verkauf erfolgt an private Käufer, Institutionen, Bibliotheken, Behörden, Vereine, Verbände und Firmen, kurz an alle Marktteilnehmer, die Bedarf an den vom Buchhandel geführten Artikeln haben.

Buchhändlerisches Leistungspotential

Kennzeichnend für den deutschsprachigen Bucheinzelhandel ist, daß er in aller Regel – ob als Ladenbuchhändler oder Versender – nicht nur ein individuell ausgewähltes Sortiment führt, sondern jedes lieferbare Buch besorgt und überall zum gleichen Preis liefert. Die Mehrzahl der Print-Medien hat einen vom Produzenten gebundenen festen Ladenpreis (s. 1.7). Kenner schätzen die Zahl der über den Buchhandel lieferbaren Veröffentlichungen auf über 500 000 einzelne Titel. Daß dieser Bestand an jedem Ort der Bundesrepublik Deutschland, des deutschsprachigen Raumes, ja der ganzen Welt, innerhalb relativ kurzer Zeit auf nahezu jede Nachfrage verfügbar ist, stellt eine beachtliche logistische Leistung des Gesamtsystems Buchhandel dar. Sie ist das Resultat einer spezifischen Mischung aus traditioneller Arbeitsweise und dem Einsatz moderner Technologie.

Zwischenbuchhandel

Auf halbem Wege zwischen dem Verlagsbuchhandel und dem Bucheinzelhandel steht der Zwischenbuchhandel (s. 3.1). Auch er ist das Ergebnis des Prozesses der Arbeitsteilung, der sich durch die Jahrhunderte fortsetzte und heute zu immer spezialisierteren Betriebstypen führt.

Mittlerfunktion

Das Gesamtsystem Buchhandel dient in seiner Mittlerfunktion ebenso den Autoren und Urhebern wie den Käufern und Lesern und verbindet sie miteinander. Der subjektiv-individuellen Auswahl-, Vermittlungs- und Beratungstätigkeit des Bucheinzelhandels kommt eine besondere Bedeutung für die Literaturverbreitung zu.

1.2 Wirtschaftliche Daten und Fakten zum Buchhandel in den deutschsprachigen Ländern

Der verbreitende Buchhandel ist wie ein feinmaschiges Netz über die gesamte *Bundesrepublik* geknüpft. Ähnlich sind die Verhältnisse in der *DDR,* in *Österreich* und der *Schweiz.* Dabei ist für den Buchhandel charakteristisch, daß Klein- und Kleinstbetriebe in der Anzahl - freilich nicht im Umsatzanteil - überwiegen. Ihre Existenz wird durch eine ausgefeilte Branchenlogistik - an der auch das kleinste Unternehmen teilhaben kann - wie durch die Institution des festen Ladenpreises begünstigt (s. 1.3, 1.7).

Charakteristisch für den Bucheinzelhandel sind eine ungleiche Verteilung des Umsatzes über das Jahr sowie relativ hohe Personal- und Mietkosten und Lagerbestände.

Das wirtschaftliche Geschehen der Branche wurde in den Jahren nach dem Zweiten Weltkrieg durch ein ständiges, zum Teil stürmisches Wachstum geprägt. Der gegenwärtige Konzentrationsprozeß und Strukturwandel setzt den Buchhandel den einschneidensten Veränderungen seit seinem Bestehen aus.

Buchhandelsnetz

In der *Bundesrepublik* gibt es 495 Orte mit mehr als 20 000 Einwohnern. 486 davon sind Sitz von Firmen des verbreitenden Buchhandels, und zwar von insgesamt 5 228 Firmen. Von den 1 613 Orten zwischen 5 000 und 20 000 Einwohnern sind 872 Sitz von Firmen des verbreitenden Buchhandels, und zwar von insgesamt 1 604 Firmen. Diese Zahlen sagen deutlicher als Worte, wie dicht das Buchhandelsnetz geknüpft ist.

Saisonale Verteilung der Umsätze

Das wirtschaftliche Geschehen im Sortimentsbuchhandel ist dadurch gekennzeichnet, daß ein Viertel des Jahresumsatzes allein in den beiden letzten Monaten des Jahres erzielt wird. Faßt man die Monate September bis Dezember zusammen, so werden in ihnen fast 42% der Umsätze erzielt. Diese Zahlen charakterisieren die Bedeutung des Buches als Geschenk und damit des sogenannten »Weihnachtsgeschäftes« des Buchhändlers. Sie zeigen aber auch, daß der Buchhändler das Jahr über hohe Lagerbestände vorrätig halten, seine Räume entsprechend großzügig gestalten und entsprechendes Personal beschäftigen muß, um den Ansprüchen der Kunden in den Spitzenzeiten gerecht werden zu können.

Umsatz je beschäftigte Person

Um ca. 100 000 Mark Umsatz zu erzielen, beschäftigt der Buchhandel im Durchschnitt etwa eine Halbtagskraft. Anders ausgedrückt: der Umsatz je beschäftigte Person im Sortimentsbuchhandel liegt bei rund

200 000 DM. Die Produktivität je beschäftigte Person ist im letzten Jahrzehnt um 30% gestiegen. Im Durchschnitt betrugen die Personalkosten je beschäftigte Person im Jahr 1986 DM 36.200,- und damit 17% vom Umsatz.

Mietkosten

Erheblich gestiegen ist von 1977 bis 1986 die Miete je qm Geschäftsraum, nämlich von DM 155 auf DM 223. Im Durchschnitt muß der Buchhändler rund 3% seines Umsatzes für Mietleistungen aufbringen. Der Umsatz je qm Geschäftsraum bzw. je qm Verkaufsraum konnte im letzten Jahrzehnt nur unwesentlich gesteigert werden. Das bedeutet, daß die Ansprüche der Kunden gestiegen und erhebliche Investitionen in Geschäfts- und Verkaufsraumfläche notwendig geworden sind.

Lagerumschlagsgeschwindigkeit

Obwohl die Bestelltechnologie verbessert und die Lagerhaltung durch Einsatz von EDV überschaubarer geworden ist, sank die Lagerumschlagsgeschwindigkeit in den letzten Jahren von 5,2 auf 4,2. Unter diesem Begriff versteht man den Umsatz zu Verkaufspreisen geteilt durch den durchschnittlichen Lagerbestand (wobei der Anfangsbestand und der Endbestand durch 2 geteilt werden, zu Verkaufspreisen gerechnet). Der Lagerbestand je beschäftigte Person und je qm Geschäftsraum und die Lagerdauer in Tagen haben sich erheblich erhöht - ein Zeichen dafür, daß dem Käufer ein immer reicheres Angebot zur Verfügung steht.

Betriebswirtschaftlicher und steuerlicher Reingewinn

Im Jahre 1986 haben die am *Kölner Betriebsvergleich* teilnehmenden Buchhandlungen insgesamt 28,9% ihres Umsatzes für betriebsinterne Kosten - ohne Berücksichtigung ihrer Einkäufe - aufgewandt. Im gleichen Jahr konnten sie eine Betriebshandelsspanne in gleicher Höhe von 28,9% erzielen. Das ist die Differenz zwischen dem Absatz zu Verkaufswerten nach Abzug der Mehrwertsteuer und dem Absatz zu Einstandswerten (Wareneinsatz ohne Vorsteuer). Der betriebswirtschaftliche Reingewinn betrug ± 0%.

Die Leistungszahlen des Sortimentsbuchhandels in den Jahren 1977, 1983 und 1986 (Kölner Betriebsvergleich)

Auswertungsposition	1977	1983	1986
A) Personalleistung			
Umsatz je beschäftigte Person in DM	158 100	194 200	206 900
Zahl der beschäftigten Personen je 100 000 DM Umsatz	0,63	0,52	0,48
Personalkosten je beschäftigte Person in DM	25900	34 200	36 200
Personalkosten in v. H. vom Umsatz	16,4	17,6	17,5
B) Raumleistung			
Umsatz je qm Geschäftsraum in DM	7 060	7 900	7 700
Zahl der qm Geschäftsraum je 100 000 DM Umsatz	14,2	12,7	13,0
Umsatz je qm Verkaufsraum in DM	11 520	12 760	11 790
Miete je qm Geschäftsraum in DM	155	205	223
Miete in v. H. vom Umsatz	2,2	2,6	2,9
C) Lagerleistung			
Lagerumschlaggeschwindigkeit . . mal	5,2	4,6	4,2
Lagerbestand je beschäftigte Person in DM	13 800	18 600	21 300
Lagerbestand je qm Geschäftsraum in DM	590	720	750
Lagerdauer in Tagen	70	79	87

Quelle: Buch & Buchhandel in Zahlen 1987

Ein steuerlicher Reingewinn ergibt sich nur, wenn man von den Gesamtkosten den Unternehmerlohn und die Zinsen für Eigenkapital abzieht.

Bucheinzelhandel im Vergleich mit anderen Branchen

Im Jahre 1987 hat die Buchbranche die 10-Milliarden-Umsatzgrenze überschritten. Die imponierend klingende Zahl relativiert sich bei einem Blick auf den Lebensmittel-Einzelhandel. Das größte Unternehmen dieser Branche, *Aldi,* setzt mit ca. 20 Milliarden DM doppelt soviel um wie der gesamte Bucheinzelhandel. Die drei nächstgrößten Gruppen im Lebensmitteleinzelhandel – *RHG Leibrandt, Tengelmann* und *coop* – erreichen mit jeweils über 10 Milliarden DM jeder für sich ebenfalls mehr Umsatz, als der gesamte Buchhandel Erzeugnisse zu Ladenverkaufspreisen an Endabnehmer verkauft. Aber nicht nur das Geschehen im Lebensmittel-Einzelhandel ist von starker Konzentration gekennzeichnet. Auch im

Betriebshandelsspanne, Gesamtkosten und Reingewinn des Sortimentsbuchhandels in den Jahren 1977 sowie 1982 bis 1986 in v. H. des Umsatzes (Kölner Betriebsvergleich)

Auswertungsposition	1977	1982	1983	1984	1985	1986
Betriebshandelsspanne	28,0	28,7	28,5	28,8	28,8	28,9
Gesamtkosten einschließlich Unternehmerlohn und Zinsen für Eigenkapital	26,8	29,1	28,8	29,5	29,3	28,9
Betriebswirtschaftlicher Reingewinn	1,2	-0,4	-0,3	-0,7	-0,5	±0
Gesamtkosten ohne Unternehmerlohn und Zinsen für Eigenkapital	22,7	25,0	25,2	25,8	25,1	24,8
Steuerlicher Reingewinn	5,3	3,7	3,3	3,0	3,7	4,1

Quelle: Buch und Buchhandel in Zahlen 1987

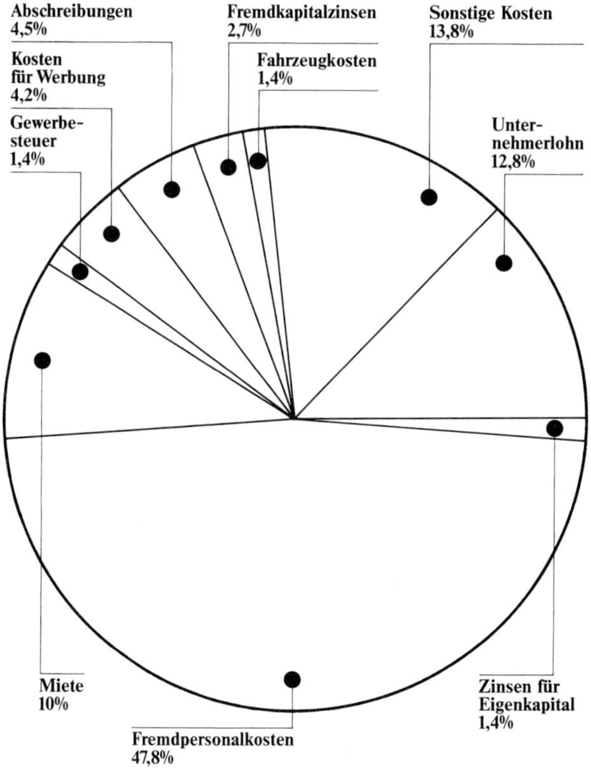

Aufteilung der betriebsinternen Kosten (29,8% entsprechen in der Grafik 100%)

Buchhandel konzentrieren sich die Umsätze auf eine relativ kleine Spitzengruppe von Firmen (s. 3.6).

Umsatzentwicklung

Der kontinuierliche Anstieg des Buchhandelsumsatzes in den vergangenen Jahrzehnten ist zum Teil inflationsbedingt und beruht deshalb teilweise auf einem stetigen Anstieg der Buch- und Zeitschriftenpreise. Zieht man die Inflationsrate ab, verbleibt immer noch eine beachtliche Steigerung der Umsatzleistung, die die wirtschaftlichen Bemühungen der Buchbranche um erhöhte Lagerhaltung, verbesserte Warenrepräsentation und verbesserte Beratung und Bedienung widerspiegeln.

Umsatzentwicklung des Sortimentsbuchhandels: 1977 = 100%

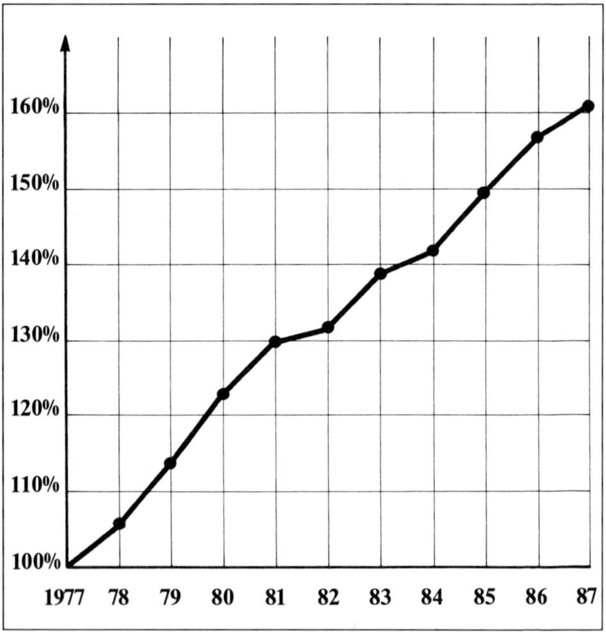

Auch ist die Zahl der Buchhandlungen seit 1978 kontinuierlich gewachsen, und zwar von 3 579 steuerpflichtigen Buchhandelsfirmen auf 4 329 Firmen im Jahr 1984. Die Differenz zu der auf Seite 18 genannten

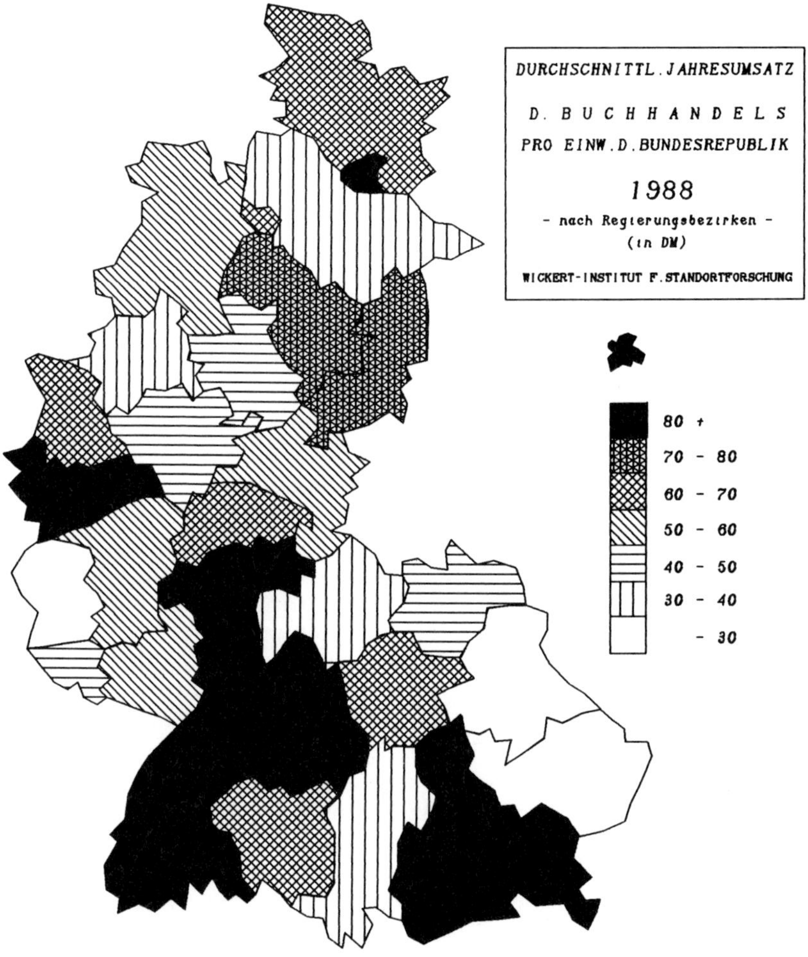

Zahl der Firmen nach Ortsgrößenklassen erklärt sich daraus, daß im Buchhandels-Adreßbuch viele Firmen als Mitglieder des verbreitenden Buchhandels erfaßt sind, die in der amtlichen Umsatzsteuerstatistik in anderen Kategorien erscheinen.

Umsatzverteilung nach Regierungsbezirken

Schließlich ist noch interessant, wie sich der durchschnittliche Jahresumsatz des Einzelhandels mit Büchern und Fachzeitschriften pro Einwohner in der

Bundesrepublik Deutschland nach Regierungsbezirken verteilt. Dazu veröffentlicht das *Wickert-Institut für Standortforschung,* Salzgitter, regelmäßig eine Karte, deren neueste Ausgabe auf Seite 23 wiedergegeben ist.

Volks- und Privatbuchhandel in der DDR

Zum Volksbuchhandel der *DDR* gehören etwa 700 Volksbuchhandlungen in allen Bezirken, darunter 15 »Häuser des Buches«, etwa 250 Kreisbuchhandlungen, rund 280 Stadtbuchhandlungen sowie etwa 75 Spezialbuchhandlungen (Internationale Buchhandlungen, Musikalienhandlungen, Antiquariate usw.). Als Betriebsteile sind dem Volksbuchhandel angeschlossen das *Zentralantiquariat* der *DDR* sowie das *Buchhaus Leipzig.* Zum Bucheinzelhandel zählen außerdem rund 400 meist kleinere private Buchhandlungen und Buchverkaufsstellen.

Zentraler Buchgroßhandelsbetrieb ist der *LKG Leipziger Kommissions- und Großbuchhandel.* Für die Export- und Importbeziehungen ist der Außenhandelsbetrieb *Buchexport* Leipzig zuständig.

Buchverkauf in der DDR

Zahlen über den Umsatz der Buchhandelsbetriebe legt die *DDR* nicht vor. Nach Angaben des *Börsenvereins der Deutschen Buchhändler zu Leipzig* erscheinen jährlich in den Verlagen der *DDR* rund 6 400 Titel mit einer Gesamtauflagenhöhe von mehr als 150 Millionen Exemplaren; das entspricht einer Produktion von 8 Bücher pro Kopf der Bevölkerung.

Buchhandelsdichte in Österreich

Mit 1 585 Firmen des verbreitenden Buchhandels ist *Österreich* im deutschsprachigen Raum nach der *Bundesrepublik Deutschland* das Land mit den meisten Buchhandlungen. Die Alpenrepublik besitzt damit ein dichtes Distributionsnetz für Bücher. Sortimente und Buchverkaufsstellen finden sich in 715 Städten und Gemeinden. Allein in Wien sind 341 Firmen angesiedelt, in Salzburg 49, in Linz 31, in Innsbruck 31 und in Graz 26.

Die Zahl der Vollbuchhandlungen wird auf 250 bis 300 geschätzt. Die übrigen Firmen besitzen eine »Teilgewerbeberechtigung für den Buchhandel«. Sie führen Bücher in ihrem Angebot neben anderen Artikeln.

Buchumsatz in Österreich

Der gesamte Umsatz mit Büchern in *Österreich* belief sich 1983 auf 5,3 Milliarden ÖS. Exportiert wurden 1983 Bücher im Wert von 1,3 Milliarden ÖS; der Anteil der Buchclubs am Umsatz mit Büchern lag 1983 bei ca. 1 Milliarde ÖS. Neue Zahlen liegen leider noch nicht vor.

Buchimport in Österreich

Mit einem Anteil von 83,6% (1983) an der Gesamteinfuhr von Büchern und mit 93,9% an der Gesamteinfuhr von Zeitschriften und Zeitungen ist die *Bundesrepublik Deutschland* der wichtigste Handelspartner für Printmedien. Ihr folgt die *Schweiz* mit einem Anteil am Buchimport in Höhe von 4,3%.

Anzahl der Buchhandlungen im deutschsprachigen Raum (ohne DDR)

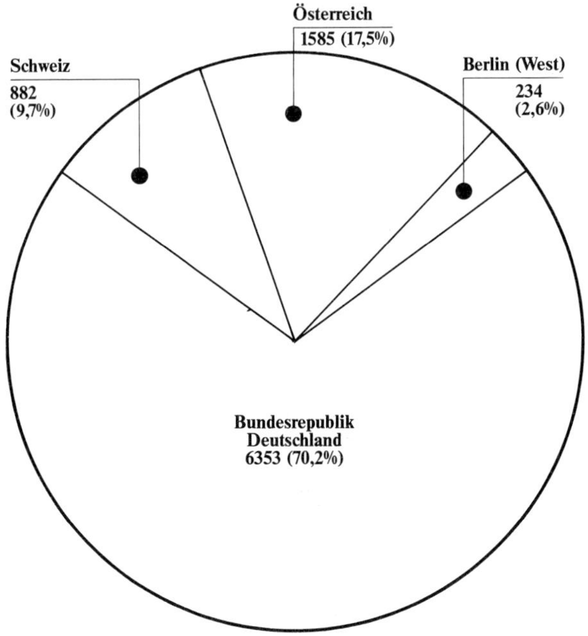

Buchhandelsnetz in der Schweiz

Das *»Adreßbuch des Schweizer Buchhandels«* verzeichnet 1215 Firmen des verbreitenden Buchhandels, davon 882 in der deutschsprachigen, 289 in der französisch- und 44 in der italienischsprachigen *Schweiz*.

Damit hat auch die *Schweiz* ein enges, über das ganze Land verteiltes Distributionsnetz für Bücher. Buchhandlungen und Buchverkaufsstellen gibt es in 356 Ortschaften. Davon befinden sich 156 in Zürich, 74 in Genf, 72 in Basel, 61 in Bern und 38 in Lausanne.

Buchumsatz in der Schweiz

Der Umsatz mit Büchern in der *Schweiz* wurde für 1987 auf 850 Millionen Franken geschätzt, davon entfallen 480–550 Millionen auf den Sortimentsbuchhandel.

Buchimport in der Schweiz

Der Import deutschsprachiger Bücher wird von der *Bundesrepublik* beherrscht, aus der 96,5% der Bücher kommen. 2,6% der Bücher werden aus *Österreich* eingeführt und 0,9% aus der *DDR*.

Umsatz mit Büchern in der Schweiz 1983 (geschätzt)

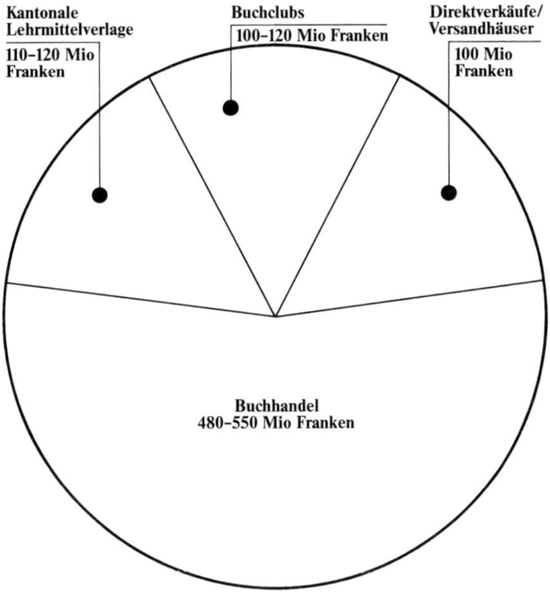

Betriebsvergleiche für den Schweizer Buchhandel

Ähnliche Betriebsvergleiche wie für den Buchhandel in der *Bundesrepublik Deutschland* liegen für den Schweizer Buchhandel vor. Von 241 Mitgliedsfirmen der Sortimenter-Gruppe des *Schweizerischen Buchhändler- und Verleger-Verbandes* beteiligten sich 1986/1987 51 Firmen an einem Betriebsvergleich. Aus diesem geht hervor, daß die Betriebshandelsspanne im Schweizer Buchhandel zwar höher als in der *Bundesrepublik Deutschland* ist, der Personal- und Mietaufwand aber ebenfalls höher liegt. Die am Betriebsvergleich beteiligten Firmen erzielten im Durchschnitt ein negatives Betriebsergebnis.

1.3 Die Geschichte des Buchhandels

In der Zeit vor *Johannes Gutenberg (*zwischen 1397 und 1400, † 1468)* war der Buchhandel ein Handel mit handschriftlich vervielfältigten Manuskripten. Seit Gutenbergs Erfindung des Drucks mit beweglichen Lettern werden maschinell - in Auflagen, nicht mehr einzeln - hergestellte Bücher vertrieben.

Klassisches Altertum

Im Mittelmeerraum spielte der Buchhandel in der Zeit des Hellenismus zwischen *Alexander dem Großen (356–323 v. Chr.)* und der römischen Kaiserzeit eine wichtige Rolle. Der schon seit dem späten 5. Jahrhundert v. Chr. nachweisbare Handel mit Buchrollen nahm in dieser Zeit in den großen geistigen Zentren wie *Athen, Alexandria* und *Pergamon* einen erheblichen Aufschwung. Als Griechenland nach der Schlacht von *Pydna* 168 v. Chr. in das römische Reich eingegliedert wurde, entwickelte sich auch in Rom der Buchhandel mit dem eigenen Stand der Schreiber, die ursprünglich griechische Sklaven waren. Hier gab es bereits eine Art Massenproduktion. Texte wurden in Gruppen nach Diktat geschrieben; die Schreiber wurden nach Zeilen bezahlt. Nach dem Untergang des Römischen Reiches ging die Buchproduktion auf die Klöster und die Kathedral-

Buchdruckerei nach Diderots Enzyklopädie 1762–1777

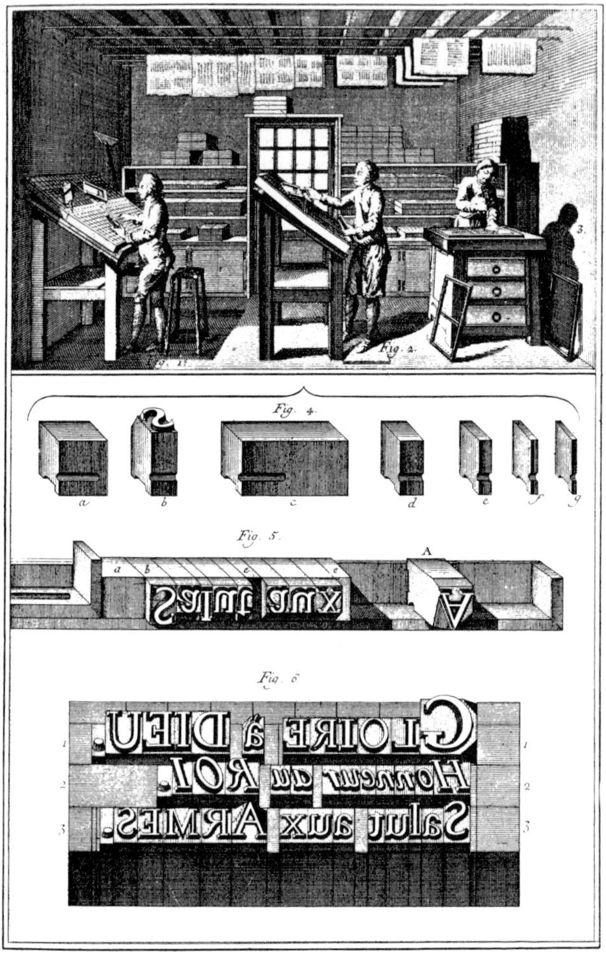

schulen über, die als Inseln antiker Kunst in einer Zeit allgemeinen Kulturverfalls erhalten blieben.

Mittelalter

Ein professionell-gewerblicher Buchhandel entstand mit dem Aufkommen der Universitäten im Hochmittelalter. Neben den *Librarii* oder *Stationarii,* die zur Korperation der Universitäten gehörten, wurden auch freie Buchhändler tätig. Mit dem Erstarken des Bürgertums griff das Interesse an Büchern und am Buchbesitz über kirchliche Kreise und die Schulen hinaus auf andere Schichten über. Als im Humanismus das Interesse an klassischen Texten wuchs, entstand vor allem in Italien ein eigener Buchhandelszweig, der mit dem Auffinden und dem Abschreiben alter Handschriften beschäftigt war.

Erfindung des Buchdrucks

Der Boden war gut vorbereitet, als *Johannes Gensfleisch zur Laden* (genannt Gutenberg) um 1450 verschiedene Technologien der Zeit zur neuen Technologie des Buchdrucks mit beweglichen Lettern auf der Druckpresse zusammenfaßte und damit den Anstoß zu einer stürmischen Entwicklung des Druckwesens gab, die ihren Abschluß bis heute nicht gefunden hat.

Buchvertrieb wird selbständig

Im 16. Jahrhundert beginnt sich vom Drucken-Verlegen der Buchvertrieb als selbständige Tätigkeit abzulösen und zum eigenen Beruf zu entwickeln. Ehe der Handel mit Büchern in größerem Maße stationär wurde, kamen *Buchführer* auf: Händler, die von Ort zu Ort reisten und mit gedruckten Anschlagzetteln und Verlagslisten auf ihre Anwesenheit aufmerksam machten.

Frühe Formen der Buchwerbung

Ein im Zeitalter der Reformation und des Humanismus stark anwachsendes Informations- und Bildungsbedürfnis, aber auch die steigende Nachfrage nach deutschsprachiger Tages- und Gebrauchsliteratur erzwang sozusagen die technische Ausweitung der Buchproduktion. Die Ausweitung der Produktion führte zu einem professionellen Vertrieb für das neue Medium und verband sich mit professioneller Werbung, zu der die neue Technik des Buchdrucks die Möglichkeiten schuf. So finden wir schon in dieser Frühzeit des Handels mit gedruckten Büchern die klassischen Instrumente, die noch heute die Grundlage der Werbung für Bücher bilden: Anschlagszettel und Plakate, Verlagslisten und Verlagskataloge sowie Bücheranzeigen in den Büchern selbst. Zum wichtig-

Messen als Umschlagplatz für Bücher

sten Umschlagplatz für Bücher entwickelten sich die Messestädte als Zentren des wirtschaftlichen Verkehrs, in erster Linie *Frankfurt* am *Main,* das aber Anfang des 18. Jahrhunderts in seiner Bedeutung hinter *Leipzig* zurücktrat. Um 1730 wies der *Frankfurter Meßkatalog* nur 100 Titel aus, der *Leipziger* 700. Den ersten Meßkatalog hatte der Augsburger Buchhändler *Georg Willer (um 1515–1594)* 1564 verlegt. Er verzeichnete in ihm diejenigen Bücher, die er auf der Herbstmesse in Frankfurt erworben hatte. Sein jährlich zweimal erscheinender Katalog wurde nur bis zum Jahr 1627 fortgeführt, denn ab 1598 erschien ein amtlicher Meßkatalog der Stadt bzw. des Rates der Stadt Frankfurt. Seit 1594 gab es einen amtlichen Meßkatalog auch in Leipzig.

Wurzeln des heutigen buchhändlerischen Verkehrs- und Buchhandelssystems

Um die Wende vom 18. zum 19. Jahrhundert vollzog sich ein Wandel im buchhändlerischen Verkehr, als dessen Folge sich das Buchhandelssystem herausbildete, wie wir es heute kennen. Der seit dem 30jährigen Krieg übliche *Tauschhandel* wurde vom Konditionssystem *(à condition qu'on le vend. Bedingtbezug)* abgelöst. Unter Tauschhandel ist zu verstehen, daß die Verleger-Sortimenter ihre Werke untereinander auf der Berechnungsbasis Bogen gegen Bogen tauschten (nur den Saldo bar abrechneten) und so ihr jeweiliges Sortiment erweiterten. Das beweglichere Konditionssystem bestand darin, daß sich die Verleger untereinander Neuerscheinungen zusandten, über die zu einem bestimmten Termin abzurechnen war. Dabei gewährten sie sich gegenseitig einen Rabatt von 33 1/3% auf den »Ladenpreis«. Nicht abgesetzte Bestände konnten zurückgegeben werden.

Das Konditionssystem bereitete dem eigentlichen Sortimentsbuchhandel den Weg. Es erleichterte den Vertrieb von Neuerscheinungen auch zwischen den Messen und ermöglichte einen relativ festen »Ladenpreis«. Ein besonderer Zweig – der Antiquariatsbuchhandel – übernahm später die Vermittlung bereits erschienener älterer Literatur.

Innenansicht der Campeschen Buchhandlung in Hamburg (Mitte 19. Jh.)

Das 19. Jahrhundert

Während das neue Verkehrs- und Abrechnungssystem die Basis für die Entwicklung eines modernen Buchhandels bildete, lieferte *Friedrich Christoph Perthes (1772–1843)* einen maßgeblichen theoretischen Beitrag mit seiner 1816 publizierten programmatischen Schrift *Der deutsche Buchhandel als Bedingung des Daseyns einer deutschen Literatur.* Diese Schrift war vornehmlich gegen den geschäftsschädigenden Nachdruck gerichtet und wurde auch ein Ausgangspunkt für das endgültig in der zweiten Hälfte des 19. Jahrhunderts kodifizierte Urheber- und Verlagsrecht. Zum Kristallisationskern des buchhändlerischen Verkehrs entwickelte sich die *Leipziger Buchhändlerbörse,* auf der die Buchhändler zweimal im Jahr – zu Kantate und Michaelis – untereinander abrechneten. Organisation und Ordnung der Börse übernahm der am 30. April 1825 gegründete *Börsenverein des Deutschen Buchhandels,* der – nach 1945 in zwei Zweige aufgespalten – bis heute existiert: als *Börsenverein des Deutschen Buchhandels e. V. zu Frankfurt am Main* und als *Börsenverein der Deutschen Buchhändler zu Leipzig.*

Die Branchenorganisation umfaßte von Anfang an Verleger, Zwischenbuchhändler und Sortimenter und tut dies auch heute noch.

Die Entwicklung des Buchhandels im 19. und 20. Jahrhundert verlief parallel zur Entwicklung des Einzelhandels. Sie wurde bestimmt durch die geschichtlichen Ereignisse und ihre Folgen, durch den sozialen und sozialpsychologischen Wandel der Käufer und ihrer Bedürfnisse sowie durch den Wandel, der aus der Entfaltung der Technik, des Verkehrs und der Kommunikation und der Elektronik herrührt.

Allgemeiner und wissenschaftlicher Buchhandel

Der »mittelständisch« geprägte Sortimentsbuchhandel bildete sich in zwei Richtungen aus. Die *allgemeine Buchhandlung* führt ein breites, unspezifisches Sortiment. Die *Fach- und wissenschaftliche Buchhandlung* beschränkt sich auf ein oder mehrere Literaturgebiete.

Weitere Vertriebszweige

Daneben traten weitere Vertriebswege. Beim *Reise-,* früher *Kolportagebuchhandel,* z.B. ist der reisende Vertreter der Träger des Verkaufs. Wurzeln des Kolportage- oder Reisebuchhandels finden sich schon im 16. und 17. Jahrhundert im Vertrieb von Tages- und Gebrauchsliteratur, vor allem religiöser und deutschsprachiger Titel (s. auch S. 29, Buchführer). Der Versandbuchhandel arbeitet mit den verschiedenen Formen der schriftlichen Werbung.

Krönersche Reform

Ein entscheidender Entwicklungssprung vollzog sich in der Buchbranche durch die sogenannte Krönersche Reform von 1887/1888, durch welche die Börsenvereinsmitglieder verpflichtet wurden, den vom Verlag festgesetzten Ladenpreis einzuhalten (s. 1.7). Weitere wichtige Stationen auf dem Weg zu einem modernen Buchhandelssystem waren die Einführung einer buchhändlerischen »Verkehrsordnung« im Jahr 1880 und einer buchhändlerischen »Verkaufsordnung« im Jahre 1909 - beides Maßnahmen zur Sicherung des festen Ladenpreises für Bücher.

Erster Weltkrieg und Inflation

Erster Weltkrieg und Inflation betrafen die Buchbranche ebenso wie die gesamte Wirtschaft und brachten für viele buchhändlerische Firmen erhebliche Belastungen sowie Strukturveränderungen und Firmenzusammenbrüche mit sich.

Drittes Reich und Zweiter Weltkrieg

Wenn in dieser kurzgefaßten Betrachtung die historischen Ereignisse weitgehend außer Ansatz bleiben, so muß doch auf die Zäsur eingegangen werden, die das *Dritte Reich* und der *Zweite Weltkrieg* mit sich brachten. Bücherverbrennung und Bücherverbote, Vertreibung der Elite der deutschen Literatur aus rassistischen und politischen Gründen, »Arisierung« jüdischer Betriebe, Verfolgung Andersdenkender und schließlich Bombenkrieg und kriegerische Ereignisse auf deutschem Boden schlugen Wunden, die teilweise bis heute noch nicht verheilt sind. Daß der Buchhandel sich den politischen Verhältnissen im Dritten Reich zum Teil beflissen anpaßte, stellt kein Ruhmesblatt seiner Geschichte dar.

Entwicklung seit 1945

Die Entwicklung nach dem Zweiten Weltkrieg wurde durch einen thematisch breit orientierten, im Rahmen der Gewerbe- und Zensurfreiheit sich frei enfaltenden mittständischen Buchhandelstyp geprägt: Buchhandlungen etwa gleicher Größenordnung und Struktur mit einem Umsatzvolumen von deutlich unter 1 Million DM und 10 bis 15 Angestellten.

Demokratisierung des Buches

Zur *Demokratisierung des Buches* nach dem Zweiten Weltkrieg trugen in erheblichem Maße der neue Buchtyp des *Taschenbuches* und die explosionsartige

Entwicklung der *Buchgemeinschaften* bei, deren wichtigste - der Gütersloher *Bertelsmann Lesering* - von der Gründungsstunde an mit dem vertreibenden Buchhandel kooperierte und zu seinem wirtschaftlichen Gedeihen damit entscheidend beitrug.

Auf die sonstige Entwicklung nach dem Zweiten Weltkrieg wird in den folgenden Kapiteln jeweils näher eingegangen, wenn die aktuelle Situation dargestellt wird.

Seit Anfang der 80er Jahre kristallisiert sich heraus, daß die homogene kleine bis mittlere Buchhandlung zwar weiter existiert, ja an Zahl noch zunimmt, aber von einer Spitzengruppe modern geführter Häuser überrundet wird.

Diese vereinigen erhebliche Umsatzanteile auf sich. Ihre absatzpolitischen Instrumente sind moderne Warenpräsentation, professionelle Werbemethoden, große Verkaufsflächen, Filialisierung und aggressive Marketingmethoden. Der dadurch hervorgerufene Strukturwandel ist in vollem Gange.

1.4 Die Betriebstypen des Buchhandels

Die nachfolgende alphabetisch geordnete Übersicht versucht, die verschiedenen im Buchhandel anzutreffenden Betriebstypen zu charakterisieren. Dabei mischen sich zum Teil wirtschaftliche mit angebotsbedingten Merkmalen. Eine verbindliche Typologie des Buchhandels existiert bisher nicht.

Alternativer und linker Buchhandel

Unter alternativem Buchhandel wird jene Buchhandelsszene verstanden, die sich nach 1968 aus der Studenten- und Protestbewegung entwickelt hat. Zum alternativen Buchhandel rechnen Buchhandlungen der linken Szene sowie die Vielzahl der Frauenbuchhandlungen, die aus der Frauenbewegung entstanden sind, ferner Buchhandlungen, die die Produktion alternativer Klein- und Kleinstverlage führen. Im Typus verwandt sind Buchhandlungen für Comics, Fantasy, Rock- und Gegenkultur sowie der New-Age-Buchhandel. Nach dem eigenen Selbstverständnis handelt es sich dabei aber weniger um alternative Buchhandelstypen als vielmehr um Spezialbuchhandlungen.

Die alternative Szene hat sich mit spezialisierten Verlagsauslieferungen eine eigene ergänzende Logistik zum etablierten buchhändlerischen System geschaffen.

Strukturwandel im linken Buchhandel (1967–1986)

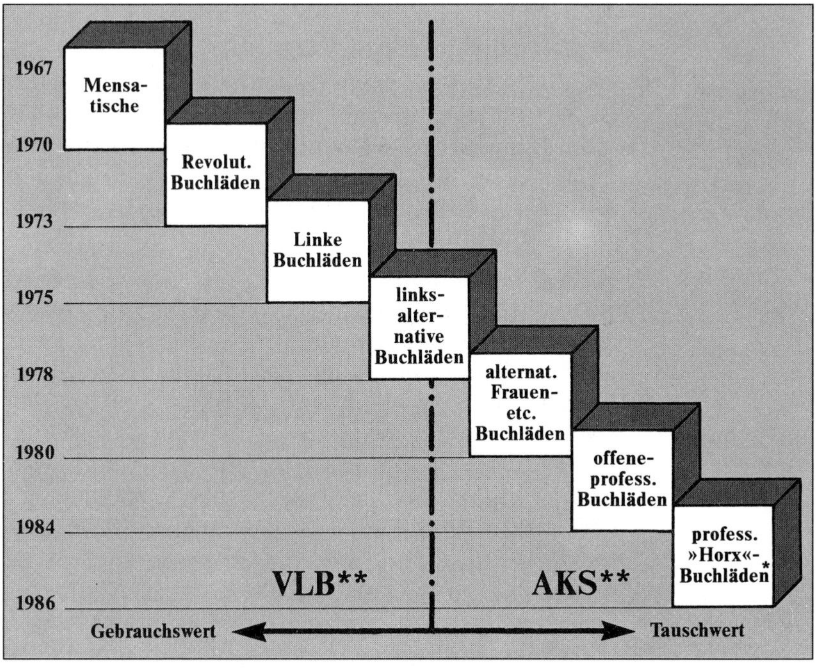

Das Diagramm stellt die inhaltliche und wirtschaftliche Entwicklung im linken oder alternativen Buchhandel von 1967–1986 dar. Der Trend geht hier zu erhöhter Professionalisierung und Kommerzialisierung.
(* nach ihrem Gründer Matthias Horx benannt, ** s. S. 36 oben)

Etwa 100 Druckereien, Verlage und Buchläden waren im 1970 gegründeten *Verband des linken Buchhandels (VLB)* zusammengeschlossen, der 1980 zum letzten Mal tagte. Die Interessen des alternativen Buchhandels nimmt heute zum Teil der *Arbeitskreis kleinerer Sortimente (AKS)* wahr (s. Kleinbuchhandlungen), der aber keine politische oder ideologische Ausrichtung hat, sondern sich der wirtschaftlichen Interessen von Buchhandlungen einer bestimmten Größenordnung annimmt.

Ambulanter Handel

Neben dem klassischen Reise- und Versandbuchhandel existieren verschiedene Formen des ambulanten Handels, z. B. Büchertische auf Veranstaltungen aller Art bis hin zu Flohmärkten; Büchertische im konfessionellen oder weltanschaulichen Bereich; Straßenbuchhandel auf Messen und Ausstellungen.

Antiquariat

Das Antiquariat führt Bücher, für die keine Preisbindung besteht. Die Hauptrichtung des Antiquariats sind Bibliophiles, Wissenschaftliches und Modernes Antiquariat. Das Moderne Antiquariat vertreibt verlagsneue Bücher, für die der Verleger den Ladenpreis aufgehoben hat *(Ramsch).*

Das *Moderne Antiquariat* im eigentlichen Sinne wird dem Zwischenbuchhandel zugerechnet, weil es als Grossist Restauflagen der Verlage auf eigene Rechnung aufkauft und an die verschiedenen Zweige des Buchhandels weiterverkauft, die sie ihren Kunden anbieten.

Ganz anders ist die Funktion der *Bibliophilen* und *Wissenschaftlichen Antiquariate.* Sie kaufen einzelne wertvolle Stücke oder ganze Privatbibliotheken meist aus Privathand oder auf Auktionen auf und veräußern sie zu Preisen weiter, die je nach Marktlage, nach Seltensheitswert, nach dem Zustand des einzelnen Exemplares, nach seiner Ausstattung sowie nach seiner Herkunft von jedem Antiquar nach seinem eigenen Urteil festgesetzt werden. Das Bibliophile und Wissenschaftliche Antiquariat setzen als

Hauptwerbemittel den Antiquariatskatalog ein. Verschiedene Antiquariate veranstalten regelmäßig Auktionen.

In der modernen Freizeitgesellschaft macht den Antiquariaten der sogenannte »Schattenhandel« zu schaffen. Er rekrutiert sich aus Händlern, die den Antiquariatsbuchhandel nebenberuflich oder hauptberuflich ohne Gewerbeschein und ohne Steuererklärung betreiben. Gründe für den Schattenhandel sind unter anderem Akademiker-Arbeitslosigkeit oder der Wunsch nach unternehmerischer Tätigkeit in einem kulturellen Umfeld ohne hohes wirtschaftliches Risiko.

In der Bundesrepublik sind höchstens 200 qualifizierte Antiquariate tätig.

Der *Verband Deutscher Antiquare e.V.* nennt sich im Untertitel *Die Vereinigung von Buchantiquaren und Autographen- und Graphikhändlern.* Außerdem gibt es eine *Arbeitsgemeinschaft Antiquariat im Börsenverein des Deutschen Buchhandels.*

Autorenbuchhandlung

In den 70er Jahren gewannen die vornehmlich im *Verband Deutscher Schriftsteller (VS)* organisierten Autoren immer mehr den Eindruck, daß die Buchhändler für literarische Bücher zu wenig täten, sie zu den risikoreichen Titeln zählten, vorsichtig bestellten und nicht lange genug am Lager hielten. Es entwickelte sich die Idee einer Buchhandlung, die im Besitz von Autoren ist und deren Angebot somit von Autoren bestimmt sein sollte - als Ergänzung, nicht als Konkurrenz zum bestehenden Buchhandel.

Die Idee wurde 1973 in *München,* 1976 in *Berlin* und 1979 in *Frankfurt am Main* realisiert. Diese drei *Autorenbuchhandlungen* bestehen bis heute. Die Münchner Autorenbuchhandlung hat sogar eine Filiale eröffnet.

Bahnhofsbuchhandlungen

Bahnhofsbuchhandlungen sind *Servicebetriebe* der *Deutschen Bundesbahn,* die bis vor kurzem als

»Nebenbetriebe« bezeichnet wurden. Sie arbeiten im Rahmen von Pachtverträgen. Dadurch sind sie z. B. in Bezug auf die Ladenschlußzeiten von den Vorschriften der Gewerbeordnung freigestellt. Die Verkaufszeiten der Servicebetriebe werden von der *Deutschen Bundesbahn* nach den Bedürfnissen des Reiseverkehrs festgesetzt. An die *Deutsche Bundesbahn* wird eine Grundpacht in festem DM-Betrag bezahlt sowie ein auf den Umsatz bezogener Pachtsatz in Höhe von rund 10%.

Interessenvertretung ist der *Verband Deutscher Bahnhofsbuchhändler,* der auf einen 1905 in *Leipzig* begründeten Verband zurückgeht. Der Ursprung des deutschen Bahnhofsbuchhandels wird um das Jahr 1850 vermutet. Bahnhofsbuchhändler führen Tageszeitungen, Zeitschriften, Magazine, Taschenbücher und sonstige geeignete Buchproduktionen. Der Umsatz der im Verband zusammengeschlossenen Buchhändler betrug 1985 380 Millionen DM.

Buchverkaufsstellen

Buchverkaufsstellen führen Bücher als Nebensortiment neben anderen Artikeln, z. B. neben Papier-, Büro- und Schreibwaren oder Spielzeug.

Clubcenter

Clubcenter sind Ladengeschäfte, die sich auf das Angebot einer oder mehrerer Buchgemeinschaften beschränken und nur an deren Mitglieder verkaufen. Sie werden teils direkt von den Buchgemeinschaften, teils in Mietgemeinschaft mit von ihnen unabhängigen Buchhandlungen und teils im Franchise-System als Partner-Clubcenter betrieben. Franchise-Geber ist in diesem Fall die Buchgemeinschaft; Franchise-Nehmer ein Buchhändler, der das Partner-Clubcenter in Verbindung mit einer allgemeinen Buchhandlung betreibt. Clubcenter werden von der Buchgemeinschafts-Zentrale her gesteuert.

Depotbuchhandlungen

Unter Depotbuchhandlungen versteht man Sortimentsbuchhandlungen, die die lieferbaren Titel eines Verlages am Lager führen und mit diesem Verlag besonders eng zusammenarbeiten. In der Regel

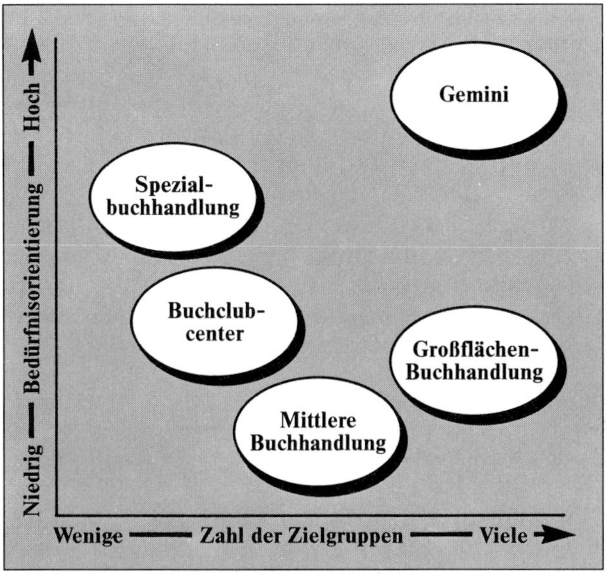

Positionierung ausgewählter Betriebstypen

führen sie alle lieferbaren Titel des Verlages, erhalten Neuerscheinungen unaufgefordert als Standing Order (s. Anhang), günstige Lieferungs- und Zahlungsbedingungen, Remissionsrecht und einen Depotrabattzuschlag. Der Verlag schließt in der Regel am Ort keine weitere Depotvereinbarungen ab, informiert die Depotbuchhandlung bevorzugt und betreibt mit ihr gemeinsame Werbe- und Vertriebsaktivitäten. Auch übergibt der Verlag eingehende Direktbestellungen von Privatkunden aus dem jeweiligen Einzugsbereich zur Auslieferung an die nächstgelegene Depotbuchhandlung.

Discountgeschäft/Modernes Antiquariat

Eigentliche Discountgeschäfte gibt es im Buchhandel nicht, da die Mehrzahl der im Buchhandel angebotenen Printmedien preisgebunden sind und deshalb überall zum gleichen Preis verkauft werden müssen. Unterschiedliche Ladenpreise findet der Käufer ausschließlich beim Verkauf von Rest- und

Sonderauflagen. Es handelt sich dabei um nicht der Preisbindung unterliegende oder aus der Preisbindung herausgenommene Büchertitel, die zum günstigen Preis - zumeist stapelweise - angeboten werden. Einige Buchhandlungen haben sich ganz auf den Verkauf solcher Rest- und Sonderauflagen spezialisiert. Viele Großbuchhandlungen, aber auch klassische Sortimentsbuchhandlungen führen eine umfangreiche MA-Abteilung (Branchenjargon für »Modernes Antiquariat«). Bei intensiver Pflege des Modernen Antiquariats liegt der Umsatzanteil zwischen 15 und 20 Prozent des Gesamtumsatzes.

In den letzten Jahren haben sich Discountgeschäfte - zum Teil als Filialsystem betrieben - etabliert, die ausschließlich im Preis herabgesetzte Bücher führen.

Der Einkauf erfolgt in der Regel bei Firmen der Sparte *Modernes Antiquariat.* Dabei handelt es sich um spezialisierte Zwischenhändler, die Restauflagen der Verlage aufkaufen und an die verschiedenen Zweige des Bucheinzelhandels weiterverkaufen. Diese sehr aktive Sparte des Modernen Antiquariats ist inzwischen auch verlegerisch tätig: Es werden Verlagsrechte für die Zweitverwertung vergriffener Titel angekauft und Großauflagen und Nachdrucke zu Billigpreisen auf eigenes Risiko veranstaltet (s. BuB 2.10).

Filialbuchhandlungen

Filialbuchhandlungen sind - zumeist kleinere - Tochter- oder Schwesterfirmen einer größeren Buchhandlung, die nach den gleichen Geschäftsprinzipien, zumeist unter dem gleichen Namen und oft am gleichen Ort oder in geografischer Nachbarschaft betrieben werden. Zumeist haben sie eine zentrale Verwaltung und oft auch eine zentrale Einkaufsabteilung. In der Regel handelt es sich bei ihren Betreibern um regionale Monopolisten, die mit Hilfe von Filialen ihre Position am Ort oder in der Region verstärken.

Franchise-Buchhandlungen

Franchising ist ein modernes Modell der Marktkooperation von Handelspartnern, das auf dem Prinzip der Arbeitsteilung beruht und deshalb dem Buchhandel besonders gemäß ist. Franchise-Geber können dabei Verlage, Buchgemeinschaften, große Buchhandlungen oder Großunternehmen des Einzelhandels sein, die über ein besonderes Know-how und vielleicht über eine besondere Produktpalette verfügen. Franchise-Nehmer sind in einem solchen Fall etablierte Buchhandlungen oder junge, ideenreiche Buchhandelsgründer, die innerhalb eines solchen Systems taktische strategische Unterstützung finden.

Die Zentrale eines Franchise-Systems konzentriert sich auf das Know-how, auf die ständige Optimierung des Marketing, auf Fragen des Einkaufs (der nicht notwendigerweise zur Gänze zentral erfolgen muß), auf Schulung und Training sowie auf EDV-gestützte Administration und Warenwirtschaft. Die Franchise-Nehmer bringen als ihre Stärke in ein solches System die Leistungsbereitschaft des selbständig bleibenden Unternehmers, die verkäuferische Kompetenz vor Ort, das Ladengeschäft und die Beziehungen zu örtlichen Arbeitnehmern ein und tragen die Finanzierung der Geschäftsräume und der Warenausstattung, bei der sie die Zentrale durch die Zusammenarbeit mit einer Bank unterstützt.

Franchise-Systeme sind besonders geeignet, einen mittelständisch strukturierten Einzelhandel zu erhalten und erfolgreich in die Zukunft zu führen, weil sie gegenüber anderen Systemen viele Vorteile aufweisen und auf alle Fälle dem auf sich gestellten Einzelhändler überlegen sind.

Der Marketingexperte *Joachim Zentes (*1947)* hat im Jahre 1987 vorausgesagt: »Wir werden mit Sicherheit in Deutschland eine europäische Lösung von Buchhandels-Franchising bekommen, die auch wünschenswert ist. Aufgrund der veränderten Konsumstrukturen wird sich hier eine stärkere Pluralisierung der Angebotsstrukturen durchsetzen. Wir bekommen nicht die Einheitsbuchhandlung, die im Zusammenhang mit Franchising immer befürchtet wird, wir bekommen Typen, die auf die unterschiedlichen Konsumentensegmente zugeschnitten sind; Betriebstypen mit einem klaren Profil«.

Franchising ist auch als Teil-Franchising nach dem Shop-in-the-shop-System möglich.

Franchising im Buchhandel gibt es bisher nur in Form von etwa 70 Partner-Club-Centern der zum *Bertelsmann*-Konzern gehörenden Buchclubs.

Großflächenbuchhandlungen

Großflächenbuchhandlungen werden neuerdings – fälschlich – als Großbuchhandlung bezeichnet. Unter Großbuchhandlung wurde in der Fachsprache bisher der Typ des Grossisten verstanden, der bei den Verlagen auf eigenes Risiko einkauft und die eingekauften Bücher an Wiederverkäufer weiter verkauft. Inzwischen wurde der Begriff aber auf die in den letzten Jahren neu entstandenen Großflächenbuchhandlungen übertragen. Zutreffender ist der Begriff Fachmärkte. Unter einer Großbuchhandlung wird eine Sortimentsbuchhandlung verstanden, die mindestens 800 bis 1000 qm Verkaufsfläche umfaßt, zum Teil umfangreiche Nebensortimente anbietet (z. B. Tonträger) und übersichtlich nach Abteilungen gegliedert ist, wobei mit zunehmender Größe die einzelnen Abteilungen den Charakter speziell sortierter Buchhandlungen annehmen können. Die Merkmale dieses Buchhandelstypus sind: große Auswahl im Rahmen eines tiefgestaffelten Sortiments, gute Warenpräsentation, weitgehende Selbstbedienung, fachkundiges Personal für den Bedarfsfall und EDV-gestützte Kassen- und Warenwirtschaftssysteme.

Handelsketten/Kettenläden

Filialsysteme agieren bundesweit oder jedenfalls in größeren Regionen. Eine Zentrale steuert eine Kette mehr oder minder großer Einzelhandelsgeschäfte.

Sie haben ein auf dem Prinzip des Filialeinkaufs beruhendes Auswahl- und Leistungssystem und ergänzen das breite, von allen Filialen geführte Kernsortiment um regional bestimmte Randsortimente.

Das bekannteste Buchhandelsfilialsystem ist *Montanus aktuell,* eine Kette, die zur *Hussel Holding Aktiengesellschaft* gehört. Zu dieser Gruppe zählen auch die *Douglas-Parfümerien, Weiss-Schmuckgeschäfte, Hussel-Süßwaren, Fuchs-Drogerien* und *Voswinkel Schuh-* und *Sportgeschäfte.* Auch die auf den norddeutschen Raum konzentrierten *Stilke-Bahnhofsbuchhandlungen* gehören zur *Hussel AG. Montanus aktuell GmbH* (rund 45 Läden) und *Stilke Buch- und Zeitschriften Handelsgesellschaft mbH* (rund 110 Verkaufsstellen; darunter befinden sich ca. 15 große Buchhandlungen) erreichen zusammen etwa 210 Millionen Mark Umsatz.

Importbuchhandel

Eine Reihe von Buchhandlungen sind ausschließlich als Importeure, andere als Im- und Exporteure und schließlich andere als Versand- oder Ladenbuchhändler mit Importabteilung tätig. Im Importverkehr aus dem Ausland entstehen besondere Beschaffungs- und Preisprobleme. Importbuchhandlungen stehen im Wettbewerb mit ausländischen Exportbuchhandlungen, denen sie die Nähe zum heimischen Markt voraus haben. Um ihre Interessen wirksamer vertreten zu können, haben sich im Oktober des Jahres 1987 mehr als 50 Firmen zum neuen *Verband Wissenschaftlicher Importbuchhändler (VWIB)* zusammengeschlossen.

Kaufhausbuchhandel/Warenhausbuchhandel

Nach der Definition der Katalogkommission für handels- und absatzwirtschaftliche Forschung ist ein *Warenhaus* ein »Einzelhandelsbetrieb, der in verkehrsgünstiger Geschäftslage Waren aus zahlreichen Branchen anbietet«. Das Sortiment ist zugleich durch Breite und Tiefe gekennzeichnet. Warenhäuser führen neben der Buchabteilung zumeist gesondert eine Abteilung mit Tageszeitungen, Zeitschriften und

Betriebsformen im Buchhandel	Angebotsübermittlung		Markterschließung		Warenübermittlung	
	Angebot	Angeb. +Ware	Abnehmer aufsuchend	Abnehmer erwartend	Zustellung	Abholung
Reisebuchhandel	X		X		X	
Versandbuchhandel	X		X		X	
Werbender Buch- und Zeitschriftenhandel	X		X		X	
Buchgemeinschaft mit Direktvertrieb	X		X		X	
Buchgemeinschaft mit Buchhandlung		X	X	X	X	X
Sortimentsbuchhandel, allgemein		X		X	X	X
- Bücherstube		X		X		X
- wissensch. Buchh.		X		X		X
- Fachbuchhandlung		X		X		X
- religiöse Buchh.		X		X		X
- Taschenbuchladen		X		X		X
Bahnhofsbuchhandel		X		X		X
Warenhausbuchhandel		X		X		X
Buchverkaufsstellen		X		X		X
Branchenfremder Einzelhandel		X		X		X
* S = spezialisiertes Angebot B = breites Angebot A = auch andere Waren						

Magazinen. Während die Buchabteilungen großer Warenhäuser in Auswahl und Bedienungskomfort gleiche Qualität wie eine gutgeführte Buchhandlung bieten, beschränken sich kleinere Warenhäuser in der Regel auf preiswerte Buchsortimente, zum Teil mit Discountcharakter.

Die *Karstadt AG* unterhält zur Zeit ca. 149 Buchabteilungen, deren Jahresumsatz von Kennern auf rund 120 Millionen DM geschätzt wird. Damit ist diese

Warenum-gruppierung*			Empfehlung der Waren		Warenanpassung an den Bedarf	
S	B	A	per-sönl.	un-per-sönl.	Kunden-dienst	kein Kunden-dienst
S			X			X
S	B			X		X
S		A	X	X		X
S	B			X		X
S	B		X	X	X	X
	B		X	X	X	
S			X		X	
S			X		X	
S			X		X	
S			X		X	
S	B		X	X	X	X
S		A		X		X
S	B	A		X		X
S		A		X		X
S		A		X		X

Handelsbetriebs-typen und ihre wichtigsten Funktionen

Warenhausgruppe der größte Buchanbieter im Einzelhandel in der Bundesrepublik. Zusätzlich betreibt *Karstadt* in *München,* unmittelbar neben seinem Haus *Oberpollinger,* einen speziellen Taschenbuchladen.

Karstadt hält es für besser, die Kundenfrequenz im Erdgeschoß für seine Buchabteilung zu nutzen, als eine Großfläche in einem hochgelegenen Stockwerk zu betreiben.

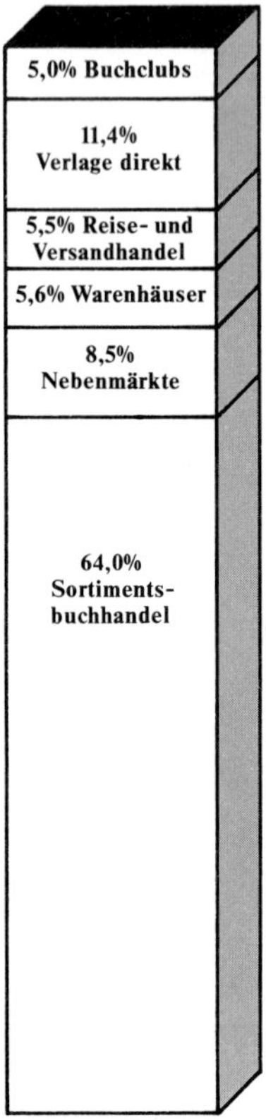

So verteilt sich der Gesamtmarkt Bücher 1987 nach Endverbraucherpreisen nach einer Schätzung von Experten auf die einzelnen Vertriebswege

Einige Warenhäuser haben in jüngster Zeit ihre Buchabteilungen zu Medienetagen ausgeweitet: Verkaufsflächen von über 400 qm für Bücher und andere Medien, z. B. Tonträger. Zur Zeit werden Erfahrungen gesammelt, welche Größenordnung sich am besten bewährt.

Die *Kaufhof AG* führt in 80 Filialen Buchabteilungen. Das größte Buchangebot mit ca. 40 000 verschiedenen Titeln einschließlich Taschenbüchern führen zur Zeit die *Kaufhof*-Filialen *Köln* (Hohe Straße) und *Aachen. Kaufhof* führt die Produktion von ca. 110 verschiedenen Verlagen und betreibt über seine Tochter *Kaufhalle* die Tochterfirma *Gemini* (s. 3.6).

In 60 Filialen der *Hertie GmbH* (ohne Tochterfirma *Bilka)* werden Bücher geführt. Je nach Hausgröße umfaßt das Sortiment 3 000 bis 35 000 Titel. Der Buchumsatz macht ca. 1% vom Gesamtumsatz des Konzerns aus, der 1987 5,4 Milliarden DM betrug. Ausschließlich im Buchbereich ist die 1987 gegründete Tochterfirma *Fabulus GmbH* tätig (s. 3.6).

Die *Horten Aktiengesellschaft* führt etwa 35 Buchabteilungen.

Als um die Jahrhundertwende die Expansion der Warenhäuser begann und diese in verstärkten Umfang Bücher führten, setzten Vertreter des Sortimentsbuchhandels durch, daß die Warenhäuser von allen buchhändlerischen Verkehrseinrichtungen ausgeschlossen, ihnen das Abonnement des *Börsenblattes für den Deutschen Buchhandel* entzogen und eine Lieferungssperre verhängt wurde, die am 20. April 1896 begann. Der Warenhausbuchhandel kam nicht zum Erliegen: durch vorgeschobene Strohmänner, fingierte Firmen und kleine selbständige Buchhändler besorgte er sich die Ware, die er brauchte. Auch führten nicht alle Verleger die Liefersperre lückenlos durch. Hauptfolge der rigorosen Maßnahme aber war, daß es zur Gründung eigener Warenhausverlage kam und damit Exklusivausgaben entstanden, die wiederum dem Buchhandel nicht zugänglich waren – ein wirtschaftsgeschichtlicher Beweis dafür, daß auf die Dauer Konfrontations- statt Kooperationspolitik zum Schaden dessen ausschlägt, der sich dem freien Wettbewerb und der sinnvollen Kooperation verschließt.

Auf die eigene Verlagstradition griffen die vier Warenhauskonzerne *Kaufhof, Horten, Karstadt* und *Hertie* zurück, als sie 1963 die *Buch und Zeit Verlagsgesellschaft GmbH* ins Handelsregister eintragen ließen, an der sie zur gleichen Teilen beteiligt sind. Dieser Sonderverlag der Warenhauskonzerne beliefert ausschließlich Filialen der vier genannten Häuser, die mit seinen Produkten 20–25% ihres Buchumsatzes bestreiten. Kenner schätzen die Buchumsätze der vier Warenhauskonzerne auf rund 300 Millionen DM zu Ladenverkaufspreisen. Dies entspräche einem Einkaufsvolumen bei *Buch und Zeit* von 30 bis 40 Millionen DM, die mit rund 180 lieferbaren Titeln erzielt werden.

Kleinbuchhandlungen

Der 1982 gegründete *Arbeitskreis Kleinerer Sortimente (AKS)* im *Börsenverein des Deutschen Buchhandels* »fühlt sich verbunden mit einem Klein- und Vorstadtsortiment und allen Sortimenten in der Großstadt, die durch Struktur und Geschäftslage außergewöhnliches Engagement erfordern« (aus der Präambel der Gründungserklärung). Nach Ansicht des Arbeitskreises kann die überwiegende Mehrheit der Sortimenterfirmen im Börsenverein - nach Schätzung etwa 80% - von der Größe, vom Umsatz oder von der Struktur oder auch im Vergleich zu den Mitbewerbern her zu den kleinen Sortimenten gerechnet werden.

Der Arbeitskreis hat sich zum Ziel gesetzt, die Kleinsortimente als Basis buchhändlerischer Arbeit zu erhalten.

Konfessioneller Buchhandel

Der konfessionelle Buchhandel hat eine reiche Tradition, denn die ersten Druckerzeugnisse, die Gutenberg und seine Nachfolger herausbrachten, waren Bibeln sowie theologische und religiöse Schriften. Eine Reihe von Buchhandlungen in der Bundesrepublik sind entweder auf katholische, evangelische, ökumenische oder sonstige christliche oder religiöse Literatur spezialisiert. Die Geschäftsstellen des *Verbandes Katholischer Verleger und Buchhändler e. V.* und der *Vereinigung Evangelischer Buchhändler e. V.* arbeiten getrennt, aber aus Kooperationsgründen in den gleichen Räumlichkeiten. Der *VKB* gehören zur Zeit neben 80 Verlagen rund 150 Buchhandlungen an. Der *VEB* gehören neben rund 90 Verlagen rund 190 Buchhandlungen an. Die beiden Verbände und ihre Geschäftsstellen verstehen sich als Dienstleister für ihre Mitglieder und bieten unter anderem spezielle Werbemittel sowie Weiterbildungskurse an.

Leihbüchereien bzw. Leihbibliotheken

Das gewerbliche Ausleihen von Büchern spielt heute im Buchhandel so gut wie keine Rolle mehr, nachdem es eine Blütezeit in den ersten Nachkriegsjahren erlebte. Steigender Wohlstand bedeutete für die meisten Leser und Käufer auch den Wunsch nach eigenem Buchbesitz, der durch das preiswerte Buchangebot (Buchgemeinschaften, Taschenbücher und Sonderausgaben) auch für einkommensschwache Bevölkerungsschichten erschwinglich wurde.

Lesezirkel

Lesezirkel sind ein Vertriebsweg für Zeitschriften. Sie basieren auf der mehrfachen Vermietung von Lesemappen. Eine Lesemappe besteht im allgemeinen aus sieben bis elf Zeitschriften. Jede dieser Zeitschriften erhält einen festen Umschlag; dieser Umschlag ist der Werbeträger. Rund 280 Unternehmen in der Bundesrepublik und West-Berlin betreiben das Lesezirkelgeschäft, indem sie vornehmlich Publikumszeitschriften bei den Verlagen einkaufen und weiterverleihen.

Die Leserschaft der Lesezirkelmappen wird regelmäßig durch die Media-Analyse der *Arbeitsgemeinschaft Media-Analyse* sowie durch die Verbraucheranalyse erschlossen.

Der *Verband deutscher Lesezirkel e. V.* arbeitet unter dem Slogan »Freizeit frei Haus« und hat seinen Sitz in Düsseldorf.

Musikfachgeschäfte

Musikfachgeschäfte handeln mit Musikalien, Büchern, Noten, Tonträgern und Instrumenten. Sie sind im Gesamtverband *Deutscher Musikfachgeschäfts e. V.,* Bonn, zusammengeschlossen, der 1971 aus den beiden früheren Verbänden *Deutscher Musikalien Wirtschafts-Verband e. V.* und *Verband Deutscher Klavierhändler e. V.* hervorging. Im Gesamtverband - ca. 800 Mitglieder - sind die Fachverbände Musikalien, Schallplatte, Musikinstrumente, Klavier, Elektronische Tasteninstrumente und Musikelektronik zusammengeschlossen. Fachorgan der Musikfachgeschäfte ist die gemeinsam mit dem *Deutschen Musikverlegerverband* herausgegebene Zeitschrift *musikhandel.*

Presse-Einzelhandel

Der Presse-Einzelhandel umfaßt ca. 86 000 Einzelhändler, von denen rund 3 500 reine Zeitungs- und Zeitschriftenhändler und rund 2 000 Buchhändler sind. In allen anderen pressevertreibenden Betrieben sind Print-Medien ein Rand- oder Nebensortiment.

Die Belieferung erfolgt ausschließlich über die rund 80 Mitglieder des *Presse-Grosso-Verbandes Deutscher Buch-, Zeitungs- und Zeitschriftengrossisten e. V.,* die das Gebiet der *Bundesrepublik Deutschland* und *West-Berlins* unter sich nach Vertriebsgebieten aufgeteilt haben (Gebietsgrossisten). Der Presse-Einzelhandel führt zum Teil Taschenbücher und sonstige preiswerte oder geeignete Bücher als Nebensortiment.

Reise- und Versandbuchhandel

Der Reisebuchhandel - oft mit dem Versandbuchhandel verbunden - ist der Zweig des Buchhandels, der seine Angebote durch Reisende (auf Angestelltenbasis oder als freie Handelsvertreter) zum Publikum bringt. Der Reisebuchhandel spezialisiert sich auf umfangreiche und teure Werke wie Großlexika oder auf Fachbücher für bestimmte Berufszweige wie Medizin.

Der Versandbuchhandel – oft mit dem Reisebuchhandel verbunden – wirbt mit Prospekten, Katalogen, Anzeigen, Zeitungs- und Zeitschriftenbeilagen und Mailings (Direktwerbesendungen per Post) für die von ihm vertriebenen Bücher. Eine Reihe von Versandbuchhandlungen bieten ein allgemeines, aktuelles Sortiment an und zielen darauf ab, Dauerkunden zu gewinnen, um den gesamten Buchbedarf ihrer Kunden zu decken. Andere Versandbuchhandlungen sind auf ein Fach-, Wissenschafts- oder Special-interest-Gebiet spezialisiert oder führen die Form des Discountgeschäftes auf dem Versandwege aus.

Die im *Bundesverband der Deutschen Versandbuchhändler* zusammengeschlossenen 114 Reise- und Versandbuchhändler verstehen sich als *Buchhändler ohne Schaufenster* und sehen als ihren kulturellen Auftrag an, Bildungswerke zu liefern.

Sortimentsbuchhandel

Der Sortimentsbuchhandel – auch kurz Sortiment genannt – vereinigt nach der Schätzung von Kennern über 60% des Einzelhandelsumsatzes mit Büchern, Fach- und wissenschaftlichen Zeitschriften auf sich. Damit ist er der Hauptvertriebsweg für Bücher. Der Sortimentsbuchhandel ist der Zweig des Buchhandels, der mit Hilfe eines vielfältigen Lagers (Sortiment) Bücher an das Publikum im Ladengeschäft verkauft. Das klassische Sortiment fällt unter die Einzelhandelsdefinition entweder des *Fachgeschäftes* oder des *Spezialgeschäftes.*

Das *allgemeine Sortiment* (Fachgeschäft) führt ein zusammenhängendes Sortiment mit großer Auswahl in unterschiedlichen Qualitäts- und Preisstufen und

Buchgruppen und Betriebsformen des Einzelhandels

Vertriebsformen / Büchergruppen	Sortimentsbuchhandlung: Vollbuchhandlung	Sortimentsbuchhandlung: Spezial-buchhandlung	Bahnhofsbuchhandlung	Buchabteilung Warenhaus	Buchverkaufsstelle	werbende Buchhandlung: Reise-buchhandlung	werbende Buchhandlung: Versand-buchhandlung	Buchgemeinschaft
Schulbücher	x				(x)			
wissenschaftliche Bücher		x[1]				x	x	(x)[2]
Fachbücher		x[3]			(x)	x	x	
Nachschlagewerke	x	x				x	x	(x)
gehobene Literatur	x	x[4]	(x)				x	(x)
Kinder- und Jugendbücher	x		(x)	x	(x)		(x)	x
Unterhaltungs-Literatur	x	x[4]	x	x	x		x	x
Bild- und Kunstbände	x	x[5]	(x)	(x)		(x)	x	x
Sachbücher	x	(x)	x	x	(x)	(x)	x	x
Neuerscheinungen	x	x	x			(x)	(x)	
Taschenbücher	x	x[6]	x	x	x			
	Ladenbuchvertrieb					Werbender Buchvertrieb		

1) wissenschaftliche Buchhandlung
2) nur eine Buchgemeinschaft
3) Fachbuchhandlungen
4) literarische Bücherstube
5) Kunstbuchhandlung
6) darunter Taschenbuchladen

x = gehört in der Regel zum Sortiment.
(x) = ist nur in Einzelfällen bzw. mit starken Einschränkungen im Sortiment.

bietet ergänzende Dienstleistungen wie Beratung, Bibliografie und Bestellung aus dem Ausland an.

Das *Spezialsortiment* (Spezialgeschäft) ist in seinem Angebot auf ein Spezialgebiet begrenzt und um so tiefer sortiert. Es bietet ergänzenden Service, z. B. eigene Spezialkataloge. Neben die in diese Kategorie gehörende klassische wissenschaftliche und Fachbuchhandlung treten neuere Typen mit Special-interest-Charakter. Unter Special-interest werden Freizeitinteressen verstanden, die spezielle Fachkenntnisse erfordern, z. B. Segeln, Reiten, Homecomputer, Modelleisenbahnwesen usw.

Universitätsbuchhandlung

Universitätsbuchhandlungen sind wissenschaftliche Buchhandlungen, die die Erlaubnis zur Führung dieser Bezeichnung vom Senat der örtlichen Universitäten erhalten haben.

Versender

Großversender (Versandhäuser) und Spezialversender gehen immer mehr dazu über, ihr umfangreiches Warenangebot durch Bücher zu ergänzen. In den Katalogen dieser Anbieter findet der Leser entweder populäre Massentitel, Spezialtitel zu Spezialthemen, für die auch sonstige Waren angeboten werden, und schließlich auch das Buch in Vorzugs- und Luxusausgaben im Angebot der sogenannten »Edelversender«.

WBZ

Der *Werbende Buch- und Zeitschriftenhandel* – abgekürzt *WBZ* – ist ein Zweig des Buch- und Zeitschrifteneinzelhandels, der sich vornehmlich mit dem Vertrieb von Zeitschriften und Büchern im Abonnement mit Hilfe von Vertretern befaßt. Eine Besonderheit dieses buchhändlerischen Vertriebszweiges ist, daß oft Zeitschriftenabonnements in Verbindung mit einer Familienschutz- oder Sachversicherung verkauft werden.

Die rund 260 Mitglieder des Verbandes sind im *Bundesverband des werbenden Buch- und Zeitschriftenhandels e. V.* in Köln organisiert.

Werbegeschenkhandel

Der Werbegeschenkhandel nimmt in seine Angebote Bücher als ansprechende Geschenkartikel auf und liefert sie auf Wunsch mit Widmungsblättern, Firmeneindrucken und in besonderer Geschenkverpackung.

Wissenschaftlicher Sortimentsbuchhandel

Die wissenschaftlichen Sortimentsbuchhandlungen sind in der renommierten *Arbeitsgemeinschaft Wissenschaftlicher Sortimentsbuchhandlungen (AWS)* zusammengefaßt, die seit 1927 besteht. Ihre Kunden sind hauptsächlich

- Wissenschaftliche und Universitätsbibliotheken, Archive und Fachbibliotheken in Firmen
- Institute, Lehrstühle und Seminare an Universitäten, Hochschulen und Fachhochschulen
- Wissenschaftler in Forschung, Lehre und Industrie
- Studenten
- Industriekunden
- das interessierte Fachpublikum

Der klassische Sortimentsbuchhandel in der Konkurrenz der Vertriebswege

Aus dem Denken früherer Jahrzehnte heraus wird im Sortimentsbuchhandel hier und da für Bücher ein »Alleinverkaufsanspruch« vertreten. Dieses Denken ist in einer freien, sozialen und auf Gewerbe- und Meinungsfreiheit gegründeten Marktwirtschaft überholt. Es übersieht einige entscheidende Tatsachen:

- Bücher sind »gesellig« und ziehen weitere Bücher nach sich, wo immer sie gekauft worden sind. Steigender Buchabsatz kommt der ganzen Branche zugute.
- Daß Bücher überall verfügbar sind und nicht nur im Buchhandel, hat zu der sprunghaft gestiegenen Akzeptanz des Buches in breiten Bevölkerungskreisen wesentlich beigetragen und bildet so die Grundlage für eine allgemeine Buch- und Lesekultur.

- Wer immer sich vertrieblich für den Verkauf von Büchern und sonstigen Print-Medien, also Lesestoff, einsetzt, zieht mit dem Buchhandel am gleichen Strick, d. h. er verbreitert die Basis für die Akzeptanz von Büchern und Lesen.
- Kooperations- statt Konfrontationspolitik ist die der modernen Industrie- und Informationsgesellschaft angemessene Strategie. Dabei geht es nicht mehr um ein Gegeneinander am Markt, sondern um ein Miteinander im Wettbewerb um den Leser.
- Letzten Endes bestimmt nicht der Händler, wo der Kunde kauft, sondern der Käufer entscheidet sich aus freien Stücken für den Einkaufsweg, der ihm für den jeweiligen Einkaufsfall am meisten zusagt. Es gibt kein »Naturgesetz«, nach dem dies der klassische Sortimentsbuchhandel zu sein hätte.

Buchvertriebsformen in der Bundesrepublik Deutschland

Buchvertriebsformen	Anzahl der Firmen
Sort	2696
RV	495
WBZ	112
Ant	132
Bvk	1070
Bbh	98
Sort + RV	315
Sort + WBZ	10
Sort + Ant	452
Sort + Bbh	25
Sort + Bbh + Ant	4
Sort + RV +WBZ	14
Sort + RV + Ant	108
Sort + RV + WBZ + Ant	4
RV + WBZ	36
RV + Ant	67
RV + Bvk	62
RV + WBZ + Bvk	2
RV + Ant + Bvk	2
WBZ + Bvk	11
Ant + Bvk	13
Insgesamt	5728

Sort = Sortimentsbuchhandel
Rbh = Reisebuchhandel
WBZ = Werbender Buch- und Zeitschriftenhandel
Ant = Antiquariat
Bvk = Buchverkauf
RV = Reise- und/oder Versandbuchhandel
Bbh = Bahnhofsbuchhandel

Quelle: Buch und Buchhandel in Zahlen 1985

1.5 Leser und Lesen

Über die Rolle des Lesens und seine Zukunft in der modernen Freizeit- und Informationsgesellschaft gibt es die unterschiedlichsten Vermutungen, Thesen und Prognosen. Unbestritten ist das gesellschaftliche Ansehen des Lesens. Unbestritten ist auch, daß die Bundesbürger und die Bürger der anderen deutschsprachigen Länder zu Lasten der Arbeitszeit immer mehr freie Zeit gewinnen und damit auch theoretisch mehr Zeit für Leseaktivitäten haben. Dies ist die Basis, auf der der Buchhandel seinen Markt zu vermessen und auszuschöpfen hat.

Anteil von Arbeitszeit und Freizeit

In den Nachkriegsjahren dominierte die Arbeitszeit über die freie Zeit. Dennoch kam es schon in diesen Jahren zu einem erheblichen Anstieg der Buchverkäufe.

Ab 1970 holte die freie Zeit auf. 1990 wird die Freizeit die Arbeitszeit überholen. Nach einer Studie des *B. A. T. Freizeit-Forschungsinstitutes Hamburg* aus dem Jahr 1987 werden dann 2 100 Freizeitstunden 2 000 Stunden Arbeitszeit und Arbeitswegezeit gegenüberstehen. Unter Freizeit wird disponible, frei verfügbare Zeit nach Abzug der privaten Zeit für Besorgungen, Einkäufe, Ernährung, Gesundheits- und Körperpflege und soziale Verpflichtungen verstanden. Das *B. A. T. Institut* prognostiziert, daß im Jahre 2010 die Arbeitszeit am unteren Ende rangieren wird und dann 2 300 Freizeitstunden 1 760 Stunden Arbeitszeit und Arbeitswegezeit gegenüberstehen.

Fernsehen und Lesen

Experten haben jahrelang gestritten, ob die Nutzung elektronischer Medien, besonders des Fernsehens, dem Lesen abträglich oder zuträglich sei. Entgegen allem Kulturpessimismus ergeben sozialempirische Untersuchungen, daß Leseinteresse und -häufigkeit steigen, je mehr ferngesehen wird. Gestützt auf Erhebungen der *INFRATEST Medienforschung GmbH*

»Dabei zeigt er anderseits oft eine erstaunliche Intelligenz; so kann er beispielsweise sämtliche TV-Werbespots auswendig aufsagen!«

behauptet *Dr. Heinz Steinberg* (* 1913), Lehrbeauftragter für Lese(r)forscher an den Universitäten Marburg und Erlangen, sogar, der Buchhandel verdanke etwa ein Drittel seines Umsatzes den durch Fernsehen geweckten Interessen.

Neo-Analphabetismus

Es gehört zu den polaren Erscheinungen einer immer unübersichtlicher werdenden Welt, daß sich parallel zu überdurchschnittlich steigenden Leseinteressen ein sogenannter Neo-Analphabetismus bildet. Er ist ein Zeichen dafür, daß sich die Gesellschaft immer mehr fragmentiert und sich die jeweiligen Segmente getrennt entwickeln: Wer schon viel liest, wird immer mehr lesen, und wer wenig oder gar nicht liest, wird noch schwerer zum Lesen kommen.

Zahl der Buchleser

Interessante Prognosen hat zu Beginn des Jahres 1988 das Münchner *Institut für Freizeitwirtschaft* in einer Marktuntersuchung *Wachstumsfelder im Frei-*

zeitbereich bis 1995 bekanntgegeben. Das Institut schätzt die Zahl der aktiven Buchleser auf etwa 12,5 Millionen Menschen in der Bundesrepublik Deutschland. Diese Zahl wird von 1985 bis 1995 unverändert bleiben. Erhöhen wird sich die Zahl der gelegentlichen Leser von 22,5 auf 23,5 Millionen. Die Gesamtzahl derer, die von Büchern erreicht werden, steigt damit von 35 auf 36 Millionen. Ihr Anteil an der Bevölkerung wächst damit bis 1995 von 67 auf 71%.

Lesezeit der Gesamtbevölkerung

Das Institut schätzt andererseits, daß sich die insgesamt mit Bücherlesen verbrachte Freizeit unverändert bei 8,1 Milliarden Stunden hält. Angesichts leicht steigender Leserzahl heißt das, daß sich der einzelne Leser für diese Aktivität weniger Zeit als früher nimmt. Nach dieser Prognose werden die Ausgaben für Bücher 1995 um real 9% höher liegen als 1985. Damit wächst die Freizeitaktivität »Bücherlesen« langsamer als der Durchschnitt aller Freizeitaktivitäten, und der Marktanteil aller Bücher am gesamten Freizeitmarkt geht zurück.

Lesen als Freizeitbeschäftigung

Nach einer anderen Repräsentativbefragung von 2 000 Bundesbürgern ab 14 Jahren nannten 1986 32% aller Befragten Lesen als bevorzugte persönliche Freizeitbeschäftigung (1981: 27% aller Befragten). Damit steht Lesen an der Spitze der Beliebtheitsskala vor Fernsehen (23%) und Handarbeiten (22%). Der Stellenwert des Lesens als persönliche Freizeitbeschäftigung ist bei Frauen und Männern verschieden: Lesen wurde von 39% der befragten Frauen genannt, aber nur von 25% der Männer.

Typischer Buchleser

Den typischen Buchleser beschreibt das Münchner Institut als besonders gebildet, entweder recht jung oder in der höheren Altersgruppe von 50 bis 55 Jahren, eher in der Stadt angesiedelt als auf dem Land, eher protestantisch als katholisch. An diesem Grundmuster werde sich in den nächsten Jahren nicht allzu viel ändern. Aufgrund der demographischen Entwicklung werde der Anteil der jungen Leser zurückgehen

Acht Leser- und Käufertypen (nach Allensbach)

1. Der Buchmensch, der sich ein Leben ohne Bücher überhaupt nicht vorstellen kann und Stammkunde des Buchhandels ist (22 v. H.);
2. der Buchliebhaber, der eine ausgeprägte Beziehung zu Büchern hat (25 v. H.);
3. der Leser, der eine enge emotionale Bindung zu seiner Lektüre entwickelt, für den das Buch ein Freund ist (14 v. H.);
4. der informationsorientierte Buchfreund, der sowohl eine emotionale als auch instrumentale Beziehung zu den Büchern hat (14 v. H.);
5. der »informationsorientierte Buchnutzer«, der Bücher nur als Instrument gebraucht (13 v. H.);
6. der Konsumleser, für den Lektüre nur eine nette, unverbindliche Bekanntschaft ist (21 v. H.);
7. der unlustige Leser, für den das Lesen eine Verlegenheitsbeschäftigung darstellt, der lieber anderen Dingen nachgeht (27 v. H.);
8. die Bevölkerungsgruppe, die im Laden praktisch nur als Geschenkkäufer auftritt: Mehr Buchgeschenk-Käufer als Leser (7 v. H.).

und dafür der Anteil der Leser mit gehobenem Bildungsabschluß steigen.

Typologie der Käufer und Leser

Im Auftrag des *Börsenvereins* hat das *Allensbacher Institut für Demoskopie* eine Typologie der Bücherkäufer entwickelt. Die Übersicht von *Allensbach* beschreibt die acht Typen (Mehrfachnennungen).

Stichprobe Bücherkäufer

Die Aufstellung auf Seite 60 zeigt, wer wie viele Bücher kauft. Quelle für diese Statistik ist die Studie *Bücher und Lesen* der *Betriebsberatungsstelle für den Einzelhandel* 1986. Aus dieser Tabelle wird deutlich,

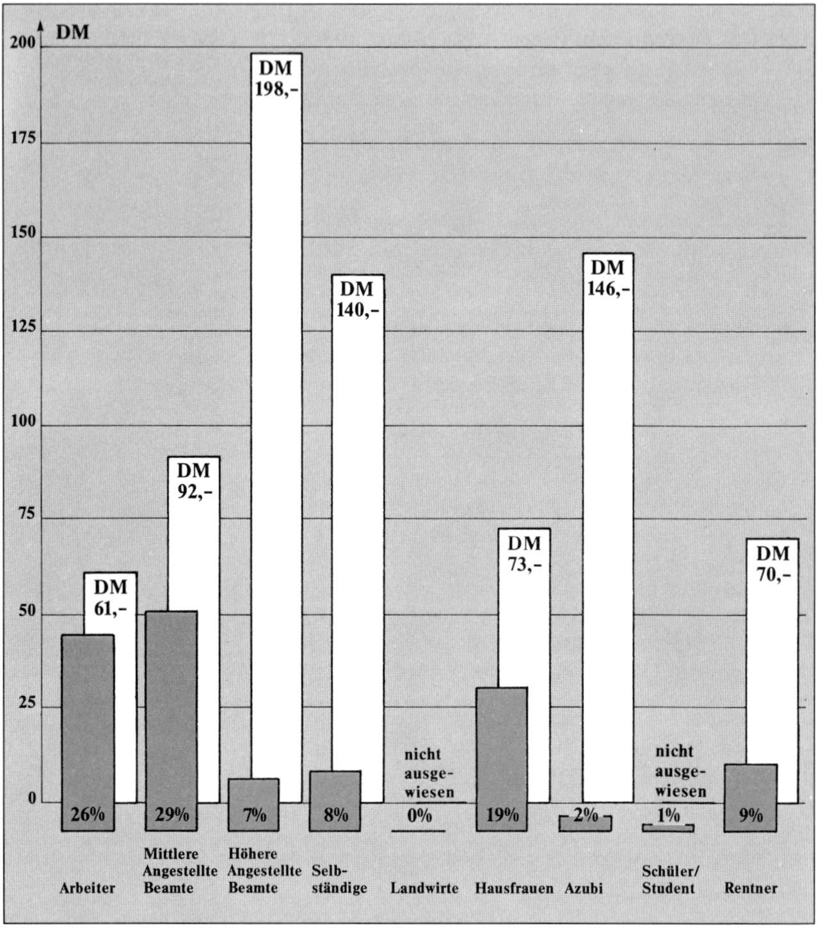

Wer kauft wie viele Bücher

Anteil an der Stichprobe (2049 Befragte)
Ausgaben für Bücher pro Jahr

daß höhere Angestellte und Beamte, Auszubildende und Selbständige die höchsten Beträge für Bücher ausgeben, jedoch insgesamt nur 17% der befragten Käufer ausmachen.

Daß bei aller offensichtlichen Lesefreudigkeit der Buchkonsum nur einen geringen Anteil am privaten Verbrauch hat, geht aus einer grafischen Aufstellung hervor, die *Arnd Roszinsky-Terjung (* 1950),* Marketing-Fachberater für den Buchhandel, erarbeitet hat. Demnach gibt ein Konsument zwischen den Käufen von zwei Taschenbüchern im Durchschnitt 1 868 DM, zwischen den Käufen von zwei Hardcover-Büchern sogar 9 320 DM für Sonstiges aus.

Der Anteil des Buch-Konsums am privaten Verbrauch

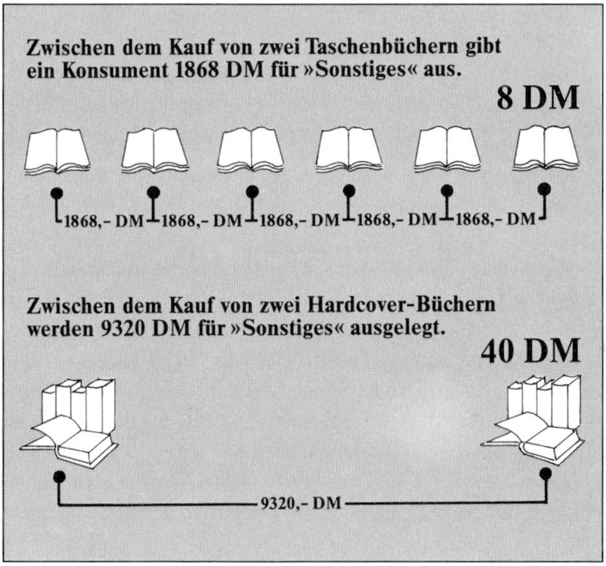

Soziale Milieus in der Bundesrepublik

Schließlich ist zur Erforschung des Lesers eine von dem Heidelberger Sozialwissenschaftlichen Forschungsinstitut *Sinus* vorgelegte Studie über Freizeitinteressen in den von ihr ermittelten acht unterschiedlichen sozialen Milieus der Bundesrepublik

Deutschland von Bedeutung. Aus ihr ist zu erfahren, was in welchen Milieus gern gelesen wird und ermöglicht einer Buchhandlung die Orientierung auf ihre spezifischen Zielgruppen, die sie mit ihrem Buchhandelstyp anspricht.

Kulturtechnik Lesen

Die jüngste Untersuchung zum Thema Lesen trägt den Untertitel *Die Bedeutung der Kulturtechnik Lesen für den gesellschaftlichen Kommunikationsprozeß*. Sie enthält kompakt alles Wissenswerte über das Lesen und ist schon deswegen lesenswert, weil sie für eine wissenschaftliche Arbeit ungewöhnlich gut geschrieben ist. Nach dieser Studie fördert das Lesen weit über das bloße Dekodieren von Schrift hinaus die intellektuellen Fähigkeiten des Menschen und erlaubt ihm eine menschengemäße Teilhabe am gesellschaftlichen Prozeß. Der Leser erscheint danach im Gegensatz zum Nicht-Leser als weltzugewandt, offen und aktiv. Er ist besser in der Lage, die Fülle des Informationsangebotes aller Medien sinnvoll zu nutzen.

Verlust der Lesefähigkeit

Der Verlust der wirklichen Lesefähigkeit wäre nach Ansicht der Autorinnen *Angela Fritz (*1954)* und *Alexandra Suess (*1959)* mit schwerwiegenden wirtschaftlichen und politischen Folgen verbunden, und zwar in der Richtung, daß die Gesellschaft sich weiter in aktive und passive Segmente, in Informierte und weniger Informierte, in Experten und Datenverarbeitungs-Analphabeten aufspaltet, wie sich dies im Neoalphabetismus schon andeutet (s. o.). An dieser Stelle hätte nach Meinung der Autorinnen eine sinnvolle Lesepropaganda und Leseförderung anzusetzen.

Zukunft des Lesens

Die Branche selbst ist, was das Lesen betrifft, eher optimistisch. So urteilt *Peter Schaper (*1948),* Geschäftsführer angesehener Publikumsverlage: »Wir stehen – allen populären Unkenrufen zum Trotz – heute vor einer Renaissance des Lesens. Daran kann auch das Fernsehen nichts ausrichten. Das Gegenteil ist meine Überzeugung: Die Zukunft des Lesens hat erst begonnen ... Die Umfeldbedingungen für eine Renaissance des Buches sind gut. Jetzt kommt es darauf an, die angemessene Positionierung im Spektrum der Medien zu finden und ein zielgruppenorientiertes Marketing-Konzept umzusetzen.«

Der Berliner Buchhändler *Kurt Meurer (*1901)* urteilt: »Die Wahrheit ist aber, daß unsere Gesellschaft auf dem Wege zur Lesegesellschaft ist - und das trotz aller Medienkonkurrenz.«

Lesebegriff

Insbesondere die vorliegenden sozialempirischen Marktuntersuchungen zum Lesen gehen vermutlich von einem zu undifferenzierten Lesebegriff aus. Lesen ist nämlich deswegen mehr als das Dekodieren von Schrift, weil es zumindest bipolaren Charakter hat. Auf der einen Seite steht das *informatorische* Lesen (Prototyp: Nachschlagen in Lexika oder Ratgebern; lesen, um sich zu bilden, weiterzubilden und die wissenschaftliche Lektüre). Auf der anderen Seite steht das *identifikatorische* Lesen (Prototyp: Lesen von Unterhaltungsromanen und Lyrik, das Sich-Hineinversenken in religiöse oder mystische Texte).

Die beiden Lesetypen gehen wohl darauf zurück, daß die Verwendung von Zeichen und Buchstaben durch den Menschen von Anfang an neben dem informierenden stets auch beschwörenden Charakter hatte. Demzufolge gehen die beiden Lesetypen auch oft ineinander über und kommen wohl kaum in »reiner« Form vor. Das bedeutet, daß informatorische Bücher auch identifikatorische Elemente enthalten und umgekehrt (s. 5.0).

Differenzierte Unterscheidungen des Lesetypus treffen *Angela Fritz* und *Alexandra Suess* in ihrer zitierten Untersuchung.

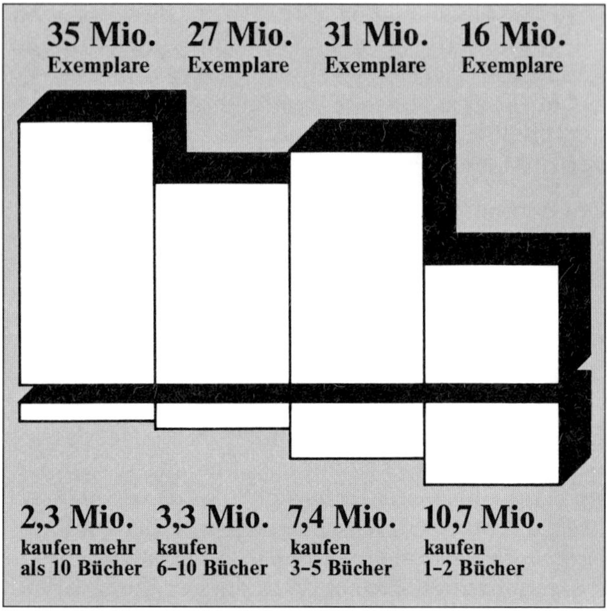

In der Bundesrepublik Deutschland kaufen pro Jahr rund 23,7 Millionen Personen über 16 Jahren zirka 110 Millionen Taschenbücher

1.6 Buchhandel, Gesetzgeber und Öffentliche Hand

Das Gesamtsystem Buchhandel einschließlich der Verlage, Zwischenbuchhändler und der diffizilen Logistik erfüllt seine kulturelle und wirtschaftliche Aufgabe - von geringfügigen Ausnahmen abgesehen - ohne Inanspruchnahme der Öffentlichen Hand. Darauf ist die Buchbranche mit Recht immer stolz gewesen. Staat und Gesellschaft honorieren dies u. a. dadurch, daß die Preisbindung der zweiten Hand für Verlagserzeugnisse als Ausnahme von der allgemeinen Praxis ausdrücklich zugelassen ist (s. 2.7). Auch zählen Print-Medien zum Kreis der Produkte, für die jeweils der halbe gesetzliche Mehrwertsteuersatz gilt. Für das Weiterbestehen dieser besonderen Rechte setzt sich die Buchbranche durch ständige Kontakte ihrer Verbandsorgane zur Legislative und Exekutive ein.

Weitere besondere Berührungspunkte zwischen dem Buchhandel und den staatlichen Institutionen sind die mit der Literaturfreiheit zusammenhängenden Fragen sowie die Frage der Preisgestaltung bei der Lieferung an Öffentliche Auftraggeber. Im übrigen gelten für den Buchhandel all jene Bestimmungen im vollen Umfang, die auch den übrigen Einzelhandel betreffen.

Gewerbefreiheit und Gewerbetätigkeit

Ein Grundprinzip der freien Marktwirtschaft ist, daß jeder ein Gewerbe betreiben kann. Der Einzelhandel mit Waren aller Art ist erlaubnisfrei. So muß man den Beruf des Buchhändlers nicht erlernt haben, um eine Buchhandlung führen zu können. Der Beginn des Gewerbes ist bei der für den Ort der Tätigkeit zuständigen Stadt- bzw. Verbandsgemeindeverwaltung anzuzeigen. Ebenso die Errichtung von Zweigniederlassungen oder unselbständigen Zweigstellen, die Verlegung des Betriebes, ein Wechsel im Gegenstand der Gewerbetätigkeit sowie die Aufgabe des Betriebes.

Rechtliche Voraussetzungen

Gesetzlich vorgeschrieben ist außerdem die Anmeldung beim Finanzamt nach der Abgabenordnung; sie erfolgt automatisch durch die für die Gewerbeanmeldung zuständige Behörde.

Wird ein voraussichtlicher Mindestjahresumsatz überschritten – der regional verschieden bei 100 oder 200 TDM liegt –, so ist eine Eintragung ins Handelsregister nötig. Sie muß eigens beantragt werden und führt zur gesetzlichen Mitgliedschaft der Firma in der Industrie- und Handelskammer. Gesetzliche Mitglieder werden auch Firmen, die nicht im Handelsregister eingetragen sind, aber Gewerbesteuer zahlen.

Mitgliedschaft in buchhändlerischen Verbänden

Die Mitgliedschaft im jeweiligen buchhändlerischen Landesverband und im *Börsenverein des Deutschen Buchhandels* ist freiwillig, aber empfehlenswert, weil sie den Zugang zur gesamtbuchhändlerischen Logistik, zu den wirtschaftlichen Gemeinschaftseinrichtungen der Branche sowie zu speziellen Informationen erleichtert (s. 3.7).

Verpflichtung zur Preisbindung

Die Verlage sind nicht gezwungen, die Preise ihrer Verlagserzeugnisse zu binden. Allerdings ist ihnen dringend zu empfehlen, sich im eigenen Interesse des Instrumentes der Preisbindung zu bedienen. Wer als Buchhändler am buchhändlerischen Verkehr teilnehmen will, muß sich der Prozedur der Preisbindungsverpflichtung unterwerfen. Die Verlage, die Preise ihrer Verlagserzeugnisse gebunden haben, sind gesetzlich gehalten, die Lückenlosigkeit ihrer Preisbindung jederzeit nachweisen zu können. Deshalb werden Buchhändler in der Praxis nicht beliefert, wenn sie sich nicht dem Sammelreverssystem unterwerfen.

Freie Meinungsäußerung und Pressefreiheit

Die Literaturfreiheit in der Bundesrepublik basiert auf dem *Artikel 5* des *Grundgesetzes,* der das Recht der freien Meinungsäußerung und die Pressefreiheit garantiert. Nach dem Absatz 3 dieses Gesetzes ist die Kunst- und Wissenschaftsfreiheit grundsätzlich unbeschränkt. Einschränkungen ergeben sich lediglich aus den Vorschriften der allgemeinen Gesetze, den gesetzlichen Bestimmungen zum Schutz der Jugend und aus dem Recht der persönlichen Ehre.

Aus der allgemeinen Gesetzgebung ist insbesondere der 1986 eingeführte neue § 130a des Strafgesetzbuches für den Buchhandel relevant, der die »Anleitung zu schwerwiegenden Gewalttaten« – wozu unter bestimmten Voraussetzungen auch die Verbreitung von Publikationen gezählt werden kann – mit Strafe bedroht.

Tätigkeit der Bundesprüfstelle

Von besonderer Bedeutung für den Buchhandel ist das *Gesetz über die Verbreitung von jugendgefährdender Schriften,* das die Arbeit der *Bundesprüfstelle* regelt. Diese entscheidet auf Antrag über die Aufnahme von Publikationen in die Liste jugendgefährdender Schriften. Titel, die in diese Liste aufgenommen worden sind, dürfen praktisch nur noch »unter dem Ladentisch« gehandelt werden, weil sonst die Gefahr besteht, daß sie Kindern oder Jugendlichen zugänglich wären, was das Gesetz unter Strafe stellt. In die Liste aufgenommene Publikationen verlieren auch das Anrecht auf den ermäßigten Mehrwertsteuersatz. Das gilt – ohne Listenaufnahme – auch für »offensichtlich sittlich schwer jugendgefährdende Schriften«.

Wettbewerbsregeln

Im buchhändlerischen Wettbewerb gilt genauso wie in der gesamten Wirtschaft das *Gesetz gegen den unlauteren Wettbewerb (UWG)* vom 17.7.1906, zuletzt geändert am 25.7.1986. Dieses Gesetz hat die Aufgabe, Auswüchsen im Konkurrenzkampf entgegenzutreten und will garantieren, daß im Kampf um den Kunden die Grundsätze der kaufmännischen Fairneß eingehalten werden.

Eine besondere Bedeutung für die Buchbranche hat der Paragraph 16 dieses Gesetzes, der sich auf die Benutzung verwechselungsfähiger Bezeichnungen bezieht und auch den Titelschutz für Zeitschriften und Bücher betrifft.

Außerdem sind für den Buchhandel die Zugabeverordnung vom 9. März 1933, die Verordnung zur Regelung der Preisangaben vom 13. März 1985 und das Gesetz über Preisnachlässe (Rabattgesetz) vom 25. November 1933 mit Durchführungsverordnung vom 21. Februar 1934 besonders wichtig. Das Gesetz gegen Wettbewerbsbeschränkungen (Kartellgesetz) in der Fassung vom 24. September 1980 spielt in Bezug auf die Konzentration bei den wesentlich größeren Verlagseinheiten, die bundesweit tätig sind, eine Rolle, war aber bisher für den Buchhandel mit seinen zumeist regional operierenden Firmen mittelständischen Gepräges nicht von Relevanz. Allerdings ist der Paragraph 16 dieses Gesetzes die Grundlage der Preisbindung und insofern für den Buchhandel von erheblicher Bedeutung.

Kartellrechtlich abgesichert sind durch Anerkennung des *Bundeskartellamtes* vom 13. Mai 1986 die Wettbewerbsregeln des *Börsenvereins des Deutschen Buchhandels*. Sie galten zunächst nur als unverbindliche Konditionenempfehlungen, sind inzwischen aber Mitgliederpflicht gemäß Paragraph 10 Ziffer 3 der Börsenvereinssatzung. Sie regeln u. a. Einzelheiten des Vertriebes von preisgebundenen Verlagserzeugnissen, die Mitteilungspflicht bei Parallelausgaben, also den Verkauf identischer Ausgaben in verschiedenen Binde- und Ausgabeformen, die Werbung mit dem niedrigeren Preis von Buchgemeinschaftsausgaben, die Änderung oder Aufhebung von Ladenpreisen, die Werbung für nicht mehr preisgebundene Verlagserzeugnisse, den Abonnenten-, Direktkunden- und Adressenschutz, die Schaufenster-, Schaukasten- und Regalmiete, das Anzapfen von Verlagen durch Buchhandlungen im Hinblick auf wahre oder unwahre Zuschüsse oder Geschenke, die Veranstaltungen von Schaufensteraktionen, die Veranstaltungen der Verlage für ihre Handelspartner und deren Mitarbeiter und die Mindestbestellgrößen.

Ladendiebstahl

Da die meisten Bücher von kleinem Format sind und in den meisten Buchhandlungen nicht der ganze Raum gleich gut überwacht werden kann, sind Buchhandlungen in Bezug auf Ladendiebstahl besonders gefährdet. Auch gibt es Kreise, die Ladendiebstahl im Buchhandel ebenso für ein Kavaliersdelikt halten wie die Herstellung oder den Verkauf von Raubdrucken (s. BuB S. 294), ohne sich zu überlegen, daß diese Handlungen das schwierige Geschäft der Literaturvermittlung zusätzlich erschweren und dem Buchhändler, Verleger und letzten Endes auch dem Autor Schaden zufügen.

Beim Ladendiebstahl gibt es straf- und zivilrechtliche Gesichtspunkte. Der Buchhändler hat für gestohlene Gegenstände ein *Wegnahmerecht* bzw. den *Anspruch auf Herausgabe der Sache.* Daneben kann er Schadenersatzansprüche geltend machen; dies zur zivilrechtlichen Seite. Strafrechtlich steht ihm das Recht zur vorläufigen Festnahme gemäß § 127 StPO (Strafprozeßordnung) zu. Er muß aber darauf achten, sich nicht selbst einer Nötigung oder/und Freiheitsberaubung schuldig zu machen. Beim Diebstahl oder der Unterschlagung geringwertiger Sachen erfolgt Ahndung des Delikts nur auf Antrag des Buchhändlers (§ 248a StGB Strafgesetzbuch). Die Obergrenze liegt zur Zeit bei 40 DM. Ist der Wert der gestohlenen oder unterschlagenen Gegenstände höher, erfolgt Anzeige und Strafverfolgung gemäß §§ 242 und 246 StGB.

Raubdruckproblem

Ein spezielles Problem der Buchbranche sind die gesetzwidrigen Raubdrucke. Es handelt sich dabei um Nachdrucke von Büchern oder sonstigen Veröffentlichungen, die ohne Zustimmung der Inhaber der Urheber- oder Verlagsrechte erfolgen. Als Druckvorlage dient zumeist die Originalausgabe, so daß der Raubdrucker nur Druck-, Papier- und Bindekosten zu tragen hat, aber neben dem Honorar auch die aufwendigen Satzkosten einspart. Raubdruck ist Ausdruck der Geringachtung des geistigen Eigentums. Es herrscht reines Kommerzdenken: unerlaubt nachgedruckt wird das, was Gewinne abzuwerfen verspricht – weitgehend orientiert an den gängigen Bestsellerlisten. Dadurch entstehen dem Gesamtbuchhandel jährlich Schäden in Millionen-Höhe. Seit der Urheberrechtsnovelle 1985 ist das verbotene Tun zu gewerblichen Zwecken Offizialdilikt und wird mit Freiheitsstrafe bis zu fünf Jahren oder mit Geldstrafe geahndet. Der *Börsenverein* verfolgt aktiv im Auftrag seiner Mitglieder das Raubdruckunwesen.

1.7 Der Ladenpreis

Die buchhändlerische Preisbindung hat eine respektable Geschichte. Sie wurde in den Jahren 1887/1888 durch eine Änderung der Satzung des *Börsenvereins* unter ihrem damaligen Vorsteher, dem Verleger *Adolf Kröner (1836–1911),* gesichert. Danach waren die Börsenvereins-Mitglieder verpflichtet, den vom Verlag festgesetzten Ladenpreis einzuhalten. Der Börsenverein konnte Verbandsmacht gegen Schleuderer einsetzen.

Das heutige System der Ladenpreisbindung entstand 1964/1965. Cirka 1550 deutsche und ca. 150 ausländische Verlage binden seitdem die Ladenpreise durch Sammelreverse der in Wiesbaden ansässigen Preisbindungstreuhänder, für Verlage einerseits und für Buchhändler andererseits. Von den Regelbedingungen des Sammelrevers gibt es jeweils verlagsspezifische Ausnahmen und abweichende Regelungen, die der Einzelhändler der Verleger-Gesamtliste entnehmen sollte.

Rechtliche Grundlagen

Rechtliche Grundlage der Preisbindung ist das *Gesetz gegen Wettbewerbsbeschränkungen* in der jetzigen Fassung von 1980, das im § 16 die Preisbindung bei Verlagserzeugnissen regelt.

Argumente für die Preisbindung

Der Preisbindungstreuhänder für die Verlage *Hans Franzen (*1911)* argumentiert: »Die Buchhandelspreisbindung ist kulturpolitisch erwünscht. Das ist unumstritten. Auch sozialpolitisch und zur Mittelstandsförderung wird sie begrüßt. Nationalökonomisch ist sie zwar problematisch. Aber die Vorteile überwiegen die Nachteile. Diese Überzeugung hat sich durchgesetzt.«

Die kulturpolitischen Vorteile der Preisbindung von Druckerzeugnissen bestehen unter anderem darin, daß durch sie die Vielfalt der Titel gefördert wird, die in kleinen Auflagen erscheinen und einen speziellen Leserkreis interessieren. Sie ermöglicht außerdem einen breitgestreuten Buchhändlerstand mit großem Sortiment, ausgebildeten Angestellen, bibliografischem Handwerkszeug und kulturellem Service.

Auslandserfahrungen bestätigen diese Wirkung der Preisbindung. Als 1970 die Preisbindung in *Schweden* verboten wurde, stiegen die Preise weit über die allgemeine Preisentwicklung hinaus. Die Folge war eine überhandnehmende Konzentration, ein Sinken der Zahl der veröffentlichten Titel und das Ansteigen staatlicher Subventionen.

Geradezu verheerend waren die Folgen der Abschaffung der Preisbindung in *Frankreich* seit 1953 in diesem Land, sodaß 1981 wiederum eine strikte Preisbindung eingeführt wurde.

Sozialpolitische Vorteile der Preisbindung ergeben sich aus ihrer Mittelstandsfreundlichkeit. Sie trägt dazu bei, Verlage und Buchhandlungen kleinerer und mittlerer Größe zu erhalten, also selbständige Unternehmer mit wenigen Angestellten. Dadurch entstehen Gegengewichte gegen den allgemein wirtschaftlich bedingten Konzentrationsprozeß.

Wirtschaftspolitische Nachteile

Die wirtschaftspolitischen Nachteile bestehen darin, daß die Preisbindung den Preiswettbewerb in der Händlerebene, also den zentralen Motor der Marktwirtschaft, schwächt. Sie verteuert für den Endabnehmer Massenware, Bestseller und große Objekte zugunsten sonstiger Literatur, die im Zuge der Mischkalkulation im Preisbindungssystem zu günstigeren Preisen auf den Markt kommt.

Wirtschaftspolitische Vorteile

Den wirtschaftspolitischen Nachteilen stehen wirtschaftspolitische Vorteile gegenüber. Die Preisbindung bedeutet Rationalisierung im Vertrieb, denn der Preis für den Käufer ergibt sich aus den Bibliografien und Katalogen; individuelle Einzelkalkulationen und Handelsaufschläge sind überflüssig.

Die Preisbindung bewirkt außerdem eine relative Preisstabilität, da für dieselbe Auflage der Preis in der Regel unverändert bleibt. Auch hat der feste Ladenpreis Höchstpreisfunktion. Die Preisfreigabe würde bei der Mehrheit der Titel zu kräftigen Zuschlägen des Händlers führen, vor allem da, wo sie nur einzeln verlangt und vertrieben werden.

Die Preisbindung ermöglicht dem Kunden die einfache Preiskontrolle und schützt den kleinen Kunden gegen die Nachfragemacht der Großverbraucher, der Behörden und Unternehmen.

Weil die Firmen des Bucheinzelhandels und die verschiedenen Betriebsformen des Buchhandels nicht in den Preiswettbewerb miteinander treten können, verlagert sich der Wettbewerb zugunsten des Kunden auf andere Gebiete, z. B. auf den Umfang des Lagers, die Frühzeitigkeit der Information und die Qualität des Kundenservice.

Preisbindung durch die Verlage

Verlage sind nicht verpflichtet, ihre Preise zu binden (s. 1.6). Den Verlagen steht es frei, entweder gar keine Preisbindung vorzunehmen oder einzelne Titel aus ihr auszuklammern. Solche Titel müssen dann bei der Preisangabe mit einem Unverbindlichkeitsvermerk versehen werden (entweder »unverbindliche Preisempfehlung« oder »unverbindlich empfohlener Preis« [nicht: »Freier Preis«]).

Preisklassen

Neben der Frage der Preisbindung spielt die der Preisklasse der Bücher im Buchhandel eine wesentliche Rolle. Die Preisklasse der Bücher wird bestimmt »durch Auflage, Ausstattung, Papierqualität, Einband und Format. Man unterscheidet gebundene Bücher (Leinen und Broschüren) von geleimten Ausgaben (Paperbacks) und Taschenbüchern, außerdem Originalausgaben von Volksausgaben (bereits eingeführte, gebundene Bücher in Großauflage und knapp kalkuliert), Sonderausgaben und Buchreihen« *(Ulrich Röhm, Marketing im Sortimentsbuchhandel).*

Preisgrenzen

Die Frage, ob die verlangten Preise für Bücher angemessen sind, bewegt vor allem die Kunden der Buchhandlungen, während sich für die Buchhändler wieder die Frage stellt, welche Preisobergrenzen für welche Buchtypen vom Kunden akzeptiert werden. Dabei sei in Erinnerung gerufen, daß die Bücherpreise in aller Regel nicht vom Buchhandel selbst, sondern vom Verlag kalkuliert werden und der Buchhändler auf die Preisfestsetzung unmittelbar keinen Einfluß hat. Insgesamt ist zu sagen, daß die Branche knapp kalkuliert und daß der Verkauf preiswerter Buchgemeinschaftsausgaben und preiswerter Taschenbücher in Großauflagen nach dem Krieg beim Publikum den Eindruck verstärkt hat, daß

Bücher billig sein müßten, wozu die Neigung kommt, für geistige Güter weniger ausgeben zu wollen als für handfestere Lebensgenüsse.

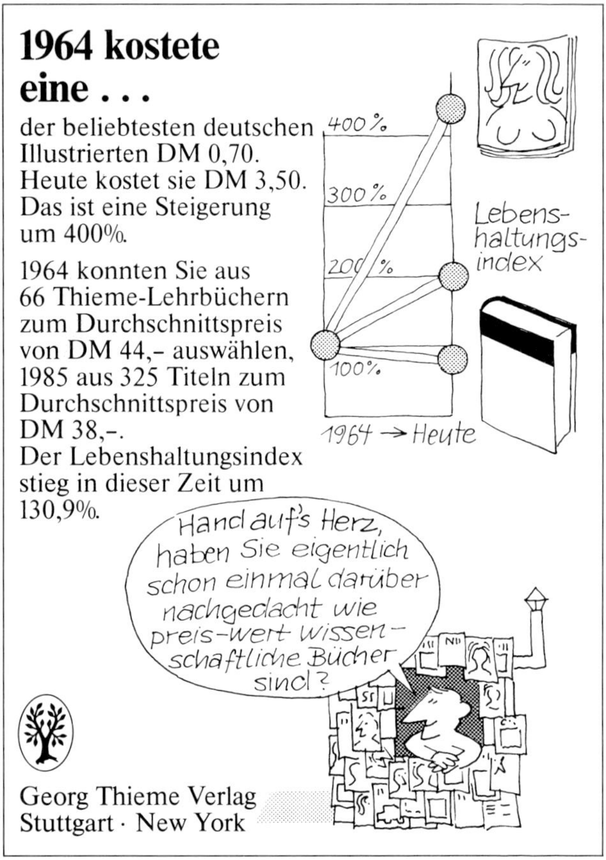

Preisgestaltung

In einem unterhaltsam aufgemachten Informationsprospekt hat der auf Medizin spezialisierte *Georg Thieme Verlag, Stuttgart,* Argumente zur Buchpreisgestaltung vorgetragen, die unter dem Motto stehen »Wußten Sie eigentlich, wie preis-wert wissenschaftliche Bücher sind?«. Als Beispiel wird darin zitiert, daß die beliebteste deutsche Illustrierte 1964 DM 0,70 kostete und 1985 dafür DM 3,50 verlangt werden – eine Steigerung um 400%. Der Lebenshaltungsindex stieg von 1964 bis heute um ca. 131%. Thieme hingegen hielt 1964 66 Lehrbücher zum Durchschnittspreis von 44 DM bereit, 1985 waren es 325 Titel zum Durchschnittpreis von 38 DM. *Thieme* weiter: »Ein Paar Schuhe erwerben Sie kaum unter 80 DM. Dafür bekommen Sie ein hochqualifiziertes Fachbuch mit durchschnittlich 260 Seiten. Dahinter steckt die Arbeit von wissenschaftlichen Autoren, Lektoren, Redakteuren, Herstellern, qualifizierten Setzern, Papiermachern, Reproleuten, Druckern, Buchbindern, Vertriebs- und Werbefachleuten, der Verwaltung und des Buchhandels, der Ihnen aus einem riesigen Lager Ihr Buch in kürzester Frist vorlegen kann.«

Nachlässe und Sonderpreise im Rahmen der Preisbindung

Rabatt: die auf den Ladenpreis bezogene Ermäßigung, die der Verleger dem Händlerkunden und die der Zwischenhändler dem Sortiment gewährt. Der Händlerrabatt unterliegt nicht der Preisbindung. Die sogenannte Preisbindung der 2. Hand schützt den Endverbraucherpreis.

Nachlaß ist eine Herabsetzung des Ladenpreises gegenüber bestimmten Gruppen von Letztabnehmern in klar abgegrenzten Fällen:

- **Subskriptionspreis:** Ermäßigter Preis, der in der Regel bis zum Erscheinen eines Werkes oder bis zu einem bestimmten Zeitpunkt nach Erscheinen eines Werkes gilt.

- **Mengenpreis:** Sonderpreis für die Abnahme einer größeren Menge *desselben* Titels durch einen Abnehmer; sogenannte *Mengenstaffeln* finden sich in zunehmendem Maße in den Preislisten oder Allgemeinen Geschäftsbedingungen der Verlage.

- **Nachlässe für Wissenschaftliche Bibliotheken öffentlich-rechtlicher Träger und Volksbüchereien:** Die Hauptgruppe der am Sammelrevers teilnehmenden Verlage gestattet die Gewährung von Nachlässen durch den Buchhandel in Höhe von 5% auf Bezüge für wissenschaftliche Bibliotheken öffentlich-rechtlicher Träger, die jedem wissenschaftlich Arbeitenden zugänglich sind und einen jährlichen Vermehrungsetat von mindestens DM 30.000,– haben.

10% Nachlaß können vom Buchhandel auf Bezüge für jedermann zugängliche Volksbüchereien öffentlicher Träger eingeräumt werden. Von den Vergünstigungen sind Zeitschriften und Lose-Blatt-Werke ausgenommen.

- **Hörernachlaß:** Einige Verlage gestatten auch Nachlässe an Hörer ihrer Hochschullehrer-Autoren auf deren Lehrbücher.

- **Schulbücher:** Ausschließlich Öffentlichen Auftraggebern – z. B. Gemeinden als Schulträgern, aber nicht Elternzusammenschlüssen – sind laut »Staffel im Sammelrevers 1974« folgende Nachlässe auf lernmittelfreie, genehmigte Schulbücher zu gewähren:

a) bei einem Auftrag mit Gesamtwert bis zu DM 50 000,– für

mehr als 10 Stück	8% Nachlaß
mehr als 25 Stück	10% Nachlaß
mehr als 100 Stück	12% Nachlaß
mehr als 500 Stück	13% Nachlaß

b) bei einem Auftrag mit Gesamtwert von mehr als

DM 50 000,–	10–13% Nachlaß
DM 75 000,–	11–14% Nachlaß
DM 100 000,–	12–15% Nachlaß.

Behördennachlaß: Einen »Behördennachlaß« gibt es nicht. Die Anwendung der VOPR Nr. 30/53 über die Preise bei öffentlichen Aufträgen wurde in unzutreffender Weise gestützt auf die These vom Vorrang des öffentlichen Preisrechts gegenüber privaten Verträgen, auf denen auch die Preisbindung beruht. Die neueste Rechtssprechung bekennt sich dazu, daß dieser Grundsatz nicht gilt.

1.8 Aktuelle Situation

Der Buchhandel als Teil des Einzelhandels und damit Teil der Gesamtwirtschaft ist in den technologischen, ökonomischen, sozialen und psychosozialen Wandel hineingestellt, der das ausgehende 20. Jahrhundert kennzeichnet. Für die Situation, der sich die Gesellschaft zu Beginn des letzten Jahrzehnts dieses Jahrhunderts gegenübersieht, hat *Jürgen Habermas (*1929)* die griffige Formel von der *Neuen Unübersichtlichkeit* gefunden. Zu dieser Neuen Unübersichtlichkeit gehört nicht nur der Übergang vom Verkäufer- zum Käufermarkt, der sich rasant vollzogen hat, sondern ein unaufhörlicher Wandel des Käuferverhaltens und der Käuferbedürfnisse, mit dem Schritt zu halten dem Einzelhandel sehr schwerfällt.

Verkäufermarkt

Im Verkäufermarkt der Nachkriegsjahre waren der Engpaß der Wirtschaft die Produktion und ihre Finanzierung, um den beinahe unendlich erscheinenden Bedarf der Käufer befriedigen zu können. Inzwischen ist der Engpaß längst nicht mehr die Ware, sondern der Käufer. Daraus hat sich der Engpaß Management-Know-how entwickelt, den der Buchhandel aufgrund seiner durch Kleinbetriebe und patriarchalisches Führungsverhalten geprägten Struktur kaum zu überwinden vermag.

Käufermarkt

Im Käufermarkt bestimmt nicht mehr der Verkäufer, sondern der Käufer, was am Markt geschieht. Für den Buchhandel erhebt sich die Frage, wo er in diesem Geschehen künftig die meisten Kunden findet. Zum einen gibt es aufgrund der soziodemographischen Entwicklung in bestimmten Altersgruppen immer weniger Kunden; zum anderen changiert das Käuferverhalten so, daß klare Zielgruppenbestimmungen unmöglich erscheinen. Der gleiche Käufer, der bei einem Großanbieter wie *Aldi* am Freitagabend gegen Geschäftsschluß um 18.00 Uhr in Hast seine Versorgungskäufe zum billigsten Marktpreis erledigt, schließt am Samstagmittag gegen 13.00 Uhr einen ausgiebigen Einkaufsbummel durch die mit Luxusgeschäften besetzten Einkaufspassagen einer Metropole mit einem Sekt- und Austernfrühstück ab und vereinigt so in seiner Person, was früher völlig getrennte Kundentypen waren.

Ausweitung der Buchverkaufsflächen und Konzentration

Die Ansprüche der Käufer, die durch andere Branchen verwöhnt sind, und die Reichhaltigkeit des Buchangebotes haben zu einer beachtlichen Ausweitung der Buchverkaufsflächen geführt. Da Größe als solche und die Vielfalt des Angebotes auf Käufer offensichtlich besonders anziehend wirken, hat sich dadurch die Konzentration im Bucheinzelhandel noch verschärft. Sie begann, als sich Ende der 60er Jahre einige betriebswirtschaftlich straff geführte Firmen von der Menge der Konkurrenten abzusetzen begannen. Etwa 800 bis 900 Buchhandlungen, die überdurchschnittlich expandieren, stehen heute rund 3 400 bis 3 500 stagnierenden oder schrumpfenden Buchhandlungen gegenüber.

Neue Bestelltechnologien

Die neuen Bestelltechnologien beginnen sich immer mehr auszuwirken. Die ersten Warenwirtschaftssysteme werden im Buchhandel installiert (s. 2.3). Das hat zur Folge, daß die Großen der Branche, die sich die diffizilsten Abrechnungssysteme leisten können, einen erheblichen Know-how-Vorsprung gewinnen. Dazu kommt, daß die Technik die Möglichkeit neuer Handelsformen eröffnet, daß also z. B. der Zustellhandel anstelle des traditionellen Versand- und Reisebuchhandels, aber auch Filial- und Franchisesysteme mit Hilfe elektronischer Kommunikation rasche Fortschritte machen.

Veränderungen des Buchhandelstypus

Unter dem Ansturm differenzierter Kundenwünsche, der wachsenden Konzentration auf der Verlagsseite und im Bucheinzelhandel und angesichts eines sich beschleunigenden technologischen Wandels stirbt die unprofilierte Mitte im Buchhandel aus – gerade jener Buchhandelstypus, der das Gesicht der

Branche jahrzehnte-, wenn nicht jahrhundertelang geprägt hat.

Kennzeichen des Käufermarktes ist neben wachsenden Ansprüchen der Kunden die ebenso wachsende Fragmentierung. Immer kleinere Marktsegmente stellen immer höhere Ansprüche, während die Massenmärkte in ihrer Bedeutung zurückgehen. Das bedeutet, daß die durchschnittlichen Buchauflagen sinken und es für Verlage und den Handel immer schwerer wird, zu sicheren und renditeträchtigen Absatzzahlen zu kommen.

Tradition und modernes Wirtschaftsmanagement im Buchhandel

Dies alles geschieht vor dem Hintergrund einer Branche, die in ihren Denk- und Handlungsgewohnheiten durch eine reiche, aber auch belastende Tradition geprägt ist. Schier unlösbar, ja als Quadratur des Kreises erscheint die Aufgabe, modernes Wirtschaftsmanagement mit den Branchentugenden der individuellen Recherche, Besorgung und Beratung zu verbinden und ökonomisch ausgerichtete Buchhandelssysteme mit der menschlichen Wärme auszustatten, die das Klima des Buchhandels entscheidend geprägt und seine Verankerung in der Gesellschaft entscheidend gefördert hat.

Zwingend läuft alles auf die Aufgabe hinaus, *high tech* mit *high touch* zu verbinden, also technologisch hochstehende, wirtschaftlich effiziente, von hoher Kosten-Nutzen-Relation geprägte Systeme mit den menschlichen Qualitäten auszustatten, die die sensible Ware Buch, die eben mehr als Ware ist, von ihrem Charakter her verlangt.

Noch hat niemand den Schlüssel zur Lösung dieser Aufgabe in der Hand – weder diejenigen, die auf den althergebrachten Formen der Auswahl, Besorgung, Recherche, Bedienung und Beratung beharren, noch diejenigen, die alle Möglichkeiten der modernen Technik und des modernen Wirtschaftens einsetzen, um mit der Entwicklung in den übrigen Branchen des Einzelhandels Schritt zu halten.

Großflächen-buchhandlungen	**Wirtschaftliche Grenzbetriebe**
Regionale Filialisten	
Kleine Monopolisten	**Unflexible Nachkriegsgründer**
Konzeptionelle Neugründer	
Ketten	**Unkonzeptionelle Großstadt-Buchhandlungen**
Versand/Zustellhandel	
Warenhaus-Abteilungen	**Nebenmärkte**

Expansive und schrumpfende Betriebsformen

Literatur Kapitel 1

Adreßbuch deutscher Importbuchhändler.
Hrsg. v. Industrie- und Handelskammer zu Lübeck. Lübeck: Industrie- und Handelskammer 1987.

Baumgärtner, Alfred Clemens (Hrsg.):
Lesen – Ein Handbuch. Lesestoff, Leser und Leseverhalten, Lesewirkungen, Leseerziehung, Lesekultur. Hamburg: Verlag für Buchmarkt-Forschung 1973.

Biehler, Rolf:
Erwerb, Veräußerung und Verpachtung von Buchhandlungen. 1. Aufl. Stuttgart: Verband d. Verlage und Buchhandlungen in Baden-Württemberg 1976.

Buch und Buchhandel in Zahlen
Hrsg. v. Börsenverein d. Deutschen Buchhandels. Zusammenstellg. u. Bearb. Horst Machill. Frankfurt: Buchhändler-Vereinigung. Erscheint jährlich.

Bücher haben feste Preise
Faltblatt. Hrsg. v. Börsenverein des Deutschen Buchhandels. Frankfurt: Börsenverein 1988.

Delp, Ludwig/Lutz, Peter (Hrsg.):
Das gesamte Recht der Publizistik (RdPubl). Loseblattwerk. München: Verlag Franz Rehm (wird ständig ergänzt).

Der Evangelische Buchhandel.
Eine Übersicht seiner Entwicklung im 19. u. 20. Jahrhundert. Stuttgart: Vereinigung Evangelischer Buchhändler 1961.

Der Katholische Buchhandel Deutschlands.
Seine Geschichte bis zum Jahre 1967. Stuttgart: Verband katholischer Verleger und Buchhändler 1967.

Elsner, Friedrich:
Beiträge und Dokumente zur Geschichte des werbenden Buch- und Zeitschriftenhandels. Köln: Verlag des werbenden Buch- und Zeitschriftenhandels. Bd. 1 1961. Bd. 2 1971.

European Bookdealers – Europäische Antiquariate 1987–89.
Ein Adreßbuch d. Antiquariatsbuchhändler in d. europäischen Ländern. 7. Ausg. London: Sheppard 1987.

Felske, Karl:
75 Jahre Verband Deutscher Lesezirkel 1908 bis 1983. Düsseldorf: Verband Deutscher Lesezirkel e.V. 1983.

Franz, Kurt:
Lesen macht stark. Alles über Bücher. Vom Autor bis zum Leser. München: dtv 1980.

Franzen, Hans:
Preisbindungsfibel. 3. Aufl. München: Beck 1987.

Franzen, Hans/Wallenfels, Dieter:
Sammelrevers 1974. Wiesbaden: Franzen u. Wallenfels, Stand März 1987.

Fritz, Angela/Suess, Alexandra:
Lesen. Die Bedeutung der Kulturtechnik Lesen für den gesellschaftlichen Kommunikationsprozeß. Konstanz: Universitätsverlag Konstanz 1986.

Gibson, Eleanor/Levin, Harry:
Die Psychologie des Lesens. Stuttgart: Klett-Cotta 1980.

Groesser, Helmut:
Lesen als Bedürfnis. Eine absatzwirtschaftl. Untersuchung der hinter dem Lesen stehenden Bedürfnisstrukturen. Wiesbaden: Harrassowitz 1986.

Handbuch des Buchhandels in vier Bänden.
Hrsg. v. Meyer-Dohm, Peter/Strauß, Wolfgang.
Bd. I Allgemeines. Machill Horst (Hrsg.). Hamburg: Verlag für Buchmarkt-Forschung 1974.
Bd. II Verlagsbuchhandel. Heinold, Ehrhardt (Hrsg.). Hamburg: Verlag für Buchmarkt-Forschung 1975.
Bd. III Sortimentsbuchhandel. Hinze, Franz (Hrsg.). 2. Aufl. Hamburg: Verlag für Buchmarkt-Forschung 1974.
Bd. IV Übrige Formen des Bucheinzelhandels - Zwischenhandel und Buchgemeinschaft. Schaper, Wilhelm (Hrsg.). Wiesbaden/Gütersloh: Verlagsgruppe Bertelsmann GmbH, Verlag für Buchmarkt-Forschung 1977.

Henze, Eberhard:
Kleine Geschichte des deutschen Buchwesens. Düsseldorf: Buchhändler heute 1983.

Hiller, Helmut:
Wörterbuch des Buches. 4. Aufl. Frankfurt am Main: Klostermann 1980.

Hiller, Helmut/Strauß, Wolfgang (Hrsg):
Der deutsche Buchhandel. Wesen Gestalt Aufgabe. 4. Aufl. Hamburg: Verlag für Buchmarkt-Forschung 1968.

Hinze, Franz:
Gründung & Führung einer Buchhandlung. 4. veränd. Aufl. Frankfurt: Börsenverein 1985.

Kaltenbrunner, Gerd-Klaus/Wallenfels, Dieter (Hrsg.):
Das Büchlein der Bücher oder Warum ich preisgebunden bin. Frankfurt: Eichborn 1982.

Kleines ABC der Sortimentspraxis.
Hrsg. v. Informationsbüro des Verlages Herder. Freiburg: Herder 1980.

Leonhardt, Claudia:
Das Taschenbuch - seine Stellung und sein Einfluß im deutschen Buchmarkt. Archiv für Soziologie und Wirtschaftsfragen des Buchhandels LIX. Frankfurt: Börsenblatt 77/1985.

Lesen und Leben.
Eine Publikation des Börsenvereins zum 150. Geburtstag der Gründung. Frankfurt: Buchhändler-Vereinigung 1975.

Lese-Verhalten und Persönlichkeitsstärke.
Neue Erkenntnisse zur Sozialpsychologie des Lesens. Ein Auszug aus der SPIEGEL-Dokumentation »Persönlichkeitsstärke« mit e. Einf. von Elis. Noelle-Neumann. Frankfurt: Buchhändler-Vereinigung, 1984. (Archiv f. Soziologie und Wirtschaftsfragen d. Buchhandels, 57. Blatt 46, 8. Juni 84).

Lexikon des gesamten Buchwesens (LGB²)
Hrsg. v. Severin Corsten u. a. 2. Aufl. Stuttgart: Hiersemann 1987. Band 1: A - Buch (weitere Bände erscheinen in 3-4 Teillieferungen pro Jahr).

Merkblatt zur Preisbindung.
Für den verbreitenden Buchhandel hrsg. v. Börsenverein d. Deutschen Buchhandels. Frankfurt: Börsenverein 1985.

Muth, Ludwig:
Lesen, damit Leben gelingt. Vortrag 15. Mai 1986. Heidelberg: C. F. Müller 1986.

NEUMANN-Handbuch für den Pressevertrieb
Ein Verzeichnis für Verlage und Vertriebsfirmen von Buch- und Presse-Erzeugnissen. Hamburg: Presse Fachverlag 1987. Erscheint jährlich.

Noelle-Neumann, Elisabeth/Schulz, Rüdiger:
Typologie der Käufer und Leser. Eine Wertanalyse des Buches in der Mediengesellschaft. Frankfurt: Buchhändler-Vereinigung 1987.

Perthes, Friedrich Christoph:
Der deutsche Buchhandel als Bedingung des Daseins einer deutschen Literatur. Stuttgart: Reclam 1981.

Pleticha, Heinrich/Deutsche Lesegesellschaft e.V. (Hrsg.):
Anstiftung zum Lesen. Weiterkommen durch Bücher. Ravensburg: Otto Maier Verlag 1982.

Raue, Peter:
Literarischer Jugendschutz. Was kann nach dem Gesetz über die Verbreitung jugendgefährdender Schriften indiziert werden? Berlin: Duncker u. Humblot 1970.

Schulz, Gerd:
Buchhandels-Ploetz. Abriß der Geschichte des deutschsprachigen Buchhandels von Gutenberg bis zur Gegenwart. 3. durchges. Aufl. Freiburg: Ploetz 1981.

Schwarzner, Britta:
Die einheitliche Warengruppensystematik Hrsg. v. Sortimenter-Ausschuß d. Börsenvereins d. Deutschen Buchhandels. Frankfurt: Börsenverein 1982.

Schwindt, Peter:
Struktur und Organisation des Pressevertriebs. Teil 2: Zeitungen und Zeitschriften im Einzelhandel. München: KG Saur 1986.

Sinus-Lebensweltforschung.
Ein kreatives Konzept. Die sozialen Milieus in der Bundesrepublik Deutschland: Acht Lebenswelten im Überblick. Hrsg. v. Lebensweltforschung GmbH. Heidelberg: Lebensweltforschung GmbH/Sozialwissenschaftliches Institut Nowak und Partner GmbH 1985.

Stengel, Rüdiger W.:
Rechtskunde für Buchhändler. Düsseldorf: Verlag Buchhändler heute 1983.

Stöckle, Wilhelm:
ABC des Buchhandels. Wirtschaftliche, technische, rechtliche Grundbegriffe f. d. herstellenden und verbreitenden Buchhandel. 6. Aufl. München: Lexika 1985.

Uhlig, Friedrich:
Buchhändler - ein honeter Titul. Trier: Spee 1972.

Umlauff, Ernst:
Der Wiederaufbau des Buchhandels. Beiträge zur Geschichte des Büchermarktes in Westdeutschland nach 1945. Ein Standardwerk der neueren deutschen Buchhandelsgeschichte, zugleich ein wesentlicher Beitrag zur Wirtschaftsgeschichte der ersten Nachkriegsjahre. Hrsg. v. d. Historischen Kommission des Börsenvereins des Deutschen Buchhandels. Frankfurt: Buchhändler-Vereinigung 1978.

Verband Deutscher Antiquare e.V. Mitgliederverzeichnis.
Frankfurt: Verband Deutscher Antiquare 1986.

Wendt, Bernhard:
Der Antiquariats-Buchhandel. Eine Fachkunde für junge Antiquare. 3. überarb. u. erw. Aufl. Stuttgart: Hauswedell 1974.

Wer – wo – was?
Adressen, Tips und Anregungen für d. buchhändlerischen Alltag von A bis Z. Hrsg. v. Sortimenter-Ausschuß des Börsenvereins d. Deutschen Buchhandels. Red. Katrin Boenig-Kluge. Frankfurt: Börsenverein 1987.

Wettbewerbsrecht und Kartellrecht.
Gesetz gegen den unlauteren Wettbewerb, Zugabeverordnung, Preisangabenverordnung, Rabattgesetz. München: dtv 1985.

Widmann, Hans (Hrsg.):
Der deutsche Buchhandel in Urkunden und Quellen. Hamburg: Hauswedell 1965. 2 Bände

Widmann, Hans:
Geschichte des Buchhandels vom Altertum bis zur Gegenwart. 2. völl. neubearb. Aufl. Wiesbaden: Harrassowitz 1975. Teil 1.

Wörner, Jochen:
Ausliefern und Verkaufen in Österreich und in der Schweiz. Hardebek: Eulenhof-Verlag 1987.

Wunderlich, Heinke/Klemt-Kozinowski, Gisela (Hrsg.):
Leser und Lektüre. Bilder u. Texte aus 2 Jahrhunderten. Dortmund: Harenberg 1985.

2 »Eine Dauermesse im Kleinen« Arbeitsweise und Dienstleistungen des Buchhandels

»In der Buchhandlung kommt der Kunde zum Verkäufer. Die Buchhandlung ist eine Dauermesse im Kleinen . . .«

Josef Nadler (1884–1963)

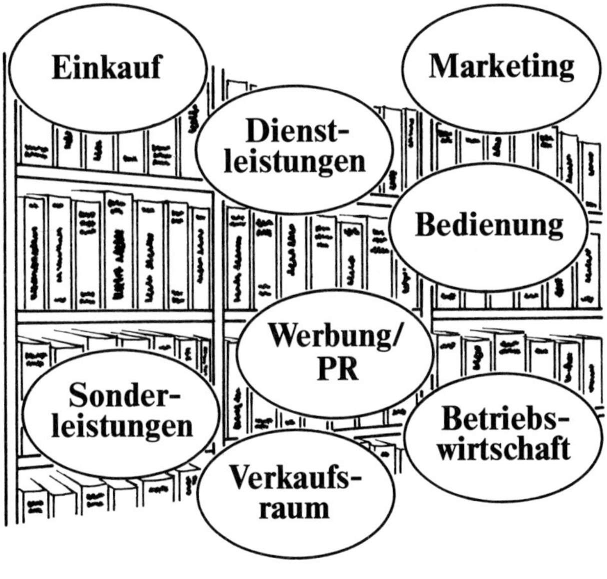

Dieses Kapitel beantwortet die Frage, wie eine Buchhandlung arbeitet und welchen Service sie ihren Kunden bietet.

2.0 Wie arbeitet eine Buchhandlung? Der Buchhandel und seine Abnehmer

- Die strategische Hauptaufgabe einer Buchhandlung ist die Angebotsselektion und -präsentation. Aus der unüberschaubaren Vielfalt verlegter Literatur ist eine charakteristische, dem lokalen Käuferwillen entsprechende Auswahl zu treffen, die einen angemessenen Lagerumschlag ermöglicht.

- Die spezifische Ware Buch benötigt ein anregendes, erlebnisorientiertes Angebotsumfeld, um Interesse und Kaufverhalten auszulösen. Die Buchhandlung kann ihre Funktion als »kultureller Marktplatz« in den Geschäftsstraßen der Innenstadt bewahren, wenn sie ihr Angebot technisch, optisch und käuferpsychologisch richtig plaziert.

- Buchhandlungen stehen heute EDV-gestützte betriebswirtschaftliche Instrumentarien zur Verfügung, die eine laufende Kontrolle und Steuerung der wichtigsten Firmenkennzahlen und damit einen effizienten Einsatz der Mittel ermöglichen. Aus Betriebsvergleichsanalysen innerhalb der Branche lassen sich ferner Planwerte für die individuelle Geschäftsführung einer Buchhandlung ableiten.

- Buchhandlungen zeigen deutlich saisonal geprägte Liquiditätskurven. Die Hauptumsätze werden in der Vorweihnachtszeit getätigt, so daß erst im vierten Quartal eines Geschäftsjahres das im Betrieb gebundene Kapitel spürbar abgebaut wird. Die Steuerung der Liquidität hat deshalb vorrangige Bedeutung.

- Grundlagen der Verkaufs- und Kundenorientierung sind Einkauf und Lagerdisposition – also die Gestaltung und fortlaufende Veränderung des Angebots. Elektronische Systeme der Bestellübermittlung ermöglichen eine rasche Warenbeschaffung im Rahmen der von den Verlagen angebotenen Konditionenpolitik.

Moderne, stationär agierende Buchhandlungen setzen vielfältige Werbemaßnahmen zur Aktivierung des Käuferumfelds ein. Zur Profilierung gehören auch die Entwicklung einer Corporate Identity und eines Corporate Design, um ein unverwechselbares Erscheinungsbild nach innen und außen zu gewährleisten.

2.1 Gestaltung des Verkaufsraums

Der stationäre Bucheinzelhandel denkt ladenorientiert. Deshalb wurde in den letzten Jahrzehnten kräftig in den Ausbau, Umbau und Aufbau von Läden investiert. Auslöser war dabei der Übergang vom Thekenverkauf zur Selbstbedienung. Das frei zugängliche Regal besitzt allerdings in der Buchhandlung eine viel längere Tradition als die relativ junge Selbstbedienung.

Für die Gestaltung der Verkaufsräume ist entscheidend, welchen Kundentypus eine Buchhandlung anspricht, gewinnt und hält. Die zunächst rein technisch anmutende Frage nach der Einrichtung eines buchhändlerischen Ladengeschäfts erweist sich deshalb bei näherem Hinsehen als die strategische Grundfrage nach der Zielgruppenorientierung der Buchhandlung (s. 2.8).

Anforderungen an Verkaufsräume

Schwerpunkte für die Gestaltung der Verkaufsräume sind:

- die Notwendigkeit, so viele Bücher wie möglich unterzubringen
- die Notwendigkeit, so viele Bücher wie möglich frontal zu präsentieren

- die Notwendigkeit, dem Kunden die Orientierung und Information zu erleichtern
- die Notwendigkeit, dem Kunden die Selbstbedienung zu ermöglichen
- die Notwendigkeit, Atmosphäre und Platz für intensive Beratungsgespräche zu schaffen
- die Notwendigkeit, für die Mitarbeiter und die Kunden die Bibliografie- und Nachschlageplätze unterzubringen
- die Notwendigkeit, den Mitarbeitern das Neu- und Wiedereinräumen von Büchern zu erleichtern
- die Notwendigkeit, Lesern, die sich in ein Buch vertiefen wollen, Schutzzonen für ungestörtes Lesen zu verschaffen

Versorgungs- und Erlebniskauf

Schließlich kommt noch die Notwendigkeit hinzu, polar entgegengesetzten Kundenwünschen gerecht zu werden. Dem einen Teil der Kunden geht es um den raschen und preiswerten Versorgungskauf im Rahmen seines Informations- oder Geschenkbedarfs. Der andere Teil der Kunden sucht den Erlebniskauf, das genüßliche Schmökern und Blättern, das ziellose Suchen und das interessierte Betrachten.

Je nachdem, wie eine Buchhandlung unter den oben aufgeführten Notwendigkeiten die Akzente setzt, definiert sich der Charakter der Buchhandlung: Vom sparsam eingerichteten Discounttyp mit Stapelware über die Großflächenbuchhandlung, die eine Vielzahl von Abteilungen in sich vereint, bis hin zur gemütlichen Lesestube, in der der Inhaber und seine Mitarbeiter unbegrenzt Zeit für Kundengespräche zu haben scheinen.

Ladenbau-spezialisten

Die Aufgabe, Verkaufsräume für Buchhandlungen zu gestalten, ist so komplex, daß sich auf sie eine Reihe von Ladenbaufirmen spezialisiert haben. Sie präsentieren die neuesten Erkenntnisse und Fortschritte

Lesen im Vorbeigehen: das Lesepult von KREFT.
Foto: KREFT

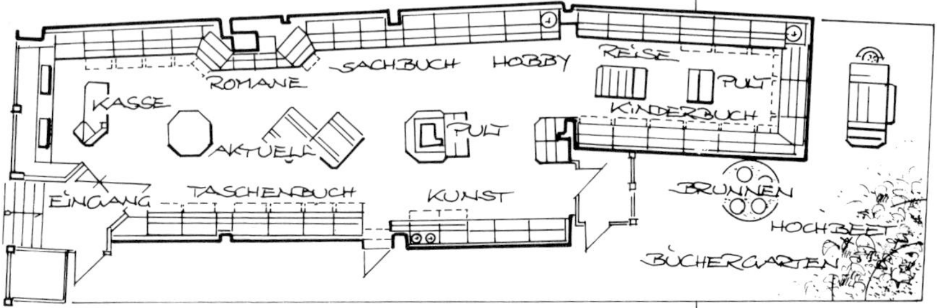

Erweiterung mit neuen Perspektiven: Grundriß mit Innenhof.
Entwurf: KREFT

auf dem Gebiet des Ladenbaus entweder in Musterbuchhandlungen am Ort ihrer Werkstätten oder jeweils auf der *Frankfurter Buchmesse.*

Ladengemeinschaften

Relativ selten ist die Ladengemeinschaft von Buchhandlungen mit anderen Firmen. In der Testphase befindet sich in Mannheim das Modell eines Taschenbuchladens innerhalb von WOM, einem Spezialladen mit Tonträgerangebot für jugendliche Käufer. Es gibt auch Ladengemeinschaften von Buchhandlungen und Buchclub-Centren (s. 1.4 und 2.7).

Nebensortimente

Insbesondere im Papier-, Büro- und Schreibwarenhandel sowie im Spielzeughandel werden Bücher als Nebensortimente geführt. Andererseits führen Buchhandlungen Papier-, Büro- und Schreibwaren, Spielwaren oder kunstgewerbliche Artikel als Nebensortimente. Mischtypen dieser zwei Richtungen finden sich insbesondere in kleineren Provinzstädten, wo Bücher allein nicht genug Umsatz bringen.

2.2 Betriebswirtschaft der Buchhandlung als Steuerungsinstrument der Dienstleistungsbereitschaft

Die betriebswirtschaftliche Steuerung eines Bucheinzelhandels ist komplexer und diffiziler zu bewerkstelligen als die Steuerung des Einzelhandels in den meisten anderen Branchen. Der Buchhandel ist wohl der Handelszweig mit der größten Zahl lieferbarer Artikel (über 500 000 Buchtitel und Zeitschriften allein in deutscher Sprache).

Daraus resultiert die Zusammenarbeit mit einer Vielzahl von Lieferanten und selbstverständlich einer Vielzahl von Kunden mit den unterschiedlichsten Bedürfnissen, wobei der Buchhandel eine in anderen Branchen nahezu unbekannte Dienstleistung erbringt: Die Besorgung nicht am Lager befindlicher Artikel, oft innerhalb von 24 Stunden. Nur die Apotheken verfügen über ein ähnlich reaktionsfähiges logistisches System, allerdings bei einer viel geringeren Zahl von Produkten (ca. 40 000).

Dazu kommt, daß die von einer Buchhandlung geführten Artikel in der Mehrzahl niedrigpreisig sind und in relativ kleinen Stückzahlen verkauft werden und daß Jahr für Jahr 50 000 bis 60 000 neue Titel auf den Markt kommen, wovon freilich nur ein bestimmter Teil für die jeweilige Buchhandlung relevant ist.

Betriebswirtschaftliches Instrumentarium

Nach den stürmischen Aufbaujahren geriet eine Vielzahl von Buchhandlungen in den 60er Jahren an die Grenzen der Rentabilität oder unterschritt sie. Weitsichtige Köpfe wie der Bonner Buchhändler *Herbert Grundmann (1913-1981)* weckten das Bewußtsein der Branche für die Notwendigkeit einer intensiven betriebswirtschaftlichen Steuerung jeder einzelnen Firma. Der *Rationalisierungsausschuß* des *Börsenvereins* leistete entsprechende Vorarbeiten. Eine Reihe von Betriebsberatern (s. Anhang) wurden als Pioniere tätig, indem sie einzelne Firmen, aber auch ganze Gruppen (s. 3.4) betriebswirtschaftliche berieten. So entwickelte die Branche in gemeinsamer Anstrengung ein betriebswirtschaftliches Instrumentarium, das durch den Einsatz der EDV in den letzten Jahren immer mehr an Effizienz gewann.

Zu diesem Instrumentarium gehören Statistiken über den Bar- und Kreditumsatz der Kunden, die Häufigkeit und Höhe der Kundenkäufe, Umsatzstatistiken nach Sachgebieten (s. 2.3), die Kontrolle von Wareneingang und Lagerbewegungen, eine differenziertere Kostenübersicht sowie die laufende Kontrolle des Betriebsergebnisses und der Eigenkapitalentwicklung. Aus diesen statistischen Größen ergeben sich die Leistungskennziffern zu Personal, Raum, Lager und Kapital, den entscheidenden Steuergrößen einer Buchhandlung (s. 1.2).

Betriebsvergleiche

Ein weiteres wesentliches Steuerungsinstrument ist die Teilnahme an Betriebsvergleichen.

- Einen etwa 400 Firmen erfassenden Betriebsvergleich für den Sortimentsbuchhandel führt das *Kölner Institut für Handelsforschung* durch. Die Ergebnisse werden in der alljährlich zur Buchmesse erscheinenden Schrift *Buch und Buchhandel in Zahlen,* herausgegeben vom *Börsenverein des Deutschen Buchhandels,* veröffentlicht.
- Einige Betriebsberater veranstalten betriebsübergreifende Betriebsvergleiche innerhalb der von ihnen betreuten Klientel.
- Die Urform des Betriebsvergleichs ist der Vergleich mit eigenen Vorjahreszahlen, aus denen eine gutgeführte Buchhandlung ohnehin die Soll-Anforderung für das laufende Geschäftsjahr ableitet.
- Einige Erfa-Gruppen (s. 3.5) organisieren Betriebsvergleiche, die ausschließlich den Mitgliedern der einzelnen Gruppe (in der Regel 5 bis 10 Buchhändler) zugänglich ist. Teilweise werden sie dabei von Betriebsberatern unterstützt.
- Wer selbst nicht am Betriebsvergleich teilnimmt, kann seine Zahlen mit den allgemein zugänglichen Branchenzahlen vergleichen, die in *Buch und Buchhandel in Zahlen* veröffentlicht werden.
- Einen Binnen-Betriebsvergleich führen die Filialsysteme durch, indem sie die Zahlen der einzelnen Filialen untereinander und mit dem Durchschnitt der Gesamtgruppe vergleichen.

Aufgabe der Betriebswirtschaft

Aufgabe der Betriebswirtschaft der Buchhandlung ist es, die Ertragsfähigkeit des Unternehmens sicherzustellen und damit seine Existenz zu sichern. Die herkömmliche introspektive betriebswirtschaftliche Betrachtungsweise des internen Zahlenmaterials wird abgelöst vom Blick nach draußen. Die Betriebs-

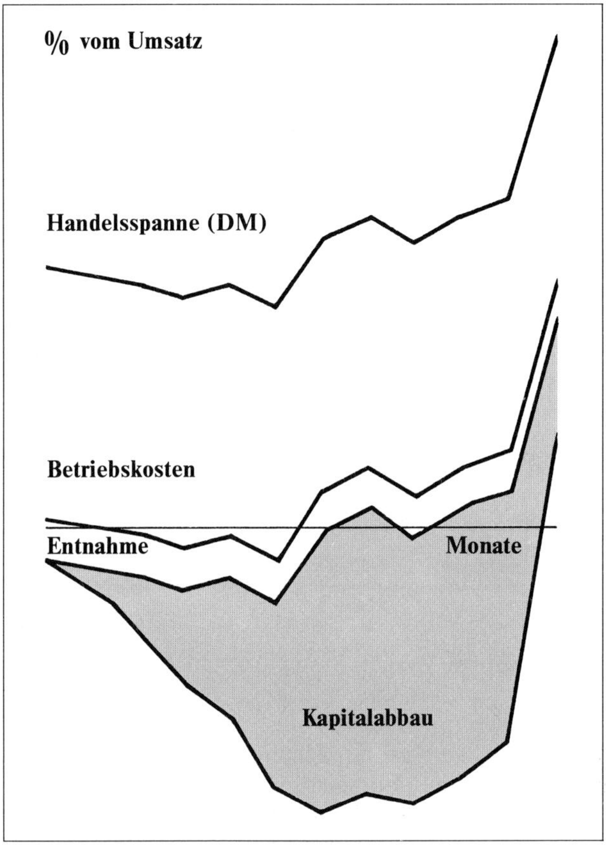

Liquiditätskurve einer Buchhandlung

Eine lebenswichtige Aufgabe der Betriebswirtschaft ist die Steuerung der Liquidität des Unternehmens. Die Grafik zeigt, indem sie DM-Mengen veranschaulicht, in welchen saisonalen Kurven im Laufe eines Jahres das wirtschaftliche Geschehen einer Buchhandlung verläuft. Die Handelsspanne in DM steigt erst zum Jahresende an, wenn größere Büchermengen verkauft werden. Dagegen bleiben die Betriebskosten das Jahr über mehr oder minder gleich. In diesem Beispiel lebt der Buchhändler mit seinen Privatentnahmen bis in den Herbst hinein von der Substanz, indem er sein Eigenkapital entsprechend abbaut, das erst mit den ertragreichen Vorweihnachtsmonaten wieder aufgebaut wird.

wirtschaft ermittelt, wie sich die Umsätze der einzelnen Warengruppen oder auch einzelner umsatzentscheidender Titel entwickeln. Die Buchhandlung steuert von diesen Zahlen her deren Einkauf und ihre Sortimentsgestaltung und gewinnt so immer mehr an Kundennähe.

2.3 Einkauf und Lagerhaltung/ Technik der Buchhandlung

Einkauf und Lagerhaltung – also die Gestaltung und fortlaufende Veränderung des Angebotes – sind auf der Grundlage der Verkaufs- und Kundenorientierung das Herzstück der buchhändlerischen Arbeit. Jede Buchhandlung setzt an dieser zentralen Stelle besondere Energie ein. Demzufolge richtet sich auch die Energie der gesamten Branche auf diesen Bereich, der das Verbindungsglied zwischen den Lieferanten (Verlagen) und Kunden des Buchhandels darstellt.

Umfang des Angebotes

Die räumliche Ausstattung einer Buchhandlung entscheidet darüber, welche Menge von Titeln und welche Menge von Büchern ein Sortiment vorrätig halten kann. Die Spanne reicht hier von 100 bis 1000 Titeln in wenigen Einzelstücken in der Buchverkaufsstelle bis zur Großverkaufseinheit mit ca. 120 000 verschiedenen Titeln, von denen die »Schnelldreher« oft in hundert und mehr Exemplaren am Lager sind. Eine mittlere Buchhandlung – das klassische breitsortierte Sortiment – mag im Durchschnitt rund 30 000 verschiedene Titel am Lager haben. Von einer Großbuchhandlung mit mehr als 100 000 Lagertiteln ist bekannt, daß ihre Attraktivität einerseits auf der Breite des in mehreren Stockwerken präsentierten Angebotes beruht, sie ihr eigentliches Geschäft andererseits mit rund 8 000 Titeln macht, von denen wiederum 1500 Titel »Schnelldreher« mit den höchsten Anteilen am Gesamtumsatz darstellen.

Entwicklung des Bestell- und Lieferwesens

Abb. 5. Der Verkehr über Leipzig

Die Entwicklung des Postwesens und des Buchhandels sind parallel verlaufen. Sowohl für den Transport der Bestellung wie der bestellten Ware hat die Post immer eine entscheidende Rolle gespielt. Ebenso ist die Entwicklung des Buchhandels mit der Entwicklung des Verkehrswesens verbunden. Im 19. Jahrhundert bis zum Beginn des Zweiten Weltkrieges gingen die buchhändlerischen Bestellungen in Sammelbriefen hauptsächlich an den Zentralen Platz in Leipzig. Von dort wurden per Expreß und Eisenbahnfracht sogenannte Bücherballen geliefert. Der *Kommissionär* als Vertreter des Buchhändlers am Platz *Leipzig* stellte die Ballen zusammen. Er verteilte auch die Einzelbestellungen des Buchhändlers aus dem Sammelbrief an die verschiedenen Auslieferungsfirmen (Bestellanstalt des Buchhandels s. Anhang).

Bestell-übermittlung

Zum ermäßigten Tarif für *Büchersendungen* geht der *Bücherzettel* noch heute per Post vom Buchhändler zum Lieferanten. Jedoch wird dieser Bestellweg immer mehr durch elektronische Übermittlungsmedien ersetzt, z. B. durch *Telefax, Telex* und *Teletext, Btx,* sowie die Bestellterminals, die die großen Barsortimente bei ihren wichtigsten Kunden - zum Teil zum Null-Tarif - installiert haben. Diese Bestellterminals ermöglichen in ihren jüngeren Versionen nicht nur die Bestellung bei einem jeweiligen Barsortiment, sondern auch die Übermittlung von Bestellungen direkt an Verlage und deren Auslieferungsdienstleister sowie elektronisches Bibliografieren in der Datenbank des Barsortiments (s. 3.1).

Außerdem befinden sich verschiedene Mailbox-Systeme im Aufbau, von denen zwei miteinander konkurrieren: das Mailbox-System der *BAG (Informationsverband Buchhandel)* sowie das *Buchhandelsinformations- und Bestellsystem BIBS* der *Nomos Verlagsgesellschaft, Baden-Baden.*

Einzel-bestellungen

Das in der Bundesrepublik traditionsreiche System, jedes lieferbare Buch zu ermitteln und zu besorgen, führt zu einer Fülle von Einzelbestellungen. Diese Einzelbestellungen sind – außer bei sehr hochpreisigen Titeln – für den Buchhändler unwirtschaftlich und rechnen sich nur im Rahmen einer Mischkalkulation. Er erbringt die Leistung, um Kunden zufriedenzustellen und an sich zu binden, sieht darin aber auch einen wichtigen kulturpolitischen Auftrag. Das Gemeinwesen honoriert ihn, indem es der Buch- und Zeitschriftenbranche das Recht zur Preisbindung ihrer Erzeugnisse einräumt und sich mit dem halben Mehrwertsteuersatz auf Druckerzeugnisse begnügt.

Bezug beim Barsortiment

Ein wesentliches Rationalisierungsinstrument, um die Kosten für Einzelbezüge zu reduzieren, ist die Sammelbestellung von Titeln aus den verschiedensten Verlagen bei Grossohäusern und Barsortimenten, die ständig zwischen 80 000 und 130 000 Titel vorrätig halten und in ihren Katalogwerken als lieferbar aufführen. Die Barsortimente arbeiten mit einer eigenen Titelcodierung, sind aber inzwischen dazu übergegangen, in ihren Katalogwerken und Datenbanken auch die *ISBN* aufzuführen (s. 3.4).

Sachkenner schätzen, daß der Anteil der Barsortiments- und Grossistenbezüge am Gesamteinkauf des Buchhandels zwischen 25 und 30% liegt. Wegen der zusätzlichen Rabattspanne, die dem Zwischenbuchhandel einzuräumen ist, wegen der Transparenz der Bezüge und wegen des Vorteils der direkten Kundenbeziehung sind die Verlage bestrebt, möglichst viele Lagerbestellungen des Buchhandels auf sich zu ziehen. Für den Buchhändler ergibt sich hier die Rechenaufgabe, ob es für ihn günstiger ist, Ergänzungsbestellungen für das Lager in Einzelstücken oder kleinen Partien im Sammelbezug beim Barsortiment vorzunehmen oder größere Einheiten direkt beim Verlag zu bestellen. Mit ihren Rabattkonditionen versuchen die Verlage, den Direktbezug in größeren Mengen für den Buchhändler wirtschaftlich verlockend zu machen.

Für Bestellungen beim Verlag eröffnet sich ihm der Weg der direkten Bestellung auf dem Post- oder einem elektronischen Weg (s. oben), durch Bestellungen beim Verlagsvertreter (s. 4.4) oder auf der *Frankfurter Buchmesse.*

Bestell-Logistik in der Schweiz

In der *Schweiz* wurde ein elektronisches Bestellsystem entwickelt, das einheitlich für den Schweizer Buchhandel gilt. *Comelivres* (Communication électronique dans les Métiers du Livre) wird gemeinsam getragen von Auslieferungen, dem *Schweizer Buchzentrum* , den Verlagen, den Sortimentern und Buchhändler- und Verlegerverbänden für die deutsch-, französisch- und italienischsprachige Schweiz. Das System ist offen: Beteiligen kann sich jeder Schweizer Buchhändler.

Bestell-Logistik in Österreich

In *Österreich* läuft zur Zeit unter dem Namen *köbudata* der Versuch, dieses Schweizer System auf den dortigen Buchmarkt zu übertragen. Ziel der *Köbu-Data-Gesellschaft mbH,* daß sich rund 240 Buchhandlungen (zur Zeit 40) am elektronischen Bestellsystem beteiligen. Die CD-ROM-Version des *Verzeichnisses lieferbarer Bücher* soll integriert werden (s. 5.4).

EDV-Programme

Neben EDV-Systemen zur Bestellübermittlung spielen hausinterne EDV-Systeme im Buchhandel eine immer größere Rolle. Verschiedene Anbieter offerieren Programme, die folgende Funktionen zulassen:

- Adreßverwaltung
- Bibliografieren
- Vormerkungen
- Besorgungsgeschäft
- Lagerbewirtschaftung
- Wareneingang
- Warenausgang
- Zeitschriften
- Schulbuchgeschäft
- Rechnungsschreibung
- Finanzbuchhaltung

- Werbung/Textverarbeitung
- Erfolgsanalyse
- Statistiken
- Postzeitungsdienst
- Objektverwaltung

Ein wichtiger Bestandteil der Konditionspolitik der Verlage sind die Rabatte. Als Richtwerte haben sich im Laufe der Jahre folgende Prozentsätze herausgebildet, von denen es allerdings so gut wie jede denkbare individuelle Abweichung gibt:

- 20% für Schulbuchbestellungen, für die die Buchhandlung in der Regel nur als Abwicklungsstelle dient
- 25% für wissenschaftliche und Fachbücher
- 35% für Einzelbezüge
- ein um 5% erhöhter Rabatt bei Messe- und Vertreterbestellungen

Ein zusätzlicher Anreiz sind Partiestücke, also die Lieferung eines Freiexemplars ab einer bestimmten Menge, z. B. 7/6 bei wissenschaftlichen Titeln und 11/10 bei Publikumstiteln. Die sogenannte »Reizpartie« soll den Buchhändler animieren, Bestseller im voraus in größeren Mengen einzukaufen. Eine solche Reizpartie kann z. B. lauten: 23/20, 58/50 oder 120/100 Exemplare.

Der Mischrabatt bei Partielieferungen steigt entsprechend bis zu 50% an; ein Faktor, der in die Verlagskalkulation einfließt.

Reizpartien

Welche Reizpartien besonders günstig sind, entnimmt der Buchhändler der Reiz-Partie-Tabelle aus dem alljährlich erscheinenden *Planungstaschenbuch für den Sortimentsbuchhandel* des Fachmagazins *Buchmarkt.*

Jahreskonditionen

Mit fortschreitender Elektronisierung der buchhänderischen Bestellungen und der Warenwirtschaft beginnen sich sogenannte *Jahreskonditionen* immer mehr durchzusetzen. Der Ausdruck besagt, daß zwischen Verlag und Buchhandlung ein Leistungsaustauschvertrag abgeschlossen wird. Der Buchhändler sagt zu, sich für die Produktion eines Verlages besonders einzusetzen und bestimmte Bestell-Losgrößen einzuhalten. Der Verlag gewährt für alle Bezüge – meist mit der Ausnahme von Einzelbestellungen – einheitliche Jahreskonditionen, gleichgültig ob die Aufträge direkt oder über den Vertreter des Verlages übermittelt werden.

Verbunden sind solche Jahreskonditionen in der Regel mit sogenannten *Portomodellen* bei Einhaltung bestimmter Losgrößen und unter der Voraussetzung, daß der Verlag den Bezugsweg, z. B. über einen Vertragsspediteur, bestimmen darf. In solchen Fällen übernimmt der Verlag die Transportkosten ganz oder teilweise und leistet damit einen Beitrag zur Reduzierung der Warenbezugskosten des Sortiments, die relativ hoch zu Buch schlagen.

Boni

Eine Reihe von Verlagen gewährten den Buchhandlungen Boni auf die Jahresbezüge, die nach Abschluß des Geschäftsjahres beim Erreichen bestimmter Einkaufsgrößen ausgeschüttet werden. Die stimulierende Wirkung dieser Boni ist in Fachkreisen umstritten, da sie nicht im unmittelbaren Zusammenhang mit dem eigentlichen Einkaufsvorgang stehen.

Handelsspanne

Die durchschnittliche Handelsspanne des Buchhandels liegt nach den Zahlen des Kölner Betriebsvergleichs knapp unter 30% und ist damit etwa gleich hoch wie die Summe der innerbetrieblichen Kosten des Handels exklusive Wareneinkauf, so daß der Buchhandel zur Zeit mehr oder minder zum Null-Tarif arbeitet (s. S. 95)

Zahlungsziele und Valuta

Eine wichtige Rolle im Konditionssystem der Verlage spielen die dem Buchhandel eingeräumten Zahlungsziele. Viele Buchhandlungen benutzen das

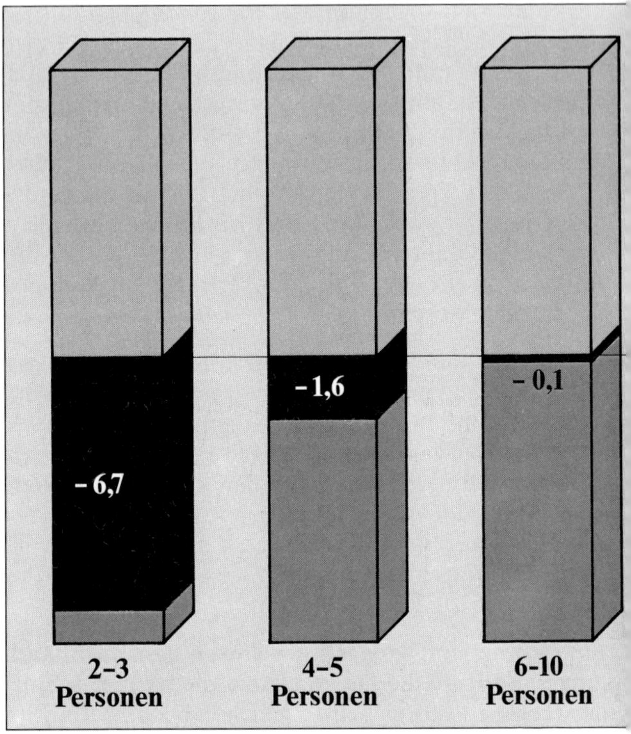

Je kleiner die Buchhandlung, desto schlechter das betriebswirtschaftliche Ergebnis. So das Resultat des Kölner Betriebsvergleiches 1986, an dem 421 Betriebe teilnahmen.

Instrument des Lieferantenkredits, um den Kapitalbedarf teilweise zu decken, der durch den ungleichmäßigen Geschäftsverlauf besonders in den Sommermonaten entsteht.

Auf Wunsch räumen die Verlagsvertreter den Buchhändlern »Valuta« ein, zum Beispiel in der Weise, daß

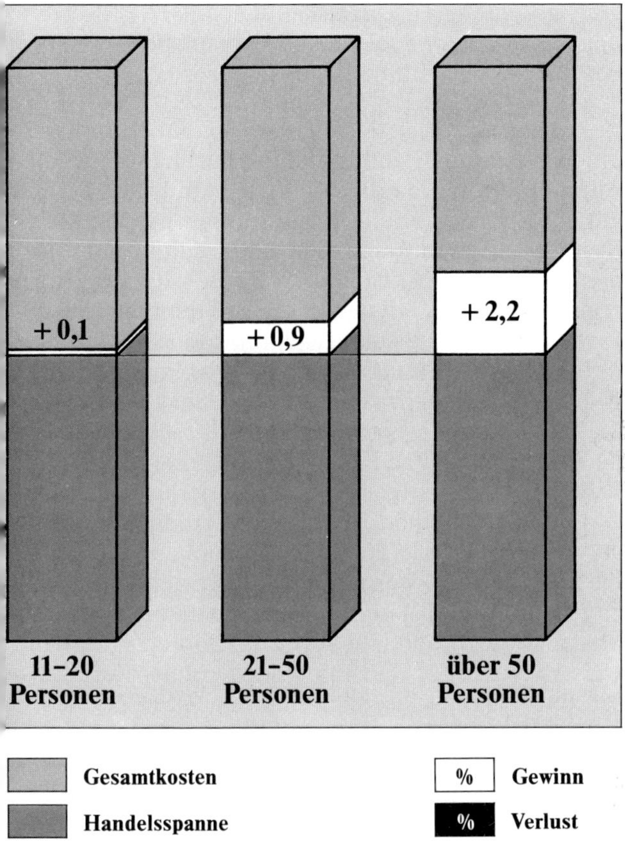

die Rechnung für eine im August gelieferte Ware erst zum 1. Dezember fällig gestellt wird. Der Buchhändler hat dann immer noch die Möglichkeit, entweder mit Skonto innerhalb von 10 Tagen oder mit 30 oder 60 Tagen Ziel zu zahlen. Auf diese Weise können Buchhändler erreichen, daß ihre für das Weihnachtsgeschäft getätigten Vorratskäufe erst nach Einsetzen oder Abschluß des saisonalen Verkaufshöhepunktes bezahlt werden müssen.

Lager-finanzierung

Für die Lagerfinanzierung dienen außerdem das - meist knappe - Eigenkapital der Buchhandlung, die Aufnahme von Fremdkapital zu banküblichen Bedingungen sowie spezielle Kreditformen wie der *BAG*-Kredit (s. 3.1). Zur Frage nach den Kreditkosten führt der renommierte Buchhandels-Betriebsberater *Franz Hinze (*1919)* aus: »Es heißt oft, daß der Lieferantenkredit der teuerste sei. Das stimmt nur dann, wenn die angebotene Skontierung (Zahlung innerhalb von 10 Tagen mit zwei Prozent Abzug) nicht genutzt wird und das offene Ziel von 60 bis zu 120 Tagen reicht (je nach Zinsfuß für den Kontokorrentkredit). In diesem Falle liegen die entgangenen Skontoerlöse über den Zinsen, die für einen Kontokorrentkredit aufzubringen wären. Der Lieferantenkredit kann andererseits der billigste sein, wenn der Verlag keinen Skontoabzug zuläßt und das übliche Ziel von 30 bis 60 Tagen ohne Schwierigkeiten in bezug auf Bonität, Ansehen, weiterhin offener Rechnung sowie ohne Mahnspesen und Verzugszinsen auf den doppelten Zeitraum ausgedehnt werden kann.«

Das *Planungstaschenbuch für den Sortimentsbuchhandel (Buch-Markt)* enthält eine Skontotabelle, die die rechnerische Skontoverzinsung genau ausweist.

Inventur

Die Lagerhaltung des Sortimentsbuchhandels erfordert in der Regel eine hohe Kapitalbindung. Wie hoch sie ist und welche Verluste zum Beispiel durch falsche Lagerhaltung entstehen, zeigt die Inventur, die der Buchhändler zum Jahresende aufgrund der gesetzlichen Bestimmungen vorzunehmen hat. Aus den Informationen, die die Inventur vermittelt, können Schlüsse auf den Gesamtzustand der Buchhandlung gezogen werden. Die Auswertung der Inventur ist manuell oder über EDV möglich.

Bewertung der Lagerbestände

Die Finanzämter lassen verschiedene Methoden zur Bewertung der Lagerbestände zu, nämlich:

- Bewertung mit einem Pauschalabschlagsatz (ohne Berücksichtigung der Anschaffungsjahre)
- Bewertung mit Pauschalabschlagssätzen, die nach den Anschaffungsjahren gestaffelt sind:

Einkaufsjahr	Abschlag
letztes Geschäftsjahr	50 Prozent
vorletztes Geschäftsjahr	70 Prozent
vorvorletztes Geschäftsjahr	90 Prozent
noch früher	Makulaturwert

- Einzelbewertung je Titel (diese muß insbesondere im Antiquariatsbuchhandel für Werke mit Altertums- oder Liebhaberwert vorgenommen werden)

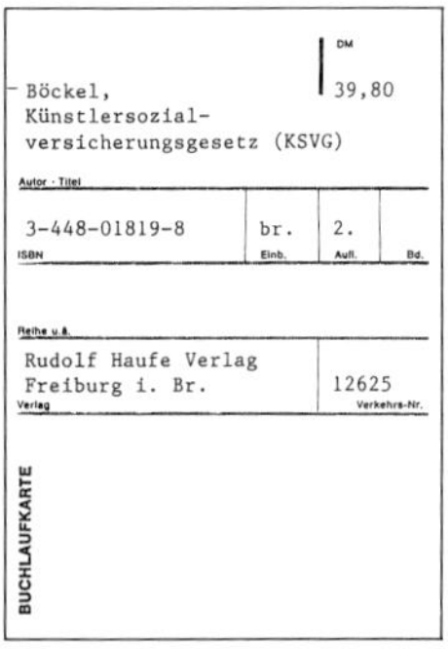
DM
Böckel, Künstlersozial-versicherungsgesetz (KSVG) | 39,80
Autor · Titel
3-448-01819-8 | br. | 2.
ISBN | Einb. | Aufl. | Bd.
Reihe u. ä.
Rudolf Haufe Verlag Freiburg i. Br. | 12625
Verlag | Verkehrs-Nr.
BUCHLAUFKARTE

Buchlaufkarte

Vom *Rationalisierungsausschuß* des *Börsenvereins* eingeführt und empfohlen, aber längst noch nicht optimal genutzt ist die sogenannte Buchlaufkarte. Es handelt sich dabei um Kärtchen im Format DIN A7 (hoch) mit kurzen bibliografischen Angaben. Sie werden von den Verlagen den Büchern beigelegt oder vom Sortiment selbst erstellt. Eine Buchhandlung, die jedes eingekaufte Buch mit einer Buchlaufkarte versieht, kann diese aus allen verkauften Büchern beim Verkaufsvorgang an der Kasse herausnehmen und gewinnt so automatisch eine freilich manuell zu handhabende Übersicht über die verkauften Titel. In der Kombination mit dem Warenwirtschaftsetikett ergeben sich besondere Vorteile (s. unten).

Einkaufskarteien

Wegen der Unübersichtlichkeit der individuell gestalteten Verlagskonditionen führen viele Buchhandlungen – manuell oder EDV-gestützt – spezielle Einkaufskarteien, die sie bei der Entscheidung darüber, ob beim Barsortiment oder direkt beim Verlag nachbezogen werden soll, zu Rate ziehen.

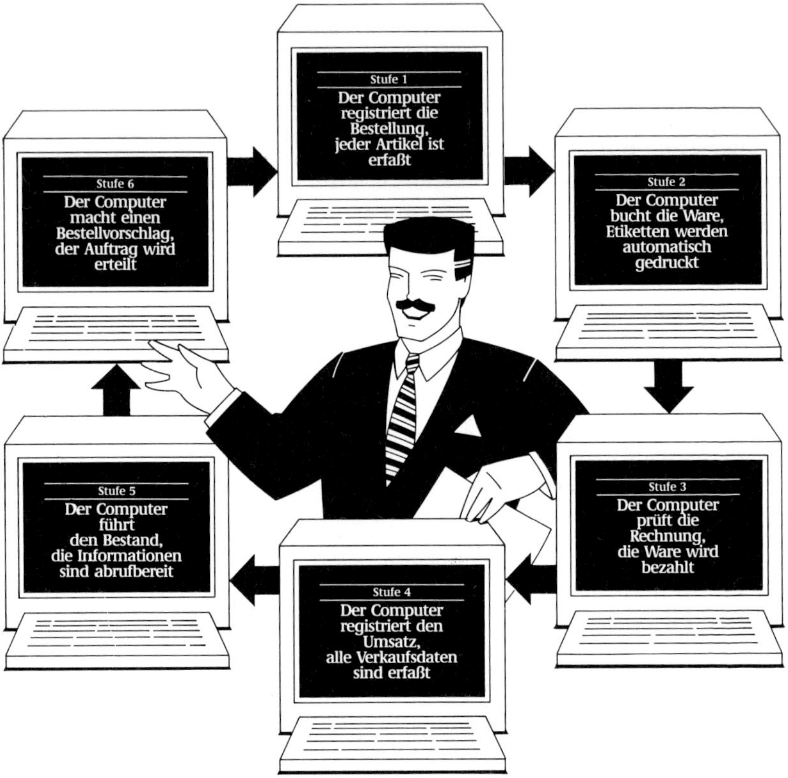

Computergestützte Warenwirtschaftssysteme steuern den Warenfluß in Handelsunternehmen über sechs Stufen: von der Disposition über Wareneingang und Warenverkauf bis hin zu detaillierten Management-Informationen

So arbeitet das optimale Warenwirtschaftssystem

Warenwirtschaftssysteme und Etikettierung

Die Branche befindet sich zur Zeit wie der gesamte Einzelhandel im Übergang zu EDV-gestützten Warenwirtschaftssystemen, deren Grundprinzipien in der Abbildung dargestellt sind. Warenwirtschaftssysteme sind um so wirkungsvoller, je genauer sie die Umsätze für differenzierte Warengruppen oder für jeden einzelnen Artikel erfassen. Das geschieht am besten mit Hilfe von Datenkassen, in die Artikelnummer und Preise eingetastet oder mit Hilfe von Lesestiften oder auf andere Weise eingelesen werden können. Voraussetzung dafür sind Warenwirtschaftsetiketten, wie sie im Laufe des Jahres 1988 von der zum Gütersloher *Bertelsmann*-Konzern gehörenden Ver-

Warenwirtschaftsetiketten im Buchhandel

Autor/Titelkurztext
Verlag
ISBN und Ladenpreis
Rechnungs-Nummer,
Rechnungsdatum,
Sortimenter Verkehrs-Nummer
Leerzeile
Verkehrs-Nr. der VVA

SCHMIDT, MENSCHEN UND MAECHTE
SIEDLER
3-886-80278-7 ISBN
48,00 DM
17841 880216 33827
04800
9 783886 802787
VVA 33842

Vorteile des Etiketts:

- Die Angabe des Ladenpreises erspart die zeitaufwendige Preisauszeichnung
- Das Etikett ist auf die Größe der Buchlaufkarte abgestimmt und kann leicht in die bestehende Organisation eingefügt werden
- Eine Freizeile ermöglicht die Eintragung von individuellen Daten des Sortiments, z. B. einer Warengruppe
- Die Aufschrift auf den Etiketten kann mit Lesegeräten erfaßt werden.

lagsauslieferung *VVA/Bertelsmann distribution* für die von ihr ausgelieferten Verlage eingeführt worden sind.

Der Buchhandel kann sich die von ihm bei der *VVA/ Bertelsmann distribution* georderten Bücher mit Warenwirtschaftsetiketten liefern lassen. Die Verlage entscheiden darüber, ob sie die Kosten für die von der *VVA* ausgelieferten Etiketten für ihre Titel ganz übernehmen, ob die Kosten zwischen Verlag und Sortiment aufgeteilt werden oder das Sortiment die Kosten allein zu tragen hat. Welche Regelung sich allgemein durchsetzen wird, läßt sich derzeit noch nicht absehen. Die Etiketten liegen der Ware im Packstück bei und müssen vom Buchhändler selbst angebracht werden.

Das Warenwirtschaftsetikett hat den Vorteil, zusätzlich zu den Verlagsangaben Daten des Buchhändlers aufnehmen zu können. Es ist damit den bisher verwendeten Systemen überlegen. Eine Reihe von Verlagen arbeiten mit der Schriftenkennzeichnung OCR-b, andere mit Balkencodierungen (s. BuB Anhang). Beide Lösungen sind aus ästhetischen Gründen umstritten, so daß eine Vielzahl von Titeln von den Verlagen ohne Codierung geliefert wird.

Einkaufspolitik

Kein Buchhändler richtet seinen Einkauf ausschließlich nach materiellen Werten wie Rabatten und Lieferkonditionen aus. Ebenso wichtig ist die strategische Orientierung auf den Bedarf seiner Kunden und außerdem spielen Imagegründe eine ausschlaggebende Rolle. Zum einen bestimmt das Image eines Verlages – also das immaterielle Bild, das ein Buchhändler von seinem Lieferanten hat – welche Titel er in welchen Mengen einkauft, aber auch das Image, das er von seiner eigenen Buchhandlung hat oder zu haben glaubt. Die Unterschiede zwischen dem Eigenbild des Buchhändlers und dem Fremdbild, das sich der Kunde bildet, führen oft zu tragischen Irrtümern in der Lager- und Angebotspolitik (s. 2.8).

Zielgruppenorientierung beim Einkauf

Die Einkaufs- und Lagerpolitik einer Buchhandlung sollte sich daran orientieren, welche Zielgruppen die Buchhandlung aufgrund ihrer lokalen Lage, ihrer Stammkundenbeziehungen, ihrer Tradition und ihres Image, kurz aufgrund der Stärken des Unternehmens anspricht und welche Bedürfnisse diese Zielgruppen haben (s. 2.8).

Einkauf beim Verlagsvertreter

Eine nicht unerhebliche Rolle für das Verhältnis des Buchhändlers zum Verlag spielen die Verlagsvertreter, die den Buchhändler über Novitäten informieren (s. 3.4) sowie Novitäten- und Backlist-Bestellungen aufnehmen.

Remission

Verlagsvertreter sind auch zuständig für das leidige Thema *Remission* (Rückgabe festbezogener Titel an den Verlag; s. Anhang). Insbesondere im Rahmen von Jahreskonditionen wird mit dem Buchhändler eine Vereinbarung über die Höhe seiner Rückgabemöglichkeiten getroffen.

Für die Remission von Defekt-Exemplaren gibt es ein vereinfachtes Verfahren. Eine Liste der Verlage, die sich daran beteiligen, ist beim *Betriebswirtschaftlichen Ausschuß* des *Börsenvereins des Deutschen Buchhandels e. V.* erhältlich.

Erstverkaufstage

Das Bestreben eines Buchhändlers ist es, aktuell zu sein, d. h. Novitäten unmittelbar nach Erscheinen und auf jeden Fall nicht erst nach der Konkurrenz aus- und vorlegen zu können. Deshalb setzen die Verlage zum Beispiel für Taschenbücher und besonders wichtige Neuerscheinungen *Erstverkaufstage* fest, bis zu denen sie das gesamte Sortiment beliefert haben.

Einkaufsgemeinschaften

Nicht zuletzt das Erstarken der Großen der Branche und der Eintritt von Warenhauskonzernen mit Großverkaufseinheiten in den Buchmarkt haben zu Reaktionen des Sortiments im Einkaufsverhalten geführt. Großanbieter können größere Mengen ver- und damit einkaufen und erhalten nach dem gängigen Konditionssystem deshalb von den Verlagen höhere

Rabatte. Um diesen Nachteil auszugleichen, wird seit Jahren im Buchhandel die Möglichkeit diskutiert, Einkaufsgemeinschaften zu errichten. Sie sollen die Einkäufe vieler kleiner und mittlerer Buchhandlungen bündeln und damit gegenüber den Verlagen eine Nachfragemacht schaffen. Die Vor- und Nachteile einer solchen Einkaufsgemeinschaft sind in der Buchbranche umstritten; ein aktueller Startversuch ist im Frühjahr 1988 gescheitert.

Nachfragemacht

Welche Nachfragemacht durch den geschlossenen Einkauf einer Gruppe gegenüber den Verlegern ausgeübt werden kann, zeigt das Beispiel der Buchhandels-Kette *Walden* in den *USA,* die mit dem Verlag *Crown* einen Exklusivvertrag abgeschlossen hat. Der Verlag liefert monatlich sechs maßgeschneiderte Taschenbücher.

Der Worpsweder Trend-Berater *Gerd Gerken* kommentiert diesen Vorgang: »Das ist das Ende der vielgerühmten Freiheit der Autoren und der kulturellen Autonomie der Verlage. Aus Büchern werden abhängige Produkte, wie Handelsmarken.« Die Verlage fürchten, daß die Entwicklung auch hierzulande in diese Richtung geht.

2.4 Werbung, Öffentlichkeitsarbeit

Der Sortimentsbuchhändler denkt und handelt stationär und sieht deshalb seine Werbung vor allem im engen Bezug zu seinem Ladengeschäft. Die auf Versand- und Vertretergeschäft eingestellten Zweige des Bucheinzelhandels weisen der Werbung naturgemäß andere Aufgaben zu; sie hat den Charakter des Directmarketing. Ihnen geht es nicht darum, Kunden in ihr Ladengeschäft zu bringen, sondern durch die verschiedensten Verkaufsmedien – zu denen der Vertreter gehört – Bücher aktiv zu verkaufen.

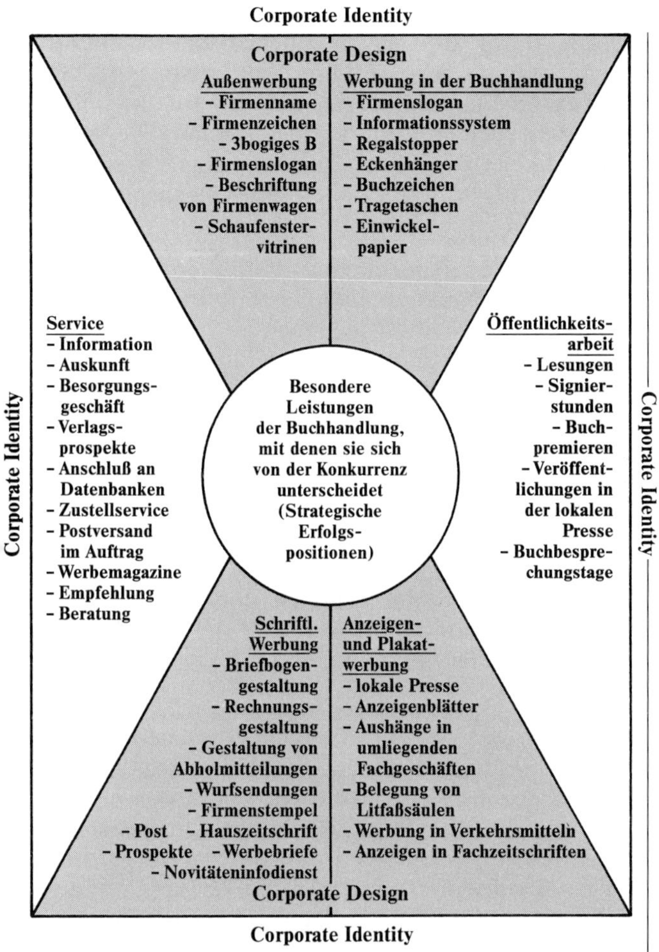

Die erfolgreiche Buchhandlung stellt in den Mittelpunkt ihres Auftritts am Markt die besondere Leistung, mit der sie sich vom Wettbewerb unterscheidet. Dabei bezeichnet Corporate Identity die innere und äußere Einheit der Firma, Corporate Design (die schraffierten Flächen) das einheitliche grafische Erscheinungsbild (nach Cuno Pümpin: Strategische Führung).

Werbung am und im Buch

Die Werbung am und im Buch ist die Grundform buchhändlerischer Werbung. Sie geht von dem Gedanken aus, daß derjenige, der ein Buch liest, Interesse auch an weiteren Büchern hat. Die Werbemöglichkeiten reichen von eingelegten Werbemitteln bis hin zum speziellen Einschlagpapier einer Buchhandlung und zur Tragetasche mit Aufdruck.

Werbung an und in der Buchhandlung

Ein wichtiger Teil der buchhändlerischen *Werbung* findet *an und in der Buchhandlung* statt. Im Mittelpunkt stehen das Schaufenster, aber auch Firmen- und Leuchtschilder, Fassadenverkleidungen, Schaukästen, Vitrinen und dergleichen. Wichtig ist der oft mißachtete Grundsatz, daß sich Außenwerbung in Innenwerbung innerhalb der Buchhandlung fortsetzen muß. Der Kunde muß Bücher, die im Schaufenster oder im Umfeld der Buchhandlung herausgestellt werden, im Inneren auch sofort auf Aktionstischen finden können. Zur Werbung in der Buchhandlung gehören ferner Mobiles und Hängeschilder, Streifen- und sonstige Plakate und alle anderen Möglichkeiten optischer Blickfänge.

Schaufenster-Wettbewerbe

Wegen der Bedeutung der Auslage von Titeln in den Schaufenstern der Buchhändler versuchen die Verlage insbesondere durch Schaufensterwettbewerbe die Präsenz ihrer Titel in diesem wichtigen Werbemedium des Buchhändlers zu erhöhen. Die gestalteten Schaufenster werden von den Buchhändlern durch Fotos dokumentiert und von den Verlagen mit zum Teil sehr hohen Incentives (= Anreize, Prämien) honoriert. Buchhändler können zum Beispiel die ihnen für Ausstellungszwecke gelieferten zum Teil hochwertigen Gebrauchsgegenstände, die zum Thema gehören, nach Beendigung der Aktion behalten oder aufwendige Auslandsreisen gewinnen.

Aktionswerbung

Professionelle Werbemittel für *Aktionswerbung* kann der Buchhändler bei verschiedenen Anbietern, wie der *Zentralen Buchwerbung* in Bayreuth, der Marketinggemeinschaft *Roter Punkt* in Leonberg oder der

Buchwerbung der Neun in München einkaufen. Teilweise ist es möglich, Werbemittel und Aktionspakete für einen Ort exklusiv zu beziehen.

Die bevorzugte Marktstellung, die heute einige der Großen im Buchhandel einnehmen (s. 3.6), ist nicht zuletzt auf die umfangreiche Aktions- und Zeitungsbeilagenwerbung zurückzuführen, die seit Ende der 60er Jahre für neun große Buchhandlungen seitens der gemeinsamen Werbezentrale *Buchwerbung der Neun* bereitgestellt wird. Mit Hilfe solcher Aktionen ist es diesen Firmen gelungen, sich am Ort zu profilieren und die lokale Marktführerschaft weiter auszubauen.

Verlagswerbung

Verlagswerbung ist eine kooperative Werbemöglichkeit für Buchhandlungen jeder Richtung in Zusammenarbeit mit Verlagen jeder Richtung. Sie ist besonders erfolgreich, wenn sich der Spezialist mit dem Spezialisten verbündet und speziell Interessierte anspricht. Die enge Symbiose des Reise- und Versandbuchhandels mit den Verlagen, die Großlexika und sonstige teure Nachschlagewerke herausbringen, beruht auf Kooperation im Werbebereich. Der Reise- und Versandbuchhändler setzt die Originalwerbemittel des betreffenden Verlages z. B. als Beilage in großen Tages- und Wochenzeitungen ein und erhält dabei von Verlagsseite beachtliche Werbekostenzuschüsse.

»Omnibus«-Werbung

Unter *»Omnibus«-Werbung* versteht man die Möglichkeiten *branchenübergreifender Gemeinschaftswerbungen* z. B. für Buchhandlungen, die ihren Sitz in einem Einkaufszentrum haben und sich an den Gemeinschaftswerbeaktionen aller im Zentrum vertretenen Einzelhandelsgeschäfte beteiligen.

Directmarketing

Professionelles *Directmarketing* wird von Firmen des Reise- und Versandbuchhandels mit eigenen Katalogen oder durch den Einsatz von Werbemitteln der Verlage betrieben. Dem stationären Ladenbuchhandel eröffnen sich auf diesem Feld noch viele ungenutzte Möglichkeiten. Die vor allem in den größeren Buchhandlungen vorhandenen Kunden- bzw. Interessenten-Adreßdateien werden für themenorientierte werbliche Aussendungen oder auch für Telefonmarketing unterschiedlich intensiv genutzt. In der Regel sind die im Directmailing besonders erfahrenen Fach- und Wissenschaftsverlage (z. B. die Verleger von Lose-Blatt-Werken und wissenschaftlichen und Fachzeitschriften sowie teurer Wissenschaftspublikationen) gern bereit, den Buchhändler bei der Durchführung solcher Aktionen durch Lieferung entsprechender Prospektaktionen und Beteiligung an den Mailingkosten zu unterstützen.

Aufwendungen für Werbung

Insgesamt stellt Werbung aber für den Buchhandel zum Teil noch eine terra incognita dar. Dies läßt sich unter anderem an den Aufwendungen für Werbung ablesen. Die am Betriebsvergleich des Sortimentsbuchhandels beteiligten Firmen gaben zum Beispiel im Jahr 1985 im Durchschnitt nur 1,2% vom Nettoumsatz für Werbezwecke aus. In anderen Branchen liegt der Prozentsatz zum Teil wesentlich höher.

Öffentlichkeitsarbeit

Öffentlichkeitsarbeit – oder mit dem amerikanischen Begriff Public Relations (PR) – ist Werbung um öffentliches Vertrauen als Basis für die Tätigkeit eines Unternehmens in seinem wirtschaftlichen, sozialen und politischen Umfeld. Der Buchmarkt liefert dem Buchhandel eine Fülle von attraktiven Ereignissen, Personen und Themen, an die er seine Öffentlichkeitsarbeit anknüpfen kann.

Beliebte Mittel der Öffentlichkeitsarbeit einer Buchhandlung sind Autorenlesungen, Signierstunden, Kinder- und Vorlesenachmittage, Tage der offenen Tür und Buchpremieren (oft in Zusammenarbeit mit Verlagen). Autoren- und themenbezogene Öffentlichkeitsarbeit eröffnen gerade kleineren und mittleren Firmen die Möglichkeit, sich vor buchhändlerischen Großeinheiten zu profilieren und auf der

Leseförderung des Börsenvereins

Beziehungsebene das auszugleichen, was ihnen auf der wirtschaftlichen, technischen und ausstatterischen Ebene fehlt.

Öffentlichkeitsarbeit des Börsenvereins

Institutionen branchengemeinsamer Öffentlichkeitsarbeit sind unter anderem die Verleihung des *Friedenspreises des Deutschen Buchhandels* und die Verleihung des *Alfred-Kerr-Preises* für Literaturkritik durch den *Börsenverein des Deutschen Buchhandels,* die der Leseförderung dienenden Maßnahmen, die *Frankfurter Buchmesse* und das vor allem für die Außenwerbung von Buchhandlungen entwickelte, in der Branche allerdings umstrittene dreibogige *B.*

Seit 1959 läuft der *Vorlese-Wettbewerb* des *Deutschen Buchhandels,* der alljährlich für Schülerinnen und Schüler des 6. Schuljahres aller Schularten ausgeschrieben wird. Im Rahmen verstärkter Bemühungen um Öffentlichkeitsarbeit treten neben diese traditionellen Veranstaltungen die Aktionen *Das Lesemobil, Das Lesende Klassenzimmer* und *Wanderausstellungen* zu verschiedenen Themen. Ab Sommer 1989 wird ein *Leseschiff* auf Reisen geschickt werden.

Verlags-PR für den Buchhandel

Ein interessantes Beispiel von Öffentlichkeitsarbeit für den Buchhandel gab 1987 der *Franckh/Kosmos Verlag* mit einer Anzeige, die nicht für einzelne Buchtitel wirbt, sondern für die Leistungen des Buchhändlers.

Ein umfangreiches Angebot an Werbemitteln und Werbeträgern, wie Tragetaschen, Einwickelpapier, Lesezeichen usw. stellt die *Buchhändler-Vereinigung* für den Buchhandel bereit. »Flaggschiff« ihres Werbemittelsortiments ist die Buchwerbezeitschrift *Buch Journal* (s. 2.7).

Gemeinschaftswerbemittel der Buchhändler-Vereinigung

Tragetasche für Bücher

Einwickelpapier für Bücher

2.5 Kundenbedienung und Kundengespräch

Erst allmählich vollzieht sich im Buchhandel ein Bewußtseinswandel: Im Mittelpunkt der Tätigkeit des Buchhändlers steht nicht das Buch oder das gedruckte Wort, sondern der Kunde mit seinen Motiven, Wünschen und Bedürfnissen. Wo immer Buchhändler erfolgreich sind oder waren, haben sie instinktiv richtig gehandelt und sich ganz auf ihre Zielgruppe eingestellt (s. 2.8).

Kundenansprache im Laden

Zum Beruf des Buchhändlers gehört, daß er – intuitiv und/oder verkaufspsychologisch geschult – sich auf den Kunden und seine Wünsche einzustellen vermag. Das beginnt mit der nur firmenpolitisch zu entscheidenden Frage, ob Kunden grundsätzlich angesprochen werden, ob man Kunden grundsätzlich sich in Ruhe umsehen läßt oder ob man die Personen kennzeichnet, die für Auskunft, Information und Beratung bereitstehen.

Verkaufspsychologie

Vom Buch her gesehen bedeutet angewandte Verkaufspsychologie nach dem auf dieses Gebiet spezialisierten Buchhandels-Dozenten *Herbert Paulerberg (*1939),* daß sie die Fähigkeit ist, Bücher zu lesen, sie objektiv beurteilen und dem richtigen Kunden anbieten zu können. Vom Menschen her gesehen ist Verkaufspsychologie nach Paulerberg die Fähigkeit, mit Kunden klug umgehen zu können. Die Kaufmotive des Käufers sind sehr vielgestaltig und teils rational und emotional, teils aus beiden Beweggründen gemischt (s. 2.8).

Literaturbegriff

Aus rationalen Beweggründen sucht der Kunde für sich oder andere *informatorischen* Lesestoff, aus emotionalen Gründen *identifikatorischen* Lesestoff für sich oder andere (s. 1.5). Vom Buchhandel wird verlangt, daß er auf beiden Klavieren spielen kann und beiden Arten von Lesestoff und Print-Medien das gleiche Interesse entgegenbringt. Dem steht die

»schöngeistige« Orientierung vieler Buchhandelsnachwuchskräfte und auch vieler älterer Buchhandelsmitarbeiter gegenüber, die insbesondere der »Literatur-Literatur« einen höheren Wert beimessen als der Sach- und Gebrauchs-Literatur oder gar Nicht-Büchern und deshalb auf bestimmte Käufer herabsehen.

Verkaufsschulung

Im Jahre 1988 wurden zum ersten Mal in größerem Umfang Aktionen zur Verkaufsschulung im Buchhandel gestartet. Initiatoren und Sponsoren zweier getrennter Aktionen waren die *Verlagsgruppe Bertelsmann* und der Ratgeberverlag *Gräfe und Unzer,* die sich dabei der Hilfe erfahrener Betriebsberater des Buchhandels bedienten.

2.6 Dienstleistungen des Buchhandels

Der Buchhandel bietet seiner Kundschaft ein umfangreiches Dienstleistungspaket, das wohl ohne jedes Gegenstück in anderen Branchen ist. Allerdings gelingt es dem Buchhandel nur selten, dem potentiellen Käufer und der Öffentlichkeit ein realistisches Bild seines umfangreichen Service zu vermitteln.

Titelangebot und Verzeichnis lieferbarer Bücher

Im Mittelpunkt der buchhändlerischen Dienstleistung steht ein Titelangebot von rund 500 000 deutschsprachigen Titeln. Diese sind im *Verzeichnis lieferbarer Bücher*, in Übersichtskatalogen der Barsortimente, in Datenbanken und auf CD-Rom erfaßt, deshalb für den Buchhändler jederzeit abfragbar und auf den speziellen Wegen der buchhändlerischen Logistik oft innerhalb kürzester Zeit beschaffbar. Dieses umfangreiche Buchangebot wird durch die Beratung des Buchhändlers und durch ihn beziehbare Informationsmedien erschlossen (s. 5.4). Die grafische Darstellung fächert die sonstigen Dienstleistungen des Buchhandels weiter auf.

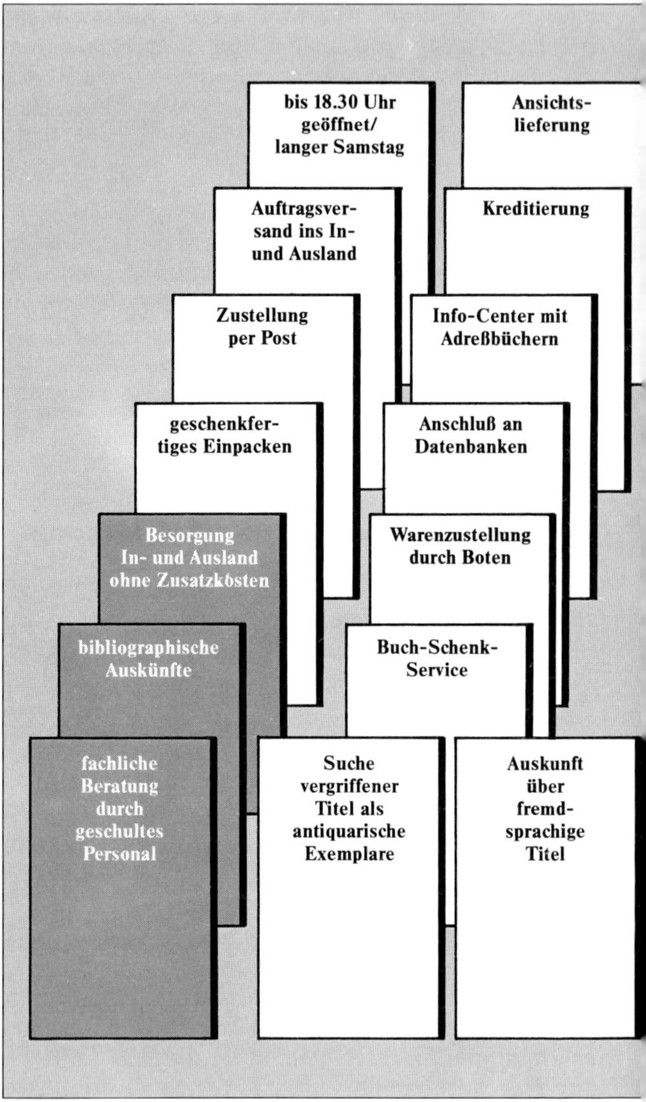

Das umfangreiche Dienstleistungspaket des Buchhandels ist grafischen Darstellung sind die Kerndienstleistungen des gehoben.

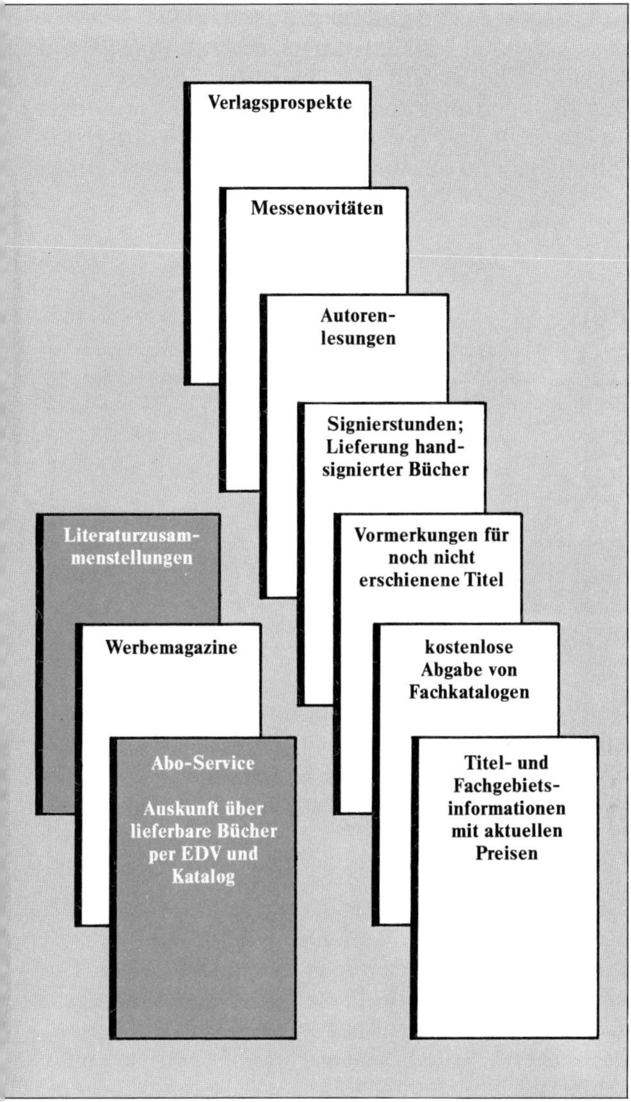

ohl ohne jedes Gegenstück in anderen Branchen. In der uchhandels durch einen untergelegten Rasterton hervor-

BuchSchenk-Service

Rund 2 500 Buchhandlungen, die in einem besonderen Verzeichnis erfaßt sind, nehmen am *BuchSchenk-Service* teil, der auf der Idee des Bücherschecks beruht, die in allen teilnehmenden Buchhandlungen zu erwerben und einzulösen sind. 1987 wurden über 160 000 solcher *BücherSchecks* im Gesamtwert von ca. 4,5 Millionen DM ausgegeben.

Buchexport

Im Prinzip ist jede Buchhandlung in der Bundesrepublik Deutschland in der Lage, ins Ausland zu liefern. Export von Büchern in größerem Ausmaß wird aber nur von einer kleinen Gruppe spezialisierter Fachbuchhandlungen betrieben. Für die Staatshandelsländer des Ostblocks gelten besondere Verfahren.

Der deutsche Buchexport hat im Jahre 1986 rund 2,3 Milliarden DM betragen. Die Zahl umfaßt auch die Lieferungen der Verlage an Buchhändler und Endkäufer im Ausland. In dieser Summe sind Lieferungen von Büchern, Zeitungen und Zeitschriften, Bilderbüchern, Noten- und kartografischen Erzeugnissen erfaßt. So jedenfalls die Amtliche Umsatzsteuerstatistik, an deren Vollständigkeit und Richtigkeit ebenso wie an den Zahlen für Einfuhr die Statistische Abteilung des *Börsenvereins des Deutschen Buchhan-*

dels ihre Zweifel hegt und dies in ihrer alljährlichen Veröffentlichung *Buch und Buchhandel in Zahlen* auch ausdrücklich vermerkt.

Kauf deutscher Bücher im Auslamd

Ausländischen Käufern steht die vom Außenhandelsausschuß des *Börsenvereins des Deutschen Buchhandels e. V.* herausgegebene Schrift *How to Obtain German Books and Periodicals* zur Verfügung. Sie wird von Zeit zu Zeit aktualisiert. Dem ausländischen Kunden stehen beim Bezug von Büchern und Zeitschriften aus der Bundesrepublik Deutschland zwei Wege offen: der Bezug über Importfirmen seines Landes oder der Bezug über Exportfirmen oder Verlage, die in der Bundesrepublik ansässig sind.

2.7 Exklusiv-Leistungen einzelner Buchhandlungen

Bücher sind nicht nur in allen Buchhandlungen, sondern auch auf sonstigen Vertriebswegen überall zum gleichen Preis zu haben. Das ist ein bedeutender Vorteil für den Kunden, aber auch ein Nachteil für die einzelne Buchhandlung. Sie kann sich weder über den Preis noch über die Exklusivität bestimmter Angebote bei ihren Kunden profilieren. Mit der Betreuung von Buchclub-Abonnenten, mit der Lieferung von Büchern außerhalb der Preisbindung und mit der Veranstaltung eigener (zum Teil Exklusiv-) Auflagen versuchen eine Reihe von Buchhandlungen, dem abzuhelfen.

Buchgemeinschaften mit dem Buchhandel

Die auf Ideen aus dem 18. und 19. Jahrhundert – Lesegesellschaften und Arbeiterbildungsvereine – zurückgehenden Buchgemeinschaften wurden insbesondere in den 20er Jahren aktiv und wurden damals vom Buchhandel als erhebliche Konkurrenz empfunden. So war es tatsächlich die seitdem oftmals gepriesene »Königsidee« des Hauses *Bertelsmann* bei der Gründung des *Bertelsmann-Leserings* am 1. Juli 1950, den gesamten Buchhandel zur Teilnahme an der Mitgliederwerbung und -betreuung aufzurufen und konsequent auf diesem zweistufigen Weg zum Leser zu arbeiten (s. BuB 3.6).

Die Chance wurde damals weitgehend vom Reise- und Versandbuchhandel genutzt, der vor allem durch freie Handelsvertreter große Abonnentenstämme für die Mitgliedschaft gewann. Eine Reihe stationärer Buchhändler engagierten sich ebenfalls für die neue Buchgemeinschaft. Die aktivsten unter ihnen betreiben noch heute auf Franchising-Basis (s. 1.4) Partnerschafts-Club-Center, in denen sie das Angebot der zum *Bertelsmann*-Konzern gehörenden Buchgemeinschaften *Bertelsmann-Lesering, Europäische Bildungsgemeinschaft* und *Deutsche Buchgemeinschaft* komplett führen. So binden sie Clubmitglieder an ihre Buchhandlung. Mit nur 70 solcher Partnerschafts-Club-Center - von rund 4500 Buchhandlungen - haben anscheinend sowohl das Haus *Bertelsmann* wie der Sortimentsbuchhandel eine Chance vertan.

Auch die gewerkschaftseigene *Büchergilde Gutenberg* arbeitet mit einigen Buchhändlern in einem Partnerschaftssystem zusammen.

Das nach *Bertelsmann* zweitgrößte Buchgemeinschaftsunternehmen - der *Deutsche Bücherbund* in *Stuttgart* - arbeitet ausschließlich einstufig und erreicht seine Mitglieder auf dem Katalogweg, aber auch durch 105 clubeigene Filialen und Bücherstuben. Der Bucheinzelhandel ist am Vertrieb dieser Buchgemeinschaft nicht beteiligt.

Modernes Antiquariat

Mit *Modernem Antiquariat* bezeichnet man den Handel mit Titeln, deren Ladenpreis aufgehoben worden ist. Manchmal werden darunter auch preiswerte Großauflagen verstanden, die von Lieferanten des Modernen Antiquariats verlegt werden und nicht der Preisbindung unterliegen. Modernes Antiquariat stellt für den Bucheinzelhandel eine interessante

Möglichkeit spezieller und exklusiver Angebote an seine Kunden dar. Diese Angebotsmöglichkeit wird sowohl von Laden- wie Versandbuchhändlern genutzt. Einen Wettbewerbsvorsprung haben große Systeme wie Kaufhaus-Konzerne, Filialgruppen und Buchhandelsketten, die Restauflagen aufkaufen und exklusiv anbieten können (s. 1.4).

Bunchhändler als Verleger

Eine Reihe von Buchhändlern nutzt die Gelegenheit zur Profilierung, indem sie sich (zumeist als Regional-) Verleger betätigen und z. B. lokal interessante Reprints (Nachdrucke älterer Werke) oder eigenständige Veröffentlichungen zur Ortsgeschichte oder sonstigen Themen herausbringen. Manchmal ist eine solche der werblichen Profilierung dienende Liebhaber-Verlegerei eines Buchhändlers mit dem Betrieb einer eigenen Druckpresse verbunden, so daß die alte Einheit Drucker-Verleger-Buchhändler (s. 1.3) auf nahezu spielerische Weise wiederhergestellt ist.

Dies kann zu einer besonderen Profilierung der Firma beitragen, wobei aufgrund der regionalen Ausrichtung diese Produkte in der Regel nur eine begrenzte Zielgruppe angesprochen wird.

2.8 Marketing im Buchhandel

Jahrelang hat der Buchhandel in der Furcht gelebt, die neuen elektronischen Medien könnten ihm sowohl im Unterhaltungs- wie im Informationsbereich die Kunden und damit den Markt wegnehmen. Mit Verblüffung beobachtet die Branche, daß es auf dem Markt keinen Stillstand gibt. Die Großen expandieren immer mehr. Warenhauskonzerne fassen im angestammten Buchmarkt Fuß und errichten große Verkaufseinheiten (s. 3.6). Handelsgiganten wie zum Beispiel die *Aldi*-Kette vertreiben billige Massenauflagen innerhalb kürzester Frist.

»Das Gutenberg-Medium, dem im Zuge der Popularisierung der Neuen Medien ein rascher Tod vorausgesagt wurde, behauptet sich nicht nur in den angestammten Vertriebskanälen, es entfaltet sogar Kraft, neuen Fuß zu fassen . . . Vor diesem Hintergrund läßt sich fast von einem »goldenen Zeitalter für Bücher« sprechen.« So die Branchenfachzeitschrift *Buchreport* in ihrer Ausgabe Nr. 35 vom 27. August 1987. Dieselbe Fachzeitschrift hatte ein gutes Jahr vorher am 3. Juli 1986 in einer Gesprächsrunde ein »mulmiges Gefühl zwischen Kaufhaus und Kette« bei den am Gespräch beteiligten Buchhändlern ausgemacht.

Zukunfts-strategien

Zur aktuellen Situation hat der Hannoveraner Buchhandels-Betriebsberater *Johannes Immken (*1935)* konstatiert, daß der Sortimentsbuchhandel noch zu wenig über seinen Tellerrand blicke. *Immken* empfiehlt als Konzept für den mittelständischen Buchhandel die Filialisierung.

In der Tat stellt sich die Frage, mit welchen Strategien der Buchhandel in die Zukunft gehen kann. Er muß damit rechnen, daß der Strukturwandel anhält. Wie im gesamten Einzelhandel werden sich Großbetriebsformen und Fachmärkte zu Lasten des traditionellen mittelständischen Facheinzelhandels überdurchschnittlich gut weiterentwickeln. Der Facheinzelhandel – ob er sich nun mit Ladengeschäften oder auf dem Versandwege betätigt – gerät in zunehmende Bedrängnis, wenn es ihm nicht gelingt, eigene Konzepte zu entwickeln. Das zentrale Problem des Buchhandels ist, daß Bücher für neue Kunden attraktiv und für die bisherigen noch attraktiver werden müssen, und zwar vor dem Hintergrund von Sättigungsgrenzen bei aktiven Buchkäufern, einer sinkenden Wertschätzung des Buches und sich immer mehr differenzierender Käuferbedürfnisse, die zu hohen Kundenansprüchen führen. Daraus ergeben sich für den Buchhandel drei einfache Marketing-Konsequenzen:

- Neue Kunden finden
- Den bisherigen Kunden mehr verkaufen
- Besser sein als die Konkurrenz

Praktisch ausgedrückt kann sich die Marketingstrategie einer Buchhandlung in fünf verschiedenen Konzepten entwickeln:

- Flächenexpansion
- Filialisierung
- Franchising
- Kooperation Verlag/Sortiment
- Segmentierung/Spezialisierung

Flächen-expansion

Das erste Marketingkonzept ist *Flächenexpansion.* Mit Erfolg haben eine Reihe von Mittelstands-Buchhändlern ihre Verkaufsflächen so vergrößert, daß der Standort für einen Konkurrenten unattraktiv geworden ist und sie die Marktführerschaft behaupten können.

Andererseits haben Orte wie *Kiel* bewiesen, daß die Flächenexpansion eines an den Ort zugezogenen Händlers aus *Lübeck,* der eine Großbuchhandlung erfolgreich etabliert hat, den *Hertie*-Konzern nicht daran hindert, nahezu in Sichtweite eine zweite Großbuchhandlung zu gründen.

Filialisierung

Das zweite Marketingkonzept heißt *Filialisierung.* Mittelständische Buchhandlungen können die Kaufkraft in den Vororten und Wohngebieten halten, die von Großbuchhandlungen in die Innenstädte gezogen wird, wenn es ihnen gelingt, leistungsfähige und für den Kunden günstig zu erreichende Filialen zu betreiben.

Franchising

Das dritte Marketingkonzept heißt *Franchising.* Im Buchhandel gibt es außer den erwähnten 70 Partner-Club-Centern der *Bertelsmann-Buchgemeinschaften* bisher nur einige wenige zaghafte Pilotprojekte, die noch nicht ausgereift sind. Hier steht dem Buchhandel noch ein Potential offen (s. 1.4).

Kooperation Verlag/Sortiment

Ein viertes Marketingkonzept ist eine enge *Kooperation zwischen Sortiment und Verlag.* Stichwörter sind: Gemeinsame Direct-mail-Aktionen, gemeinsame örtliche Werbeaktionen, gemeinsame Veranstaltungen, gemeinsame branchen- und berufsgruppenbezogene überregionale Werbeaktionen, gemeinsame Exportbemühungen und schließlich die Beteiligung von Verlagen oder Verlagsgruppen an einzelnen Buchhandlungen oder Filialsystemen. Vermutlich werden sich finanzkräftige Verlage in allernächster Zeit an mittelständischen Buchhandlungen beteiligen, um ein Gegengewicht zu den Großsystemen oder Handelsriesen zu schaffen.

Segmentieren nach Lebensstilen

Das fünfte Marketingkonzept ist das *Segmentieren nach Lebensstilen* oder *speziellen Informations- und Lesebedürfnissen.* Hier hat die alternative Buchszene Pionierdienste geleistet. Zum Typ der Lebensstil-Buchhandlung gehören Gesundheits- und Bio-Läden mit Buchabteilungen, New-Age-Buchhandlungen, Spezialisten für Abenteuer-Reisen und die zahlreichen Frauen-Buchläden. Dem Buchhandel eröffnen sich neue Chancen, wenn er sich mehr nach Lebensstilen segmentieren und damit der Segmentierung der Gesellschaft folgen würde.

Bildungsbürgerliche Prägung des Buchhandels

Der Buchhandel ist mit dem erstarkenden mittelständisch geprägten Bürgertum, beginnend im ausgehenden 18. Jahrhundert, großgeworden. Er hat traditionellerweise vornehmlich bildungsbürgerlich geprägte gesellschaftliche Schichten erreicht: Akademiker, Lehrer, Pastoren, Beamte und mittlere bis gehobene Angestellte.

Buchhandel und Arbeiterschaft

Dagegen ist dem Buchhandel die Arbeiterschaft – trotz der Bildungsbemühungen dieser Gesellschaftsschicht vom 19. bis ins 20. Jahrhundert hinein – weitgehend fremd geblieben. Es ist das Verdienst der Buchgemeinschaften, in der Zeit nach dem Zweiten Weltkrieg Facharbeitern und dem leseungewohnten Kleinbürgertum den Buchbesitz und die Büchernutzung erschlossen zu haben. Auch das Taschenbuch, das preiswert und überall erhältlich ist, leistete entsprechende Pionierdienste.

Identität des Buchhändlers mit seiner Zielgruppe

Der Erfolg des Buchhandels vor allem im 19. Jahrhundert beruht nicht allein auf der Technisierung der Buchproduktion. Motor der Expansion der Buchbranche war die Identität des Buchhändlers als Unternehmer und sozialer Person mit seiner mittelständisch geprägten Zielgruppe. Im Grunde versammelte ein Buchhändler diejenigen Bücher um sich, die er selbst gern las oder lesen wollte. Ähnlich verlegte der bildungsbürgerlich geprägte Verleger die Bücher, die ihm im Regal fehlten und seinen persönlichen Wertvorstellungen entsprachen.

Aktuelle Marketingüberlegungen

Viele unprofilierte Buchhandlungen sind heute gekennzeichnet durch Hilflosigkeit im Marketing und den Versuch, mit den Marktschwierigkeiten durch den patriarchischen Führungsstil ihrer Inhaber fertig zu werden. Beides geht auf die gleiche Wurzel zurück: die homogene, bildungsbürgerlich geprägte Zielgruppe, die jahrzehntelang die Hauptkundschaft des Buchhandels stellte, existiert in dieser Form nicht mehr.

Heutige Käufer sind ihrem Verhalten oder ihrer Kleidung nach kaum noch eindeutig identifizierbar. Sie sind sparsam bei Käufen banaler Produkte sowie Zusatzkäufen und großzügig bei Käufen mit »high touch«, also mit hoher »Erlebnisdimension«.

Der Buchhändler muß dem Lebensstil der Käufer folgen, wenn er ihnen gerecht werden will. Eine interessante Marketinghilfe kann ihm dabei das Lebensmilieu-Modell des *Sinus-Instituts, Heidelberg,* liefern, das die acht sozialen Milieus der Bundesrepublik beschreibt (s. 1.5.).

Buchfachmärkte

Die Großeinheiten der Handelsriesen setzen auf volle Marktabdeckung durch Buchfachmärkte. Sie unterziehen sich nicht der Mühe, nach Zielgruppen zu selektieren. Ihr Rezept besteht darin, attraktive Großflächenbuchhandlungen in den Passantenströmen der Innenstäadte so zu plazieren, daß von der Verkaufseinheit sowohl habituelle Buch-Vielkäufer wie Gelegenheits- und Wenig-Käufer angezogen werden sollen.

Möglichkeiten der Zielgruppenansprachen

Schon aus Kapitalgründen hat ein großer Teil des Buchhandels nicht die Möglichkeit, eine solche Strategie nachzuvollziehen. Für eine eigene Zielgruppenansprache eröffnen sich ihm die folgenden Wege:

- Die Konzentration auf ein spezielles Sortiment für eine spezielle Zielgruppe
- Die Konzentration auf ein spezielles Sortiment für viele Zielgruppen
- Die Konzentration auf verschiedene Sortimente für eine spezielle Zielgruppe
- und schließlich die bisher weitgehend gehandhabte selektive Spezialisierung, also das Nebeneinanderstellen verschiedener Sortimente für verschiedene Zielgruppen, wie es sich aus Tradition, Lage der Buchhandlung oder Kundennachfrage ergibt. Die Abbildung auf Seite 131 zeigt deutlich, daß es sich dabei um den unprofiliertesten Buchhandelstyp handelt.

Sortimentsgliederung nach Kaufmotiven

Möglich ist auch eine Sortimentsgliederung nach Kaufmotiven, die als eine erweiterte Zielgruppen-Spezialisierung anzusprechen ist. Der auf den Buchhandel spezialisierte Marketingberater Arnd Roszinsky-Terjung hat eine Gliederung nach sechs zentralen Kaufmotiven entwickelt:

- persönliche Weiterentwicklung anstreben
- ein Problem lösen
- sich unterhalten

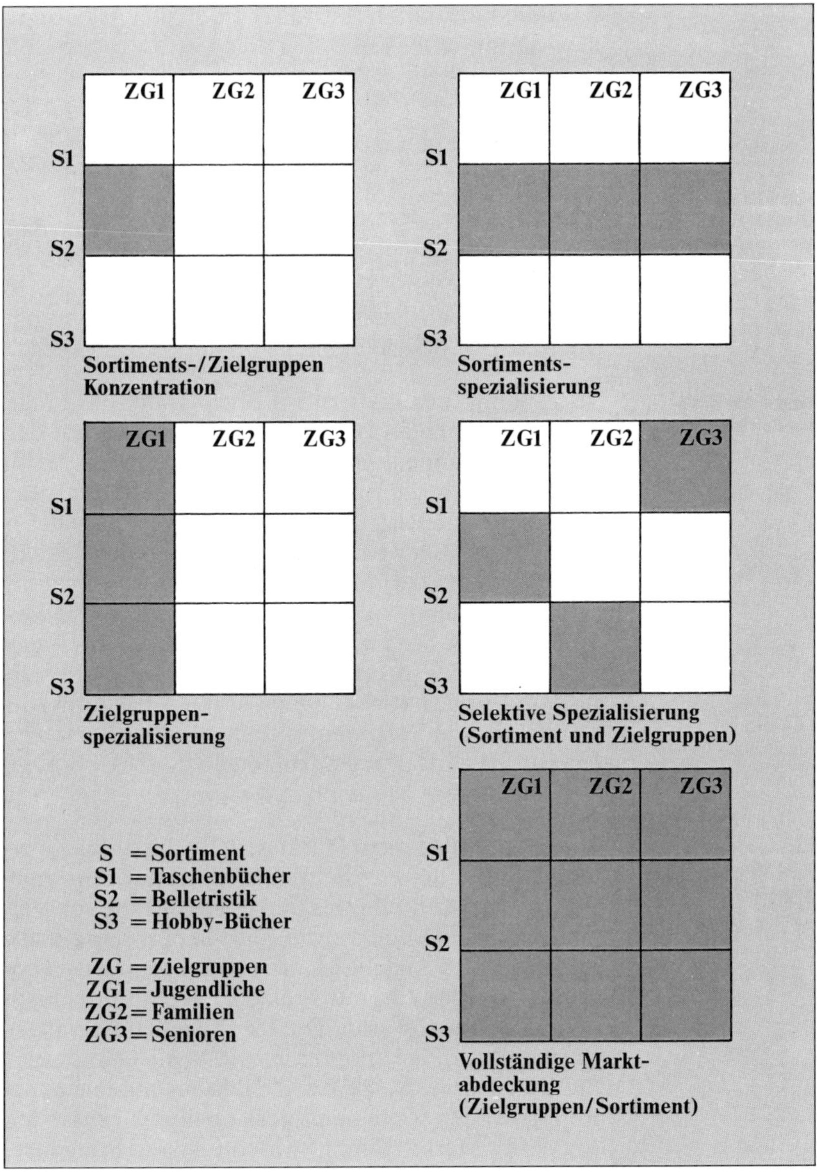

Fünf mögliche Zielgruppenstrategien des Buchhandels

- an der kulturellen (technischen, sozialen) Fortentwicklung teilhaben
- Prestige erwerben
- ein Geschenk machen, das Ansehen bringt

Profilierung als Überlebens-strategie

Wer im Buchhandel auch zukünftig unprofiliertes Marketing betreibt, wird damit rechnen müssen, daß die Verhältnisse für ihn immer schwieriger werden, während die profilierten Zielgruppen- und Sortimentsstrategien auch kleineren Buchhandlungen Überlebensmöglichkeiten eröffnen.

Neue Medien im Buchhandel

Noch völlig ungeklärt ist im Buchhandel die Frage nach dem Platz der Neuen Medien im Angebot des Bucheinzelhandels. Immer mehr wird der Buchhandel von der Produktorientierung zur Zielgruppenbedürfnisorientierung übergehen. Je mehr er statt in Produkt- in Bedürfnislücken von Kunden denkt, desto klarer wird ihm werden, daß das Grundbedürfnis des Kunden zum Beispiel nicht Lesen eines Romanes, sondern Unterhaltung, und nicht Nachschlagen, sondern Information ist. Damit wird sich das Denken des Buchhandels für die Aufnahme von Medien in sein Sortiment öffnen, die das Buch- und Zeitschriftenangebot sinnvoll ergänzt: der Übergang vom Buch- zum Medienhandel.

Kauferlebnisse und Versor-gungskäufe

Weitere wichtige, vom Markt dem Buchhandel abverlangte Marketingentscheidungen betreffen ein Angebotsmix von Kauferlebnis und der Erfüllung von Versorgungsansprüchen sowie die bedürfnisgerechte Sortierung des Angebotes nach Warengruppen, eventuell in Verbindung mit Freizeitartikeln und sonstigen buchfernen Waren. Die im Einzelhandel längst übliche Regalflächenoptimierung – die gängigsten Titel an die beste Stelle – wird ebenso zum Marketingprinzip werden wie eine professionelle Selbstdarstellung im Markt durch Anschluß an Franchise-Systeme oder Übernahme von Marketingaktionen.

Literatur Kapitel 2

Adreßbuch für den deutschsprachigen Buchhandel.
Frankfurt: Buchhändler-Vereinigung. Bd. 1: Verlag; Bd. 2: Buchhandlungen; Bd. 3: Organisationen. Erscheint jährlich

Anschriften deutscher Verlage und ausländischer Verlage mit deutschen Auslieferungen.
Köln: Verlag d. Schillerbuchhandlung Banger 1988/89. Erscheint jährlich

Bauer, Leonhard:
Moderne Schauwerbung für den Buchhandel. Hrsg. v. Verband d. Verlage u. Buchhandlungen in Baden-Württemberg. 1. Aufl. Stuttgart: Verband d. Verlage und Buchhandlungen in Baden-Württemberg 1974–1975.
Sammelmappe I, Sammelmappe II

Betriebsberater
Hrsg. v. Sortimenter-Ausschuß des Börsenvereins des Deutschen Buchhandels. Frankfurt: Börsenverein 1987.

Bork, Ernst Wilhelm:
PR im Buchhandel. Öffentlichkeitsarbeit im Sortiment und Verlag von A–Z. München: Lexika-Verlag 1979.

Buchhändlerische Werbemittel und Fachkataloge.
Hrsg. v. Sortimenter-Ausschuß d. Börsenvereins d. Deutschen Buchhandels. Frankfurt: Börsenverein 1987. Erscheint jährlich

Burgmann, Dorothee:
Werben im Schaufenster. ABC d. buchhändlerischen Schaufensterdekoration - Musterhefte - Gestaltungsideen - Planungshilfen. Hardebek: Eulenhof-Verlag 1982.

Delp, Ludwig:
Erstverkaufstag - nur eine Farce? Mitteilungen Verband Bayerischer Verlage und Buchhandlungen e.V. 12.8.1986. München: Verband Bayerischer Verlage und Buchhandlungen e.V. 1986.

Hinze, Franz:
Kauf und Verkauf einer Sortimentsbuchhandlung. Hrsg. v. Sortimenter-Ausschuß des Börsenvereins Frankfurt: Buchhändler-Vereinigung 1988.

How to obtain German books and periodicals.
Hrsg. v. Börsenverein d. Deutschen Buchhandels. Frankfurt: Börsenverein 1982.

Jessen, Peter:
Verkaufspsychologie für Buchhändler. Düsseldorf: Verlag Buchhändler heute 1977.

Koschnick, Wolfgang J.:
Standard-Lexikon für Marketing, Marktkommunikation, Markt- und Mediaforschung. München: Saur 1987.

Krause, J./Kleine, H./Müller, H.:
Sortimentskunde für Buchhändler. 2. Aufl. Düsseldorf: Buchhändler heute 1983.

Paulerberg, Herbert:
Bücher verkaufen - Kunden gewinnen. Arbeitsheft. 1. Aufl. München: Lexika 1977.
(2 Kompakt-Kassetten C 60)

Paulerberg, Herbert:
Buch-Schaufenster selbst gemacht. Hrsg. v. Börsenverein d. Deutschen Buchhandels, Sortimenter-Ausschuß. Frankfurt: Börsenverein 1983.

Paulerberg, Herbert:
Marketing und Werbung der Sortimentsbuchhandlung. München: Saur 1986.

Planungstaschenbuch für den Sortimentsbuchhandel 88/89.
Hrsg. v. BUCHMARKT. Düsseldorf: BUCHMARKT. Erscheint jährlich

Rationalisierung & Organisation im Buchhandel 1987.
Hrsg. v. Sortimenter-Ausschuß des Börsenvereins des Deutschen Buchhandels. Frankfurt: Börsenverein 1987.

Röhm, Ulrich:
Marketing im Sortimentsbuchhandel in Zeiten neuer Herausforderungen. Frankfurt: Buchhändler-Vereinigung 1986. (Archiv f. Soziologie und Wirtschaftsfragen d. Buchhandels; 61)

Sassendorfer Sortimentertage 1987.
Hrsg. v. Verlagsgruppe Bertelsmann (Red. Theodor Siepert). München: Bertelsmann 1987.

Vereinfachte Remission von Defektexemplaren.
Liste der Verlage, die sich an der vereinfachten Remission beteiligen. Hrsg. v. Betriebswirtschaftl. Ausschuß des Börsenvereins des Deutschen Buchhandels.
Frankfurt: Börsenverein 1986.

3 »Ein Netz geistiger Tankstellen« Der Weg des Buches zum Leser

»Um unseren Buchhandel, auch um die Schnelligkeit, mit der bei uns Bücher beschafft werden können, werden wir von vielen Ausländern beneidet. Dieses gut verzweigte Netz geistiger Tankstellen – wenn ich mich so salopp ausdrücken darf – wollen wir uns erhalten – sonst stiege die Gefahr eines neuen Analphabetismus.«

Helmut Schmidt (1918)*

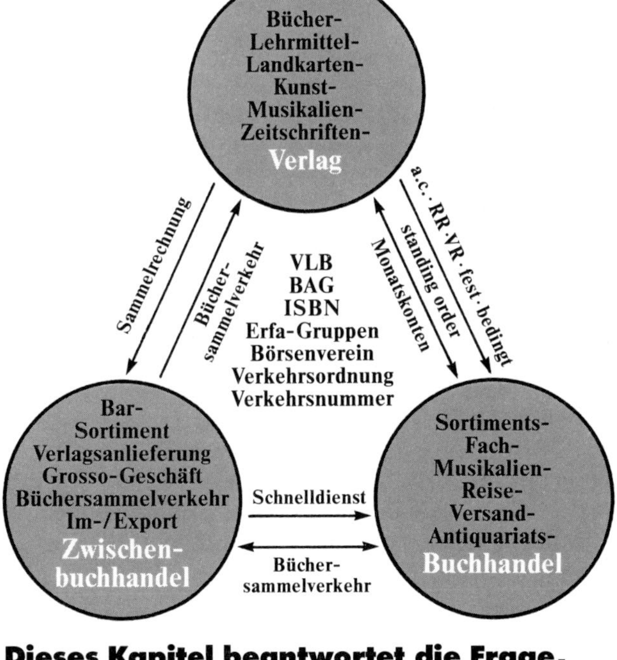

Dieses Kapitel beantwortet die Frage, wie die Versorgung mit Büchern und anderen Printmedien funktioniert.

3.0 Wie funktioniert die Versorgung mit Büchern und anderen Printmedien? Der Buchhandel und seine Organisationen

- Ein feinnerviges logistisches System verbindet Tausende von Firmen des herstellenden und des verbreitenden Buchhandels.
- Verlagsauslieferungen, die Dienstleistungen für Verlage anbieten, und Barsortimente sowie Grossisten, die als Dienstleister für das Sortiment tätig werden, besorgen auf der Grundlage einer modernen Bestellelektronik die Warenabwicklung zwischen den Partnern. Wegen der Unterschiede im Konditionenbereich konkurrieren in diesem System Verlage und Barsortimente um das Bestellaufkommen der Buchhandlungen.
- Wirtschaftliche Gründe erfordern seitens des Buchhändlers individuelle Entscheidungen über die Wahl des Lieferanten, des Bestellwegs sowie über Bezugsformen, -bedingungen und -wege.
- Die Warenbeschaffung im Sortimentsbuchhandel unterliegt überwiegend den saisonalen Rhythmen der Frühjahrs- und Herbstproduktion der Verlage. Anhand von Programmvorschauen, Vertreterbesuchen und Anzeigen in der Branchenpresse kann sich der Buchhändler über die Produktionen informieren und sein Bestellverhalten darauf ausrichten.
- Verlage informieren parallel den Markt durch breitstreuende und zielgruppenorientierte Werbung, Aktionen, Rezensionen in den Medien usw., um das Kaufinteresse des Lesers zu wecken.

3.1 Buchhändlerische Logistik

Der aus der Militärsprache kommende Begriff Logistik hat sich in den letzten Jahren immer mehr für den gesamten Bereich des Bestell- und Lieferwesens auch in der Buchbranche eingebürgert. Wer von der buchhändlerischen Logistik spricht, meint das enggeknüpfte Netz, das viele Tausende von Marktteilnehmern miteinander verbindet: den herstellenden Buchhandel, den Zwischenbuchhandel und alle Zweige des verbreitenden Buchhandels.

Leipziger Platz

Daß sich in der *Bundesrepublik Deutschland,* in *Österreich* und der *Schweiz* nach dem Zweiten Weltkrieg das Buchwesen im Rahmen der freien Marktwirtschaft ebenso expansiv entwickeln konnte wie die meisten Wirtschaftszweige, ist nicht zuletzt dem Aufbau einer neuen buchhändlerischen Logistik zu verdanken. Dieses dezentral organisierte Netz ist an die Stelle des zentralen *Leipziger Platzes* getreten, der von der zweiten Hälfte des 18. Jahrhunderts an bis zum Kriegsende 1945 den Mittelpunkt allen buchhändlerischen Geschehens darstellte.

Die Bedeutung des Buchhandelsplatzes Leipzig

Die *Leipziger Buchstadt* war dadurch gekennzeichnet, daß alle wichtigen Buchhandlungen und Verlage an diesem zentralen Platz durch einen Kommissionär vertreten waren, der ihre Geschäfte besorgte und den buchhändlerischen Verkehr der Partner untereinander sicherstellte. Auch war *Leipzig* – neben *Stuttgart* – der Sitz zentraler Barsortimente (s. 3.2) und verfügte über eine zentrale *Bestellanstalt* und eine zentrale *Paketaustauschstelle.* Die in *Leipzig* ansässigen Firmen und die Kommissionäre waren untereinander durch ein nach einem strengen Terminplan geregeltes Bestell-, Informations-, Liefer- und Abrechnungssystem verbunden. *Leipzig* war ferner ein bedeutender Verlags- und Druckort und ist dies bis heute geblieben.

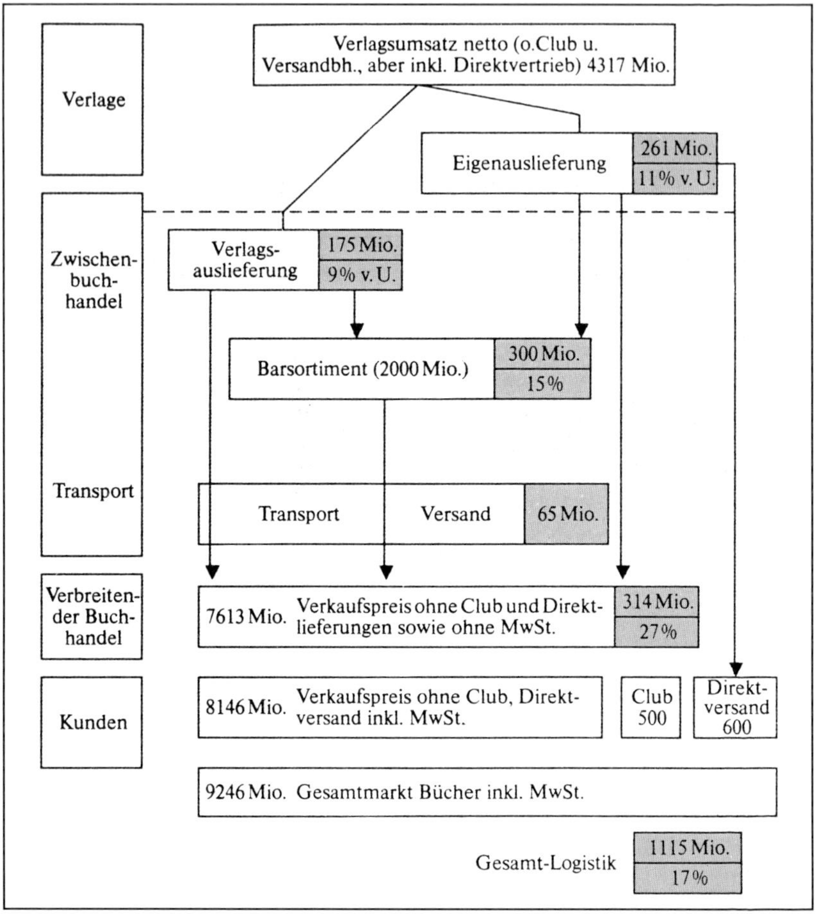

Nach einer Analyse an einem großen Konzern wendet die Buchbranche 17% des Umsatzes im Gesamtmarkt Bücher und Fachzeitschriften (insgesamt mehr als 1 Mrd. DM) für die Branchenlogistik auf. Die Grafik macht deutlich, wie sich die Logistikkosten verteilen: 261 Mill. DM geben die Verlage für verlagseigene Auslieferungen aus. 175 Mill. DM zahlen sie an Verlagsauslieferungen als Dienstleister. 300 Mill. DM verbleiben als Rabattspanne beim Barsortiment. Transport und Versand von den Auslieferungen und Barsortimenten zum Handel kosten 65 Mill. DM. 314 Mill. DM entfallen im verbreitenden Buchhandel auf Bestellwesen inklusive Bibliografien, Eingangskontrolle und Auspacken sowie Remittendenbearbeitung. Die Analyse ist in der Branche umstritten, z. B. ist der Anteil des Barsortiments offensichtlich viel zu hoch angesetzt.

Leipziger Buchhändlerhaus

Dezentrale Organisation

Ein zentraler Platz wie Leipzig konnte sich nach dem Ende des Zweiten Weltkriegs in der *Bundesrepublik* nicht entwickeln. Die Branche nutzte alle neu entstehenden Möglichkeiten moderner Technik, um ihren Verkehr untereinander dezentral zu organisieren.

3.2 Zwischenbuchhandel und Bestellelektronik

Zum Zwischenbuchhandel zählen einerseits Verlagsauslieferungen als Dienstleister für Verlage und andererseits Barsortimente und Grossobuchhandlungen als Dienstleister für Buchhandlungen. Weitere zentrale Einrichtungen sind *Bücherwagendienste,* die *Ver-*

leger-Inkasso-Stelle, die *Kreditliste,* das *Verkehrsnummern-System* und das *Verzeichnis lieferbarer Bücher* sowie als zentrale Clearingstelle die *BAG Buchhändler-Abrechnungs-Gesellschaft mbH.* Auf dem Zusammenspiel dieser Institutionen beruht die Effizienz der buchhändlerischen Logistik.

Verlagsauslieferungen

Verlagsauslieferungen erzielen als Dienstleister für Verlage erhebliche Rationalisierungseffekte, indem sie eine Vielzahl gleichartiger und gleichgerichteter Vorgänge zusammenfassen. Auf die Auslieferung von Verlagen spezialisierte Unternehmen gibt es sowohl im Buch- wie im Zeitschriftenbereich.

Als größte Verlagsauslieferung für Buchverlage betreut die *VVA Bertelsmann-Distribution, Gütersloh,* über 280 Verlage. Die Firma betreibt als weitere Geschäftsbereiche Auslieferungen im Video- und Tonträgerbereich und für Industriekunden.

Ihr folgt als nächstgrößere Verlagsauslieferung die Verlagsauslieferung *Koch, Neff & Oetinger & Co., Stuttgart,* mit Auslieferungen für 80 Verlage.

Verlagsauslieferungen im Zeitschriftenbereich werden auch als »national distributors« bezeichnet und haben als Hauptabnehmer das Presse-Grosso.

Presse-Grosso

Presse-Grossisten sind Großhandels-Unternehmen, die Presseerzeugnisse von Verlagen, Nationalvertrieben oder Importeuren einkaufen und an den Einzelhandel in ihrem Vertriebsgebiet weiterverkaufen.

Der Großhandel kauft und verkauft Zeitungen und Zeitschriften grundsätzlich mit vollem Rückgaberecht. Die typische Großhandelsfirma versorgt den Einzelhandel in einem von den Verlagen festgelegten Vertriebsgebiet mit allen Presseerzeugnissen als Alleinauslieferer. Abweichungen von dieser Norm gibt es an vier Plätzen im Bundesgebiet sowie in Berlin. Dort beliefern jeweils zwei Presse-Grossisten mit getrennten Sortimenten den Einzelhandel (s. 1.4).

Wichtigste Funktion des Presse-Grossos ist die Lösung des logistischen Problems, die richtige Warenmenge zum richtigen Zeitpunkt an den richtigen Ort zu bringen. Dazu gehören: Zusammenstellung von Sortimenten für den Einzelhandel nach den Markterfordernissen, Lagerhaltung und Nachlieferung, Markterkundung, Markterschließung, Einzelhandelsberatung sowie die rechtzeitige Auslieferung.

Das Presse-Grosso ist nahezu vollständig im *Verband Presse-Grosso, Verband Deutscher Buch,-Zeitungs- und Zeitschriften-Grossisten e. V.* organisiert.

Barsortimente

Einen bedeutenden Zweig des Zwischenbuchhandels stellen die Barsortimente dar. Sie kaufen bei den Verlagen Bücher und verkaufen sie an den Buchhandel auf eigene Rechnung. Für den Buchhandel ergeben sich durch den Bezug insbesondere von Einzeltiteln vieler Verlage aus einer Hand nicht zu unterschätzende Rationalisierungsvorteile. Die großen Barsortimente führen über 130 000 verschiedene Titel ständig am Lager und erschließen die Bestände durch eigene Katalogwerke und Datenbanken (s. 2.3 und BuB 3.4).

Die Barsortimente sind von jeher Schrittmacher des technischen Fortschritts im Buchhandel gewesen. Nicht zuletzt hat die Konkurrenz unter den großen Gruppen *Koch, Neff & Oetinger/Koehler & Volckmar, Stuttgart* und *Köln* und *Georg Lingenbrink, Hamburg* und *Frankfurt* dazu beigetragen. Durch den Zukauf des Grossohauses *Wegner* in *Hamburg* im Jahr 1987 ist die Stuttgart-Kölner-Gruppe im norddeutschen Raum vertreten. Als buchhändlerische Nachschlagewerke haben sich die von den Barsortimenten herausgegebenen Lager-Kataloge fest etabliert (s. 5.4).

Bestellanstalten KNO-K&V

Mit den Bestellanstalten der Firmen *KNO-K&V* kann der Buchhändler entweder auf dem Weg durch Einweg-Bestellterminals oder durch Bildschirm-Dialog im Online-System *BIS* kommunizieren. Mit letzterem hat er Zugriff zur Barsortiments-Datenbank, der Datenbank der *KNO*-Verlagsauslieferung und dem elektronisch erfaßten *Verzeichnis lieferbarer Bücher (VLB)*. Er kann damit auch ein eigenes Warenwirtschaftssystem aufbauen.

Sowohl über die Einweg-Bestellterminals sowie über den Bildschirm-Dialog kann der Buchhändler Bestellungen direkt an die Verlage richten, die von den KNO-K&V Bestellanstalten nach dorthin per DFÜ oder per Post weitergeleitet werden.

Die von *KNO-K&V* gelieferte Software läuft auf EDV-Hardware fast aller gebräuchlicher Systeme.

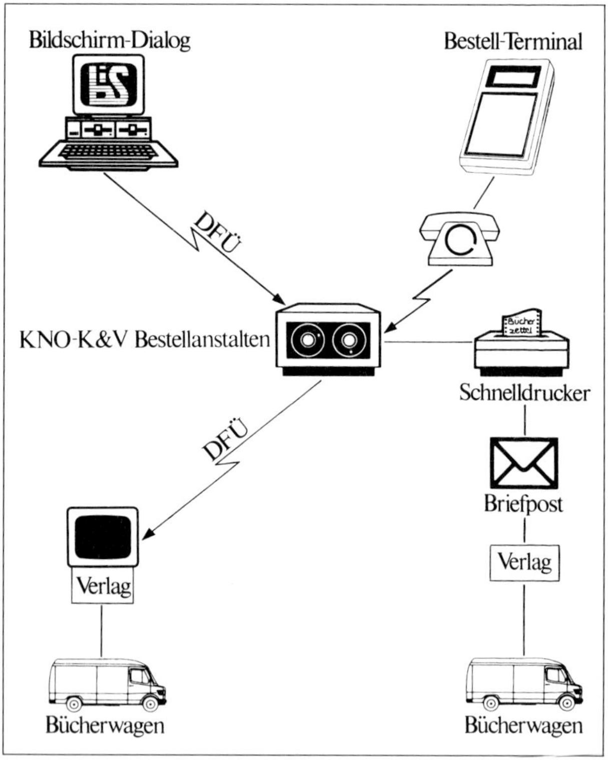

KNO-K&V Bestellanstalten

Bestellanstalt LIBRI

Die Firma *Lingenbrink* bietet ihren Kunden das Einweg-Bestellterminal *TBA* sowie die Online-Verbindung *Dialog TBA* an.

Auf beiden Wegen kann der Buchhändler nicht nur bei den *Lingenbrink*-Barsortimenten in *Hamburg* und *Frankfurt am Main* bestellen, sondern Bestellungen auch direkt an Verlage richten.

Das *Dialog TBA-System* bietet nicht nur ein Hauptmenü (s. Abbildung), sondern außerdem folgende *Libri-Datex-inhouse-Programme:*

- Kundenstammverwaltung
- Lieferantenstammverwaltung
- Aboverwaltung
- Fakturierung
- Buchhaltung
- Statistik
- Textverarbeitung
- Werbung

Elektronisches Bestellen

Eine elektronische Verbindung besteht von den Bestellanstalten der Firmengruppen *KNO-K&V* und *LIBRI* zu den großen Verlagsauslieferungen sowie zu größeren Verlagen, die selbst ausliefern. Bestellungen für Verlage, die dem elektronischen System nicht angeschlossen sind, werden von den Bestellanstalten ausgedruckt und auf dem Postwege weitergeleitet.

Die vom Buchhandel noch nicht voll genutzten elektronischen Bestellmöglichkeiten beschleunigen den Bestellvorgang erheblich.

Titeldatenbanken

Die Datenbanken der großen Häuser *KNO-K&V, Lingenbrink* und *Wegner* haben den gesamten Text des *Verzeichnisses lieferbarer Bücher* gespeichert, so daß der Online-verbundene Buchhändler direkte Informationsmöglichkeiten über 450 000 Titel am Bildschirm hat.

Eine schematische Darstellung des Libri-Dialog-TBA-Systems finden Sie auf der folgenden Seite.

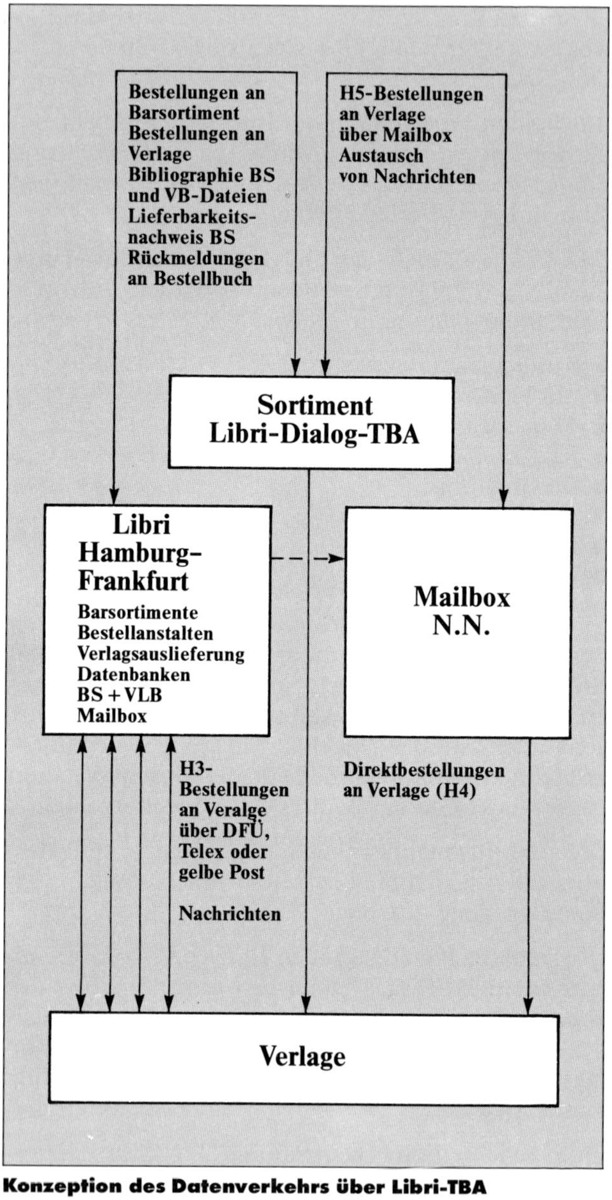

Konzeption des Datenverkehrs über Libri-TBA

Bestellterminals

Derzeit stehen im Buchhandel rund 4 000 Terminals, und zwar 2 600 von den Firmen *KNO-K&V*, 1500 von der Firma *Lingenbrink* und 350 von der Firma *Wegner.*

Bücherwagendienste der Barsortimente

Eine weitere wichtige Dienstleistung der beiden großen Barsortimentssysteme sind eigene Bücherwagen- dienste, die das Sortiment nach Tages- und Wochenfahrplänen beliefern und dabei nicht nur die Bücherpakete des Barsortiments, sondern auch sogenannte Beischlüsse der Verlage befördern.

Der Bücherdienst der Firmen *KNO-K&V* fährt jährlich 6 Millionen Kilometer. Täglich werden 1 000 Orte besucht - rechnet man den Bücherdienst der Firma *Lingenbrink* hinzu, so sind es zwischen 1300 und 1 400 Orte in der Bundesrepublik, die täglich beliefert werden. Ein Drittel des Transportgutes sind Barsortimentslieferungen, der Rest Verlegerbeischlüsse.

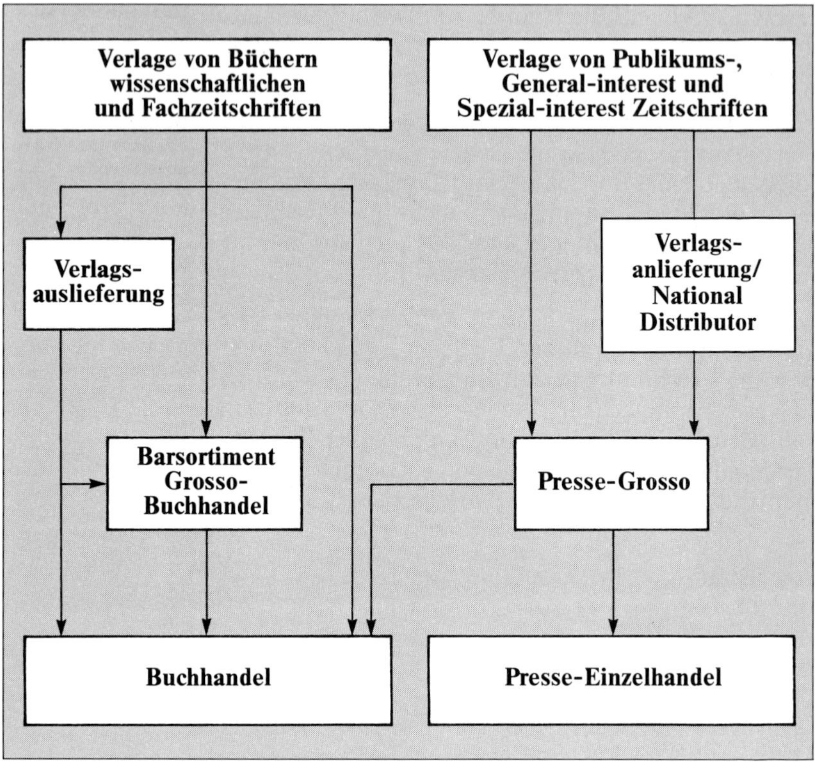

Lieferwege an den Einzelhandel im Buch- und Zeitschriftenverlag

Marketing der Barsortimente

Die Verlage strengen sich an, den Anteil der Direktlieferungen an das Sortiment zu erhöhen, um die Barsortimentsbezüge zu reduzieren. Die Barsortimente begegnen diesen Bestrebungen mit eigenen Marketingmaßnahmen. Dazu gehört eine Ausweitung des Titelangebotes zum Beispiel im wissenschaftlichen und im Bereich der Kleinverlage. Außerdem kommen die Barsortimente ihren Kunden im Konditionenbereich entgegen und übernehmen Serviceleistung gegen Gebühr wie das Preisauszeichnen bzw. Etikettieren der gelieferten Bücher.

Warenbeschaffung im Sortimentsbuchhandel

1. **Direktbezug Verlag (V) – Sortimentsbuchhandel (S)**
   Zirka 2370 Verlage in 480 Orten der Bundesrepublik; zirka 6600 Firmen des verbreitenden Buchhandels in 1585 Orten, davon sind rund 4600 Sortimentsbuchhandlungen. Angebot: Rund 450 000 lieferbare deutschsprachige Titel (Bücher, Broschüren).

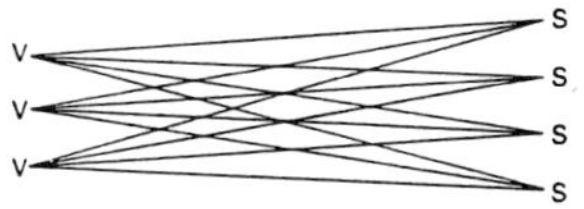

2. **Indirekter Bezug über die Verlagsauslieferung (VA)**
   43 Verlagsauslieferungen in der Bundesrepublik, die rund 1050 Verlage ganz oder teilweise ausliefern.

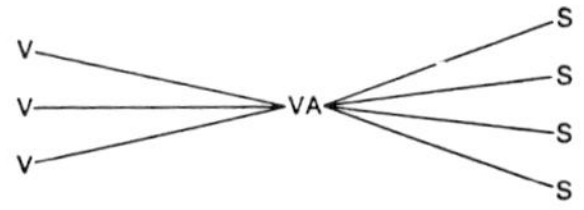

3. **Bezug vom Buchgroßhandel (G) in den Formen: Barsortiment, Grosso-Buchhandel, Großantiquariat**
   Angebot: 60 000 bis 150 000 gängige deutschsprachige Titel (Bücher, Broschüren)

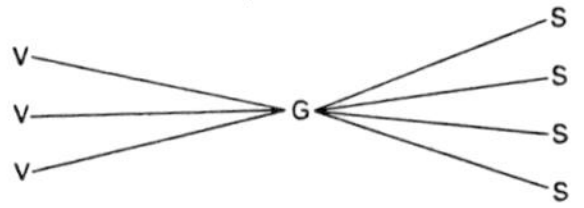

4. **Ankauf vom Verbraucher/Publikum (P) im Bereich Antiquariat**

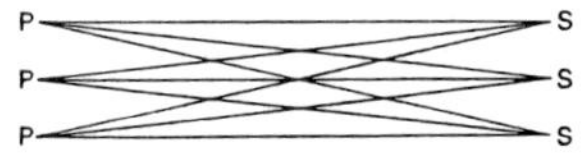

Aufteilung der Beschaffung im Sortimentsbuchhandel (nach den Ergebnissen des Kölner Betriebsvergleichs für 1986)

Bezug vom Verlag und Verlagsauslieferung	68%
Bezug vom Barsortiment	29%
Bezug vom Großhandel (Presseerzeugnisse, andere Artikel)	3%

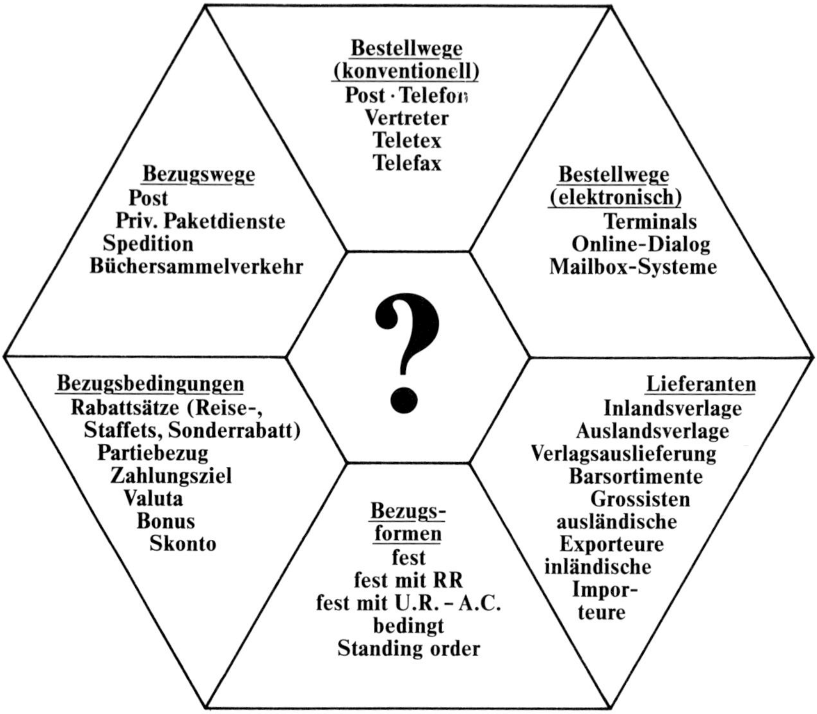

Bestellung und Bezug von Büchern

Die Aufstellung zeigt, welche Entscheidungen eine Buchhandlung zu treffen hat, wenn sie Bücher bestellt:

- **Bei welchem Lieferanten?**
- **Auf welchem Bestellweg?**
- **In welcher Bezugsform?**
- **Zu welchen Bezugsbedingungen**
- **Auf welchem Bezugsweg?**

Die verschiedenen Bezugsformen und -bedingungen werden im Glossar im einzelnen beschrieben (s. Anhang).

In *Österreich* existiert kein Barsortiment, weshalb sich die Häuser *KNO-K&V* sowie *Lingenbrink* um diesen Markt sehr bemühen. Fast alle wichtigen deutschen Verlage sind, soweit sie keine eigene Niederlassung betreiben, in *Österreich* bei einem der relativ zahlreichen Verlagsauslieferer vertreten. Diese liefern nicht nur ihre Produktion aus, sondern bieten sie im Buchhandel durch Vertreter und Mailings an.

Zwischenbuchhandel in Österreich

Die *Schweiz* verfügt mit dem *Schweizer Buchzentrum* in *Hägendorf* bei *Olten* über ein zentrales Unternehmen. Es wird genossenschaftlich betrieben und ist als Barsortiment, Zeitschriftenausliefererer und für ca. 130 Verlage als Auslieferungsfirma tätig. Der Schweizer Buchhandel ist untereinander durch das Bestellsystem *Comelivres* und verschiedene Transportdienste verbunden. Im Auftrag des *Buchzentrums* sind fünf Transporteure tätig. Ein Hauptvertragspartner ist die Firma *Blumer-Bücher-Transporte* mit Sitz in *Basel.*

Zwischenbuchhandel in der Schweiz

Auch deutsche Speditionen bringen regelmäßig im Auftrag deutscher Exportfirmen Bücher in die *Schweiz.* Das *Stuttgarter* Barsortiment *Koch, Neff & Oetinger* beliefert täglich die Buchhandlungen in Großstädten der *Schweiz* mit Bücherwagen direkt von *Stuttgart* aus.

3.3 Zentrale logistische Einrichtungen/ Einkauf im Ausland

Die Einrichtungen des Zwischenbuchhandels - Verlagsauslieferungen, Barsortimente, Bestellelektronik und Bücherwagendienste - werden durch weitere zentrale logistische Institutionen ergänzt. Charakteristisch für die buchhändlerische Logistik ist, daß sie ein Netzwerk aus firmenrechtlich privat betriebenen Initiativen sowie aus Gemeinschaftseinrichtungen bildet. Wahrscheinlich beruht die Effizienz des buchhändlerischen Bestell- und Lieferwesens auf der Mischung dieser Systemkomponenten.

Unabhängige Bücherwagendienste

Zur buchhändlerischen Logistik zählen Bücherwagensysteme, die von den Barsortimenten unabhängig sind, ferner spezielle Speditionsabkommen einzelner Verlage und Verlagsauslieferungen mit entsprechenden Dienstleistern und die Bemühungen um die Einführung firmenneutraler Bestellübermittlungssysteme (s. 2.3).

BAG

Als Verrechnungs- und Clearing-Stelle innerhalb der Buchbranche hat sich die von den Mitgliedern des *Vereins für buchhändlerischen Abrechnungsverkehr e. V.* betriebene Gemeinschaftseinrichtung *Buchhändler-Abrechnungs-Gesellschaft mbH* etabliert. Auf speziellen Formularen oder auch Disketten oder elektronischem Wege übergeben die Verlage ihre fälligen Forderungen der *BAG* zum Einzug, die diesen zum Fälligkeitstermin vornimmt und dabei die Skontofähigkeit der Verlagsrechnungen bzw. die Skontierungswünsche des Sortiments berücksichtigt.

In Zusammenarbeit mit einem Bankinstitut gewährt die *BAG* ihren Sortimenter-Mitgliedern im Rahmen des Abrechnungsverkehrs ebenso Kredite wie sie Verlagen Kredite auf eingereichte, aber noch nicht fällige Abrechnungen vermittelt.

Die *BAG* bietet weitere Dienstleistungen wie die Verwaltung von Zeitschriftenabonnements, spezielle betriebswirtschaftliche Auswertungen usw. an.

Kreditliste und Verleger-Inkasso-Stelle

Die vom Verlag *Pfalzgraf und Heinrich* in *Hamburg* herausgegebene *Kreditliste* dient der Bonitätsüberwachung des Sortiments durch die Verlage. Die ebenfalls in Hamburg ansässige *Verleger-Inkasso-Stelle* übernimmt für Verlage und Buchhandlungen Inkassoaufträge im In- und Ausland, auch gegenüber Privaten.

Verkehrsnummern-System und VLB

Grundlage des logistischen Systems innerhalb des Buchhändlerverkehrs sind einerseits die *Verkehrs-Nummern,* die alle Marktteilnehmer zugeteilt erhalten, sowie das *Verzeichnis lieferbarer Bücher (VLB)* (s. 5.4), das auf der *Internationalen Standardbuchnummer (ISBN)* aufbaut (s. BuB 3.4).

Einkauf im Ausland

Wie die Buchproduktion der *Bundesrepublik Deutschland,* erschließt der Buchhändler mit der gleichen Systematik und Logistik dem deutschen Leser die Buchproduktion anderer deutschsprachiger Länder durch Importe aus der *DDR,* aus *Italien* (Südtirol), aus *Österreich* und der *Schweiz.* Diese Länder sind durch Auslieferungen, die sie in der *Bundesrepublik Deutschland* unterhalten, durch spezielle Importgrossisten sowie über die Barsortimente (s. 3.2) mit dem deutschen Buchhandelsnetz verknüpft und so in die Logistik des Buchhandels eingebunden.

Einfuhr aus der DDR

Nachdem die *DDR* dem internationalen ISBN-Abkommen beigetreten ist, wird ihre Buchproduktion nicht nur im *Verzeichnis lieferbarer Bücher (VLB)* (s. 5.4 Verzeichnis), sondern auch von Barsortimenten geführt. Zahlenmäßig ist der Literaturaustausch mit der *DDR* relativ unbedeutend.

Einfuhr aus Österreich, Schweiz und sonstigen Ländern

Die sonstige Einfuhr von Büchern, Zeitungen und Zeitschriften, Bilderbücheren, Noten- und kartografischen Erzeugnissen erreichte 1986 einen Wert von rund 780 Millionen DM. An der Spitze der Länder, aus denen importiert wird, stehen *Österreich* und die *Schweiz,* die jeweils zwischen 15 und 20% des deutschen Importvolumens an Büchern und Zeitschriften bestreiten. Bei den übrigen Importen steht die englischsprachige Literatur an der Spitze.

Importbuchhandel

Probleme ergeben sich beim Import von nicht deutschsprachigen Büchern – der vor allem im wissenschaftlichen Bereich von Bedeutung ist – vor allem in Preisfragen, da die Usancen der Lieferanten von denen der deutschen Verlage abweichen und importierte Bücher nicht preisgebunden sind.

So legen zum Beispiel US-Verlage unterschiedliche Preise für USA und Westeuropa fest, werben dann aber in Europa mit den günstigeren US-Preisen.

Ein weiteres Problem ist die lange Bezugsdauer: Bestellungen aus dem Ausland werden langsam oder nicht korrekt bearbeitet, die Lieferung erfolgt oft nur gegen Vorauskasse und der Post- und Seeweg nimmt viel Zeit in Anspruch. Außerdem entstehen hohe Kosten für Porto und Verpackung, die den deutschen Buchhändlern berechnet werden.

Weiterer Konkurrenzdruck entsteht dadurch, daß sich im Ausland ansässige Exporteure um die Belieferung deutscher Bibliotheken mit teuren Importtiteln, Zeitschriften und Periodika bemühen. Sie liefern damit den deutschen Importfirmen eine harte Konkurrenz.

Um diesen Mißständen abzuhelfen, haben sich deutsche Importbuchhändler erst jüngst zu einer Vereinigung zusammengeschlossen (s. 1.4).

3.4 So informiert sich der Buchhandel

Dieses Kapitel befaßt sich mit der Frage, wie sich der Buchhändler über Neuerscheinungen informiert. Die Nachschlagewerke und Datenbanken, die ihm und seinen Kunden zur Verfügung stehen, werden im Kapitel 5.4 geschildert.

Branchenrhythmus

Die Information über Neuerscheinungen und der Einkauf im Buchhandel sind immer noch von einer jahrhundertealten Tradition geprägt. Als die Druckerverleger im 16., 17. und 18. Jahrhundert ihre Werke noch untereinander tauschten, so geschah dies hauptsächlich auf den Frühjahrs- und Herbstmessen, woraus sich der buchhändlerische Abrechnungsrhythmus zu *Kantate und Michaelis* am *Leipziger Platz* entwickelte (s. 3.1).

Diesem Rhythmus folgend, bringen die Publikumsverlage in der Regel ihre Novitäten jeweils in einer Frühjahrs- und Herbstproduktion heraus. Auf das jeweilige Saisonprogramm bezieht sich die an den Buchhandel jährlich zweimal verschickte Programmvorschau (s. BuB 2.6) ebenso wie die Frühjahrs- und Herbstreise der Verlagsvertreter. Parallele Fixpunkte für Produktion und Angebot sind im wissenschaftlichen Verlag der Beginn des Sommer- und des Wintersemesters. Für den Schulbuchverlag gibt es jährlich *eine* Hauptsaison: die Wochen vor dem Schuljahresbeginn.

Große Teile der Fach- und wissenschaftlichen Produktion erscheinen völlig saisonunabhängig. Das Taschenbuch folgt einem Monatsrhythmus. Großbuchhandlungen entwickeln eigene, am Warenverkauf orientierte Einkaufsbedürfnisse. Sie kaufen viel häufiger ein als kleine und mittlere Firmen, denen der ein- bis zweimalige Vertreterbesuch genügt. Dennoch ist das buchhändlerische Jahr noch immer durch die beiden großen Buch-Jahreszeiten bestimmt. Daran orientiert sich auch das Informationsverhalten des Bucheinzelhandels.

Informationsquellen des Buchhandels

Basis der buchhändlerischen Information sind drei Hauptinformationsquellen:

- die Halbjahres-Programmvorschau der Verlage
- der Besuch des Verlagsvertreters
- die Lektüre des *Börsenblattes für den Deutschen Buchhandel,* mit den Saisonschwerpunkten der jeweiligen Sondernummern Frühjahr und Herbst und der Messe-Sondernummer. Dazu treten als weiteres wichtiges Informationsmedium die *Buchreport-Sonderausgaben Frühjahr* und *Herbst.*

Programmvorschauen der Verlage

Nur ein Verlag, der regelmäßig Frühjahrs- und Herbstvorschauen verschickt und diese nach bestimmten Regeln gestaltet (s. BuB 2.6), ist im Bucheinzelhandel im eigentlichen Sinne präsent. Die Akzeptanz vieler Klein- und Spezialverlage im Sortimentsbuchhandel leidet erheblich, wenn sie keine professionellen Programmvorschauen verschicken. Die Vorschauen werden im Sortiment sorgfältig durchgearbeitet und im Kreis der für den Einkauf zuständigen Mitarbeiter (s. 4.2) durchgesprochen. Sie dienen zur Vorbereitung der Einkäufe beim Vertreter, auf der Messe oder auf schriftlichem Wege.

Verlagsvertreter

Verlagsvertreter haben den Buchhandel schon in den 20er und 30er Jahren dieses Jahrhunderts regelmäßig besucht. Zur eigentlichen Bedeutung kam dieser Berufsstand aber erst nach dem Zweiten Weltkrieg. Der Verlagsvertreter arbeitet entweder als freier Handelsvertreter für einen oder mehrere Verlage oder exklusiv auf Angestelltenbasis für ein oder mehrere Verlagshäuser. Er ist das Verbingungsglied zwischen dem Verlag, dem Sortimentsbuchhandel, dem Warenhausbuchhandel, dem Bahnhofsbuchhandel und sonstigen Vertriebszweigen, die zu besuchen sich lohnt. Manche Vertreternetze sind auf einen speziellen Einzelhandelstyp spezialisiert, so zum Beispiel auf Sortimentsbuchhandel oder Warenhausbuchhandel. Andere Vertretergebiete sind kleiner gehalten und der Verlagsrepräsentant besucht dort die in Frage kommenden Kunden jeder Kategorie.

Aufgabe des Verlagsvertreters

Die herkömmliche Aufgabe des Verlagsvertreters ist eine Kombination zwischen Information des Buchhändlers, Erstverkauf der Novitäten und Aufnahme von Ergänzungsbestellungen für das Lager (sogenannte Backlistverkäufe; s. 5.3).

Rollenwandel für den Verlagsvertreter

Der Beruf des Handelsvertreters befindet sich im Umbruch. Veränderungen in der Warenwirtschaft (s. 2.3) führen dazu, daß der Buchhändler seinen Erstbedarf so gering wie möglich hält. Der Buchhändler testet die Verkaufsfähigkeit von Titeln, ehe er einzeln oder in größeren Partien nachbestellt.

Größere Buchhandelseinheiten erfordern eine höhere Besuchsfrequenz, nicht nur der Information, sondern auch der intensiveren Lagerergänzung wegen. Die Rolle des Verlagsvertreters verschiebt sich demzufolge immer mehr von der des »Hineinverkäufers« zum »Buchhandelsberater«, der auch für Verkaufsförderungsmaßnahmen und Werbefragen zuständig ist.

Elektronisierung und Vertreterarbeit

Die weiter fortschreitende Elektronisierung der Bestellwirtschaft bringt zusätzliche Impulse zur Veränderung der traditionellen Arbeitsweise des Verlagsvertreters mit sich. Hierzu gehören Bestell-Erfassung durch mobile Aggregate und die Verbesserung der elektronischen Kommunikation (Videotelefon, Teletex, Telefax, Mailbox- und Sprachbox-Systeme). Der dafür notwendige Bewußtseinswandel im Verlag, im Buchhandel und bei den Vertretern selbst kommt nur sehr allmählich in Gang.

Vertreterbörsen

Eine rationelle Form des Vertretereinkaufs ist für den Buchhändler der Besuch sogenannter Vertreterbörsen, wie sie in verschiedenen größeren und kleineren Städten der Bundesrepublik zweimal jährlich durchgeführt werden. Dort hat jeder Verlagsvertreter einen Tisch, an dem er nach einem vorher vereinbarten Terminplan Einkäufer der Buchhandlungen aus der näheren und weiteren Umgebung empfängt, um sie zu informieren und ihre Bestellungen aufzunehmen.

Merchandiser

Merchandiser sind im Buchhandel so gut wie noch nicht unterwegs. Diese neuartige Berufsbezeichnung könnte man mit »Regalpfleger und Verkaufsförderer« übersetzen. Es handelt sich dabei um zumeist freie Mitarbeiter, die im Auftrag eines Lieferanten Regalpflege, Lagerergänzungen und Verkaufsförderungsaktionen beim Einzelhandel übernehmen. In anderen Branchen arbeiten solche Merchandiser unter

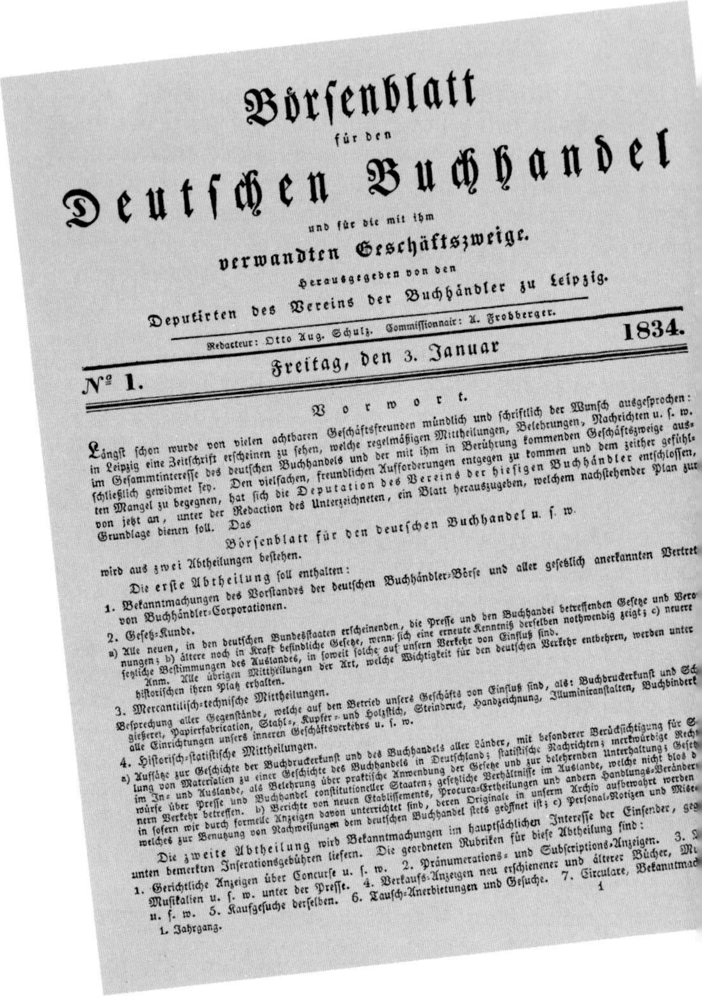

Börsenblatt
für den
Deutschen Buchhandel
und für die mit ihm
verwandten Geschäftszweige.
Herausgegeben von den
Deputirten des Vereins der Buchhändler zu Leipzig.

Redacteur: Otto Aug. Schulz. Commissionnair: A. Frobberger.

№ 1. Freitag, den 3. Januar 1834.

Vorwort.

Längst schon wurde von vielen achtbaren Geschäftsfreunden mündlich und schriftlich der Wunsch ausgesprochen: in Leipzig eine Zeitschrift erscheinen zu sehen, welche regelmäßigen Mittheilungen, Belehrungen, Nachrichten u. s. w. im Gesammtinteresse des deutschen Buchhandels und der mit ihm in Berührung kommenden Geschäftszweige ausschließlich gewidmet sey. Den vielfachen, freundlichen Aufforderungen entgegen zu kommen und dem zeither gefühlten Mangel zu begegnen, hat sich die Deputation des Vereins der hiesigen Buchhändler entschlossen, von jetzt an, unter der Redaction des Unterzeichneten, ein Blatt herauszugeben, welchem nachstehender Plan zur Grundlage dienen soll. Das

Börsenblatt für den deutschen Buchhandel u. s. w.

wird aus zwei Abtheilungen bestehen.

Die erste Abtheilung soll enthalten:

1. Bekanntmachungen des Vorstandes der deutschen Buchhändler-Börse und aller gesetzlich anerkannten Vertret[...] von Buchhändler-Corporationen.
2. Gesetz-Kunde.
a) Alle neuen, in den deutschen Bundesstaaten erscheinenden, die Presse und den Buchhandel betreffenden Gesetze und Vero[...]nungen; b) ältere noch in Kraft befindliche Gesetze, wenn sich eine erneute Kenntniß derselben nothwendig zeigt; c) neuere [...]setzliche Bestimmungen des Auslandes, in soweit solche auf unsern Verkehr von Einfluß sind.
Anm. Alle übrigen Mittheilungen der Art, welche Wichtigkeit für den deutschen Verkehr entbehren, werden unter [...] historischen ihren Platz erhalten.
3. Mercantilisch-technische Mittheilungen.
Besprechung aller Gegenstände, welche auf den Betrieb unsers Geschäfts von Einfluß sind, als: Buchdruckerkunst und Sch[...]gießerei, Papierfabrication, Stahl-, Kupfer- und Holzstich, Steindruck, Handzeichnung, Illuminiranstalten, Buchbinderk[...] alle Einrichtungen unsers inneren Geschäftsverkehrs u. s. w.
4. Historisch-statistische Mittheilungen.
a) Aufsätze zur Geschichte der Buchdruckerkunst und des Buchhandels aller Länder, mit besonderer Berücksichtigung für S[...]lung von Materialien zu einer Geschichte des Buchhandels in Deutschland; statistische Nachrichten; merkwürdige Rech[...] im In- und Auslande, als Belehrung über praktische Anwendung der Gesetze und zur belehrenden Unterhaltung; Geset[...]würfe über Presse und Buchhandel constitutioneller Staaten; gesetzliche Verhältnisse im Auslande, welche nicht blos d[...]nern Verkehr betreffen. b) Berichte von neuen Etablissements, Procura-Ertheilungen und andern Handlungs-Veränder[...] in sofern wir durch formelle Anzeigen davon unterrichtet sind, deren Originale in unserm Archiv aufbewahrt werden [...] welches zur Benutzung von Nachweisungen dem deutschen Buchhandel stets geöffnet ist; c) Personal-Notizen und Mise[...]

Die zweite Abtheilung wird Bekanntmachungen im hauptsächlichen Interesse der Einsender, geg[...] unten bemerkten Inserationsgebühren liefern. Die geordneten Rubriken für diese Abtheilung sind:
1. Gerichtliche Anzeigen über Concurse u. s. w. 2. Pränumerations- und Subscriptions-Anzeigen. 3. [...] Musikalien u. s. w. unter der Presse. 4. Verkaufs-Anzeigen neu erschienener und älterer Bücher, Mu[...] u. s. w. 5. Kaufgesuche derselben. 6. Tausch-Anerbietungen und Gesuche. 7. Circulare, Bekanntmac[...]

1. Jahrgang. 1

anderem als Tandem mit einem Vertreter und ergänzen dessen Arbeit.

Börsenblatt für den deutschen Buchhandel

Pflichtlektüre jedes Buchhändlers ist das *Börsenblatt für den Deutschen Buchhandel,* das zweimal wöchentlich erscheint und auf eine bis 1835 zurückgehende Geschichte verweisen kann. Es handelt sich dabei um

einen Zeitschriftentyp, bei dem nicht wie üblich der Textteil die Anzeigen transportiert, sondern der Anzeigenteil das Hauptinteresse der Leser findet. Er ist von einem aktuellen Textteil als Bindeglied zwischen der Berufsvertretung – dem *Börsenverein* – und der Branche umgeben (s. BuB 3, 19).

Anzeigenteil des Börsenblattes

Im Anzeigenteil des *Börsenblattes* sind drei Anzeigentypen zu unterscheiden:

- die *Informationsanzeige,* die sachlich und oft nur durch Titelaufzählung über Neuerscheinungen unterrichtet und insbesondere dem Fach- und wissenschaftlichen Buchhandel als Einkaufsunterlage dient
- die *Animationsanzeige,* die vor allem von Publikumsverlagen (s. BuB 1.5) geschaltet wird und die Akzeptanz eines Titels im Sortiment erhöhen soll
- die *Geschäftsanzeige,* die über geschäftiche Veränderungen im Buchhandel und bei den Verlagen informiert, z. B. auch über Veränderungen der Vertretergebiete; hierzu gehören auch die Stellengesuche und Stellenangebote.

Beilagen des Börsenblattes

Für den Buchhändler besonders wichtige Beilagen sind die *Preisänderungen* mit Mitteilungen zur Aufhebung des Ladenpreises und Rückrufen solcher Titel durch die Verlage aus Kommissionslieferungen, sowie die besonders für Antiquare bestimmte Beilage *Angebotene und gesuchte Bücher.* Historisch-wissenschaftlichen Charakter haben die Monatsbeilage *Aus dem Antiquariat*, die Vierteljahresbeilage *Buchhandelsgeschichte* und die unregelmäßige Beilage *Archiv für Soziologie und Wirtschaftsfragen des Buchhandels.*

Buchreport und Buchmarkt

Aktuelle Informationsquelle für den Buchhändler sind außerdem das wöchentlich erscheinende Fachmagazin *Buchreport* und der im Untertitel als *Ideenmagazin für den Buchhandel* bezeichnete, monatlich erscheinende *Buchmarkt.* Im Gegensatz zum *Börsenblatt* ist hier der Anzeigenteil in den Textteil integriert; die Anzeigen sind eher dem Typus der Animations – als der Informationsanzeige zuzuordnen.

Buchreport-Bestsellerlisten

Eine wichtige Beilage der Fachzeitschrift *Buchreport* führt zu einer weiteren Informationsquelle des Buch-

Beilagen des Buchreports

handels. Es handelt sich um die *Bestsellerliste.* Sie präsentiert die von der Fachzeitschrift *Buchreport* ermittelten je 15 Belletristik- und Sachbuchtitel, die wöchentlich auf der *Spiegel*-Bestsellerliste erscheinen. Eine zweite Seite der Beilage präsentiert die Taschenbuch-Bestsellerliste, die – ebenfalls von *Buchreport* ermittelt – je 12 Belletristik – und Sachtitel enthält und für das Publikum in der Zeitschrift *Gong* veröffentlicht wird.

Die Beilage ist so gestaltet, daß sie der Buchhändler als Aushängeplakat verwenden kann. Für ihn und das Publikum ist es eine wichtige Information zu wissen, welche Titel in der Bundesrepublik Deutschland am besten laufen. Daraus zieht er Schlüsse für die Einkaufspolitik. Deshalb stimuliert die Aufnahme eines Titels auf eine Bestsellerliste den Verkauf. Das trifft auch für sonstige Bestseller- und Bestenlisten zu (s. BuB 1.3 und 2.7).

Literatur in den Medien

Die Literaturteile der großen Tages- und Wochenzeitungen und die Literatursendungen und -magazine der öffentlichen und privaten Rundfunk- und Fernsehanstalten sind eine weitere Informationsquelle des Buchhändlers. Hier spielen *Titel, Thesen, Temperamente* in der *ARD, Aspekte* des *ZDF,* das *Bücherjournal* von *NDR/SFB/RB* und *Bücher beim Wort genommen* des *Bayrischen Rundfunks* eine herausgehobene Rolle. Im Jahre 1988 neu ist *Das literarische Quartett,* das die viermal jährlich ausgestrahlte *Aspekte-Literatur-Sondersendung* abgelöst hat und vom Literaturchef der angesehenen *FAZ Marcel Reich-Ranicki (* 1920)* geleitet wird.

Eine Selbstverständlichkeit ist, daß der Buchhandel Massen- und Spezialmedien verfolgt, um sein Angebot und seine Auslage jeweils auf aktuelle Ereignisse abstellen und dazu Informationen anbieten zu können. Bücher zu Medienereignissen, also zu erfolgreichen Fernsehsendungen, spielen als *Schnelldreher* für den Buchhandel eine interessante Rolle.

Literaturpreise

Der Buchhandel orientiert sich außerdem an den öffentlich verliehenen Preisen und Auszeichnungen, die für ihn in der Regel einen Qualitätsmaßstab darstellen, der zur besonderen Herausstellung der betreffenden Titel führt.

Direktinformation seitens der Verlage

Die Arbeit der Vertreter wird durch direkte Informationen der Verlage an den Buchhandel ergänzt. Für kleine, mittlere und Spezialverlage, die ohne Vertreter arbeiten, ist dies ohnehin der einzige Weg zum Buchhandel. Diese Direktkontakte bestehen in gelegentlichen oder regelmäßigen Besuchen durch den Vertriebsleiter oder andere Vertriebsmitarbeiter des Verlages, in Telefonkontakten, in Kontakten wegen Auslieferungsfragen (z. B. Reklamationen des Buchhandels) und in brieflichen und gedruckten Informationen, die den Buchhändler auf dem Postweg erreichen. Elektronische Informationsübermittlung zum Beispiel durch Mailbox-Systeme beginnt sich erst in

Ansätzen zu entwickeln. Doch ist der Zeitpunkt abzusehen, wo zumindest Spezialbuchhandlungen mit ihren Hauptlieferanten durch Sprach- oder Mailboxen verbunden sein werden. Die Direktzusendungen der Verlage sind oft mit Sonderkonditionsangeboten verbunden.

Ansichtssendungen von Verlagen

Beim Buchhandel nicht immer beliebt, oft aber aus Aktualitätsgründen unerläßlich sind Ansichtssendungen von Verlagen, die den Buchhandel unaufgefordert erreichen. In diesem Fall erfolgt die Information durch das zugesandte Buch selbst.

Leseexemplare

Das trifft auch für Leseexemplare zu, die der Verleger in mehr oder minder großer Anzahl vor Beginn der Vertreterreise an den Buchhandel verschickt, um den Ein- und Verkäufern Gelegenheit zu geben, sich mit wichtigen Neuerscheinungen im voraus durch eigene Lektüre vertraut zu machen.

Nach einer Untersuchung des *Börsenblattes* erhält jede Buchhandlung pro Saison im Schnitt 56 Lese-Exemplare oder Leseproben. Die Zahl der beschickten Sortimente beträgt je nach Art des Titels zwischen 1200 und 4 000. Etwa 74% der Buchhändler lesen Lese-Exemplare tatsächlich, woraus für 98% ein deutlicher Einfluß auf den Verkauf resultiert. Lese-Exemplare werden Lese-Proben vorgezogen.

Eigene Lektüre des Buchhändlers

Es ist eine Selbstverständlichkeit, muß aber an dieser Stelle ausdrücklich hervorgehoben werden: die eigene Lektüre bildet für alle im Bucheinzelhandel Tätigen eine wichtige und unerläßliche Informationsquelle. In der Regel führt die Leidenschaft fürs Lesen und für Bücher junge Menschen zur Ausbildung in diesen Beruf.

Frankfurter Buchmesse

Ein jährlicher Haupttreffpunkt und Informationsdrehscheibe für Buchhändler, Verleger, Verlagsvertreter, Autoren, Kritiker, Redakteure und alle am Literaturbetrieb Beteiligten ist die *Frankfurter Buchmesse,* für die jede Buchhandlung ihre eigene Informations-

und Einkaufsstrategie entwickelt. Geht es dem einen Buchhändler vornehmlich darum, den Kontakt zum Verlag zu pflegen, Differenzen zu klären und Aktionen zu verabreden, so will ein anderer bestimmte Titel nachbestellen. Ein dritter schickt eine größere Anzahl von Mitarbeitern in die Frankfurter Messehallen, um nach interessanten, entlegenen und ihm bisher entgangenen Titeln aus dem In- und Ausland Ausschau zu halten.

Buchbesprechungstage

Eine von vielen Buchhändlern häufig genutzte Informationsmöglichkeit sind die sogenannten *Buchbesprechungstage,* die von verschiedenen buchhändlerischen Landesverbänden veranstaltet werden. Fachkundige Rezensenten stellen einen Tag lang in Vortragsform Neuerscheinungen aus den verschiedensten Verlagen und Literaturgebieten vor. Die modernen Hilfsmittel der Visualisierung oder neue Lerntechniken werden dabei allerdings genauso wenig wie auch sonst in der Informationsverarbeitung der Branche genutzt. Es bleibt beim reinen Wortvortrag.

3.5 Erfahrungsaustausch

Die Situation des Einzelhändlers bringt es mit sich, daß er sich in einer gewissen Isolation befindet – ob er nun ein Laden- oder ein Versandgeschäft betreibt. Er ist deshalb in besonderem Maße auf Erfahrungsaustausch angewiesen und pflegt ihn in informeller und formeller Form.

Informeller Erfahrungsaustausch

Zu den informellen Formen des Erfahrungsaustausches gehören insbesondere die Tagungen des *Börsenvereins* und der buchhändlerischen Landesverbände, sonstige Fachtreffen sowie Veranstaltungen der Verlage.

Erfa-Gruppen

Formal organisiert wird der Erfahrungsaustausch in buchhändlerischen Erfa-Gruppen. In ihnen schließen sich Buchhändler aus verschiedenen Städten zusammen, die untereinander nicht in Konkurrenz stehen. Die jeweils ca. 5 bis 10 Mitglieder solcher Erfa-Gruppen treffen sich in regelmäßigen Abständen, um sich über betriebswirtschaftliche Fragen zu informieren, ihre betrieblichen Kennziffern miteinander zu vergleichen und um sich über alle Fragen des Einkaufs und des Verkaufs auszutauschen. In kleinem Umfang werden auch Gemeinschaftsbestellungen organisiert. Zur Zeit existieren in der Bundesrepuplik etwa 60 Erfa-Gruppen mit etwa 520 Mitgliedern.

Neben den betriebswirtschaftlichen arbeiten auch Erfa-Gruppen zu Strategie- und Marketing-Themen. Die erste *Arbeitsgemeinschaft Marketing (AGM)* wurde 1986 von *Arnd Roszinsky-Terjung* gegründet, die zweite 1987. Beide Gruppen haben 23 Mitgliedsfirmen.

ARDEG

Die Erfa-Gruppen sind in der *ARDEG,* der *Arbeitsgemeinschaft der Erfa-Gruppen,* zusammengeschlossen, die größere Veranstaltungen durchführt und in Veröffentlichungen und Stellungnahmen den Standpunkt des Buchhandels formuliert. Die *ARDEG* versteht sich in besonderem Maße als Interessenvertretung des Sortimentsbuchhandels gegenüber anderen Vertriebsformen, dem Zwischenbuchhandel und vor allem dem Verlag. Ihre besondere Rolle resultiert daher, daß im *Börsenverein* alle Stufen des Handels gleichermaßen und gleichberechtigt vertreten sind und deshalb das Herausarbeiten von Eigeninteressen der Sparten oftmals schwierig ist. Neuere Bestrebungen der *ARDEG* gelten der Organisation einer Einkaufs- und Marketinggemeinschaft (s. 2.3).

Verzeichnis der Erfa-Gruppen

Die buchhändlerischen Erfa-Gruppen sind an versteckter Stelle im alljährlich erscheinenden *Adreßbuch für den deutschsprachigen Buchhandel Band 1 Verlage* unter *Ziffer 11* zu finden und nicht in dem dem *Buchhandel* gewidmeten *Band 2.* Außerdem erscheint alljährlich in der *Harenberg Kommunikation Dortmund* ein *Who's who der Erfa-Gruppen.*

Marketing Datei Buchhandel

Wer speziellen Erfahrungsaustausch in Einzelfällen sucht oder sich über Konkurrenten, ähnlich gelagerte Buchhandlungen usw. intensiver informieren möchte, hat seit September 1987 die *Marketing Datei Buchhandel* zur Verfügung. Das Lose-Blatt-Werk in sechs Bänden enthält Daten von rund 2500 Buchhandlungen in detaillierter Form bis hin zur Größe der Verkaufsräume, Anzahl der Schaufenster, Umsatzgröße und Namen der leitenden und einkaufenden Mitarbeiter. Es gibt über Spezialisierungen der einzelnen Buchhandlungen Auskunft. Das Werk wird zweimal jährlich durch Nachlieferungen ergänzt, die Veränderungen zu den aufgenommenen Firmen sowie die Neuaufnahme bisher fehlender Buchhandlungen umfassen.

3.6 Konzentration im Buchhandel und die Großen der Branche

Im Jahre 1962 lag der Umsatz von 91% aller Buchhandlungen - das waren damals 3 064 - nach der Amtlichen Umsatzsteuerstatistik unter 500 000 Mark. Nur 303 Buchhandlungen - die restlichen 9% - setzten mehr als 1 Million DM um. Das kleine und mittlere Sortiment - also 3 064 Firmen mit einem Umsatz unter einer halben Million Mark - bestritt 51,5% des Umsatzes im Einzelhandel mit Büchern und Fachzeitschriften zu Ladenpreisen.

1984 wurden noch immer 2 697 Buchhandlungen zur Umsatzsteuer veranlagt, die unter einer halben Million Mark jährlich umsetzten; das waren immerhin 62,3% aller Firmen. Ihr Umsatzanteil betrug nur noch 13,2%.

Umsatzanteile nach Größenklassen und Konzentration im Buchhandel

Noch ist der Konzentrationsprozeß nicht so bedrohlich wie in anderen Branchen, wo einige wenige große Handelsketten und Filialsysteme auf dem Markt dominieren. Dennoch schreitet auch die Konzentration im Buchhandel weiter fort, wenn man darunter versteht, daß eine relativ kleine Gruppe von Spitzenfirmen den größten Umsatzanteil auf sich vereint.

Die Umsatzsteuerstatistik des Jahres 1984 weist eine Situation aus, die sich in den vergangenen fünf Jahren weiter verschärft hat. Einer Vielzahl von Klein- und Kleinstbetrieben steht eine stabile, noch relativ große, überdurchschnittlich wachsende Gruppe von Spitzenbuchhandlungen gegenüber. 1984 vereinigten 3 525 Klein- und Kleinstbetriebe mit einem Umsatz von bis zu einer Million DM nur noch 27,3% des Umsatzes auf sich, und zwar mit stagnierender oder schrumpfender Tendenz.

Ihnen standen 804 Buchhandlungen gegenüber, die 72,7% des Umsatzes repräsentieren.

Umsatzverteilung im Sortiment 1985

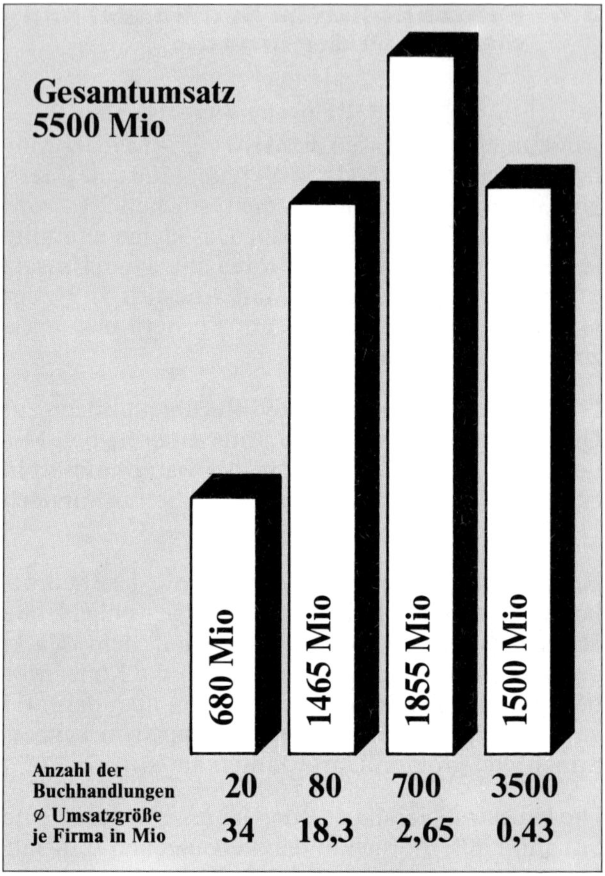

Die Abbildung zeigt eine Schätzung der Umsatzverteilung im Sortiment 1985 mit Angabe über die Anzahl der Buchhandlungen in vier verschiedenen Größenklassen mit der durchschnittlichen Umsatzgröße je Firma in Millionen DM.

Differenziert man hier weiter, so zeigt sich, daß 8% (=349 Firmen) 57% des Einzelhandels-Umsatzes mit

Konzentration in der Buchbranche (Basis: 1984)

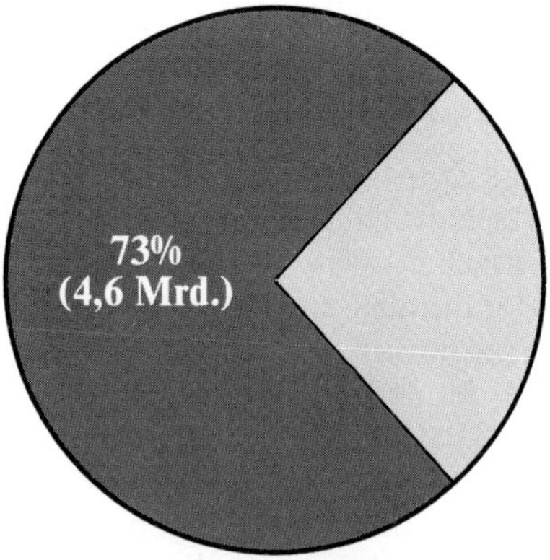

Buchverlage

8% aller Steuerpflichtigen (135 Verlage) vereinigen 73% des Umsatzes auf sich

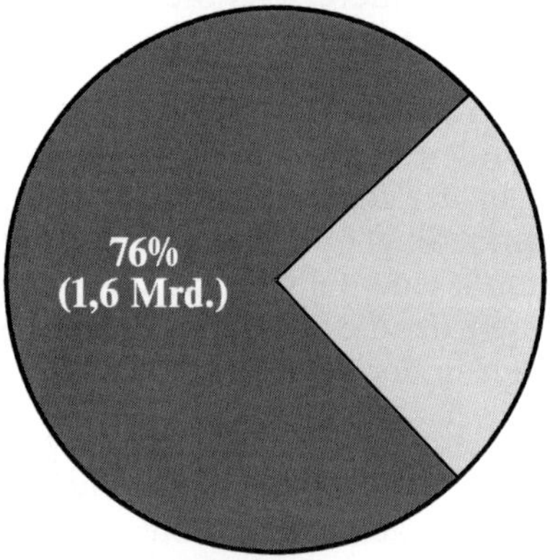

Verlage von Fachzeitschriften

6% der Steuerpflichtigen (33 Verlage) vereinigen 76% des Umsatzes auf sich

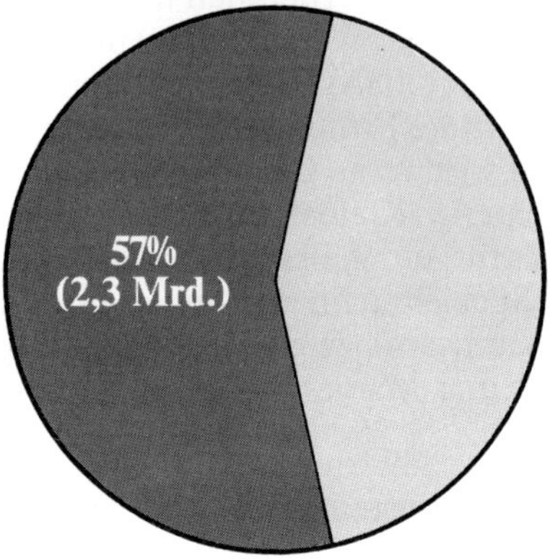

Einzelhandel mit Büchern und Fachzeitschriften

8% der Steuerpflichtigen (349 Buchhandlungen) vereinigen 57% des Umsatzes auf sich

Büchern, Fach- und wissenschaftlichen Zeitschriften erwirtschaften. Die übrigen 43% entfallen auf die übrigen 4 000 Firmen.

Ursachen der Konzentration

Die Ursachen für diese Konzentration sind in allererster Linie in den wirtschaftlichen Rahmenbedingungen des in das Weltwirtschaftssystem eingebundenen Wirtschaftssystems der Bundesrepublik Deutschland zu suchen. Die Konzentration von Umsatzanteilen auf immer kleiner werdende Spitzengruppen ist ein weltweiter Trend in den nichtsozialistischen Ländern. Die Konzentration wird durch die moderne Informationstechnologie und ihre Folgen weiter befördert, auch wenn es andererseits die moderne Datentechnik den Kleinbetrieben erlaubt, rationell und rentabel zu arbeiten.

Die Konzentration wird weiter gefördert durch die Steuergesetzgebung in der *Bundesrepublik Deutschland,* die als nicht unbedingt mittelstandsfördernd bezeichnet werden muß; jedenfalls hat sie sich nicht als Instrument erwiesen, das die fortschreitende Konzentration aufzuhalten in der Lage ist.

Branchenhausgemacht sind die Konzentrationsprobleme, die sich aus der Konditionspolitik der Verlage ergeben. Die von den Verlagen angewandten Konditionssysteme bevorzugten Unternehmen mit starker Zentralisierung des Einkaufs (Warenhäuser) und mit rationeller Organisation (Filialsysteme) und benachteiligen kleine und mittlere Firmen ohne Nachfrageschwerpunkte. Damit wird reine Größe belohnt und werden Standortnachteile (Kleinstadt, Vorstadt) verstärkt; andererseits tritt ein heilsamer Zwang zur Konzentration auf (Spezialbuchhandlungen) und es werden starke Wachstumsanreize gesetzt: Wer expandiert, gewinnt Macht und Marge.

Firmenkonjunktur und Branchenkonjunktur

Die Abbildung auf Seite 169 unten macht klar, daß das Anwachsen der Großsysteme nur zum geringeren Anteil auf wachsende Buchumsätze zurückzufüh-

Gewinner und Verlierer im Buchhandel

Die Abschöpfung von Buch-Kaufkraft konzentriert sich immer stärker bei immer weniger Firmen, obgleich die Zahl der Buchhandlungen nach wie vor wächst – in den letzten Jahren etwa um 150 zusätzliche Buchhandlungen pro Jahr.

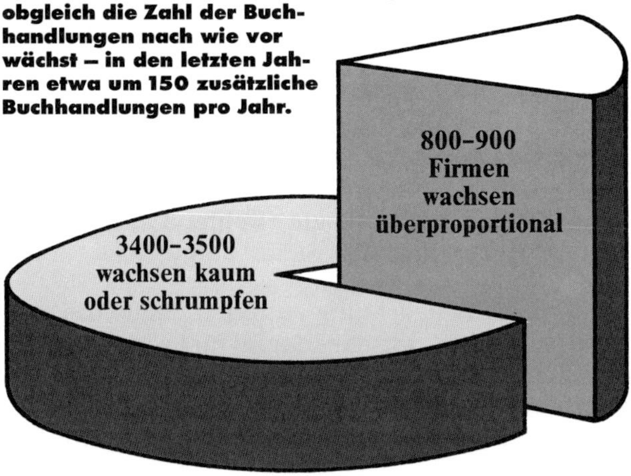

ren ist. Die Firmenkonjunktur verläuft unabhängig von der Branchenkonjunktur. Das bedeutet, daß es von jeder einzelnen Firma selbst abhängt, welche Umsatzanteile sie im Markt zu gewinnen versteht und wie sie überdurchschnittlich wachsen kann.

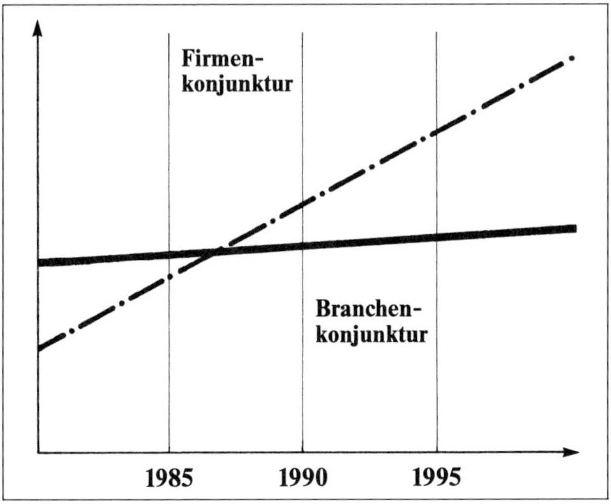

Interessant sind in diesem Zusammenhang die Mitteilungen von Verlagen, die den Umsatzverlauf in den Städten genau beobachten, in denen sich Großbuchhandlungen oder Buchkaufhäuser etabliert haben (s. 1.4). Einhellig wird berichtet, daß die neuen Systeme nur einen relativ geringen Teil der örtlichen Buchhandelsumsätze abschöpfen. Auf diesem Sokkel wachsen sie aus eigener Kraft durch von ihnen verursachte Zusatzverkäufe, während die übrigen Marktpartner allmählich wieder aufholen.

Sollte diese Beobachtung zutreffen, hieße das, daß eine verstärkte Firmenkonjunktur wiederum zu erhöhter Branchenkonjunktur führen müßte. Die in den nächsten Jahren veröffentlichten Branchenzahlen werden zeigen, ob sich diese Hoffnung erfüllt.

Großflächenbuchhandlung

Nach einer Prognose des Handelsexperten *Bruno Tietz (*1933)* bieten etwa 50 Standorte in der Bundesrepublik die Möglichkeit für die Einrichtung von Großflächenbuchhandlungen. Rechnet man die Großflächenbuchhäuser des Sortimentsbuchhandels mit denen der Warenhauskonzerne zusammen, so sind es zur Zeit schon 20 Standorte, an denen sich solche Super-Buchhandlungen befinden. *Tietz* rechnet, daß 50 solcher Systeme über 70% der Bevölkerung der Bundesrepublik erreichen könnten.

Branchenrahmenbedingungen

Konzepte, wie kleine und mittlere Buchhandlungen dennoch ihren Platz behaupten können, wurden in Kapitel 2.8 erörtert. Dabei muß beachtet werden, daß die Konzentration zwei Aspekte hat. Durch große Flächen gewinnt das Buch weiter an Attraktivität, es wird ständig ins Bewußtsein der einkaufenden Passanten gerückt und Zusatz- und Impulskäufe werden ausgelöst. Der intime Charakter des Buches und die weitere Fragmentierung der Gesellschaft nach Lebensmilieus und Spzialinteressen verlangen aber genauso nach der kleinen, ja kleinsten Buchhandelseinheit, in der spezielle Kundenbedürfnisse anders und besser als von Großsystemen erfüllt werden können.

So wird es Aufgabe nicht zuletzt der beruflichen Standesorganisationen - des *Börsenvereins des Deutschen Buchhandels* - sein, die Branchenrahmenbedingungen dafür zu schaffen, die Groß- und Kleinsystemen ein friedliches und kooperatives Nebeneinander in einem Markt sichern, dessen weiteres Wachstum das Anliegen der gesamten Branche sein muß.

Gößte Einzelflächen im Sortiment (Stand: Juni 1988)

	Buchhandlung	Ort	qm
1.	Stern Verlag	Düsseldorf	3000
2.	Gonski	Köln	3000
3.	Mayersche	Aachen	2500
4.	Hugendubel	München	2400
5.	Kiepert	Berlin	2200
6.	Schmorl & v. S.	Hannover	2000
7.	Thalia Buchhs.	Hamburg	2000
8.	Buch-Kaiser	Karlsruhe	1650
9.	Bouvier	Bonn	1600
10.	Hugendubel	Nürnberg	1500
11.	Pustet	Augsburg	1500
12.	Phönix	Bielefeld	1450
13.	Ferbersche	Gießen	1450
14.	Weiland	Lübeck	1417
15.	Wittwer	Stuttgart	1300
16.	Pustet	Regensburg	1200
17.	Baedeker	Essen	1100
	Krüger	Dortmund	1100
	Lincke	Düsseldorf	1100
	Rombach	Freiburg	1100
	Mayersche	Köln	1100

Die größten Sortiments-Buchhandels-Unternehmen (Stand: Juni 1988)

	Buchhandlung	Ort	qm	Zahlen enthalten auch
1.	Bouvier	Bonn	6500	Röhrscheid (Bonn), Gonski (Köln)
2.	Mayersche	Aachen	5800	Köln, Düsseldorf, Rheydt
3.	Hugendubel	München	5030	Nürnberg
4.	Pustet	Regensburg	4370	Augsburg, Passau, Straubing
5.	Weiland	Lübeck	4300	Weiland (Hamburg-Wandslek), Mühlau (Kiel), Quitzow (Lübeck)
6.	Herder	Freiburg	4000	14 Filialen bundesweit
7.	Thalia	Hamburg	4000	Boysen & Maasch, Schubring
8.	Stern Verlag	Düsseldorf	3000	
9.	Klingel	Mannheim	2500	Ludwigshafen
10.	Kaiser	Karlsruhe	2380	Mannheim, Pforzheim, Rastatt
11.	Gondrom	Bayreuth	2270	Augsburg, Hof, Ulm
12.	Grondrom	Kaiserslautern	2200	Pforzheim

3.7 Börsenverein des Deutschen Buchhandels und buchhändlerische Landesverbände

Es war ein Akt von symbolischer Bedeutung, als im Jahre 1953 die Stadt *Frankfurt am Main* dem *Börsenverein des Deutschen Buchhandels* das direkt neben dem *Goethe-Haus* im *Frankfurter Hirschgraben* gelegene Grundstück zur Errichtung des neuen Buchhändlerhauses zur Verfügung stellte. In den Anfangsjahren nach dem Kriege wurde damit auf die Wiederaufnahme der großen geistigen Traditionen des Humanismus, der Aufklärung, der Toleranz und der Weltoffenheit verwiesen, die in den vergangenen Jahrzehnten über Bord geworfen worden waren. Den geistigen Neuanfang versinnbildlichte ebenso die *Stiftung des Friedenspreises des Deutschen Buchhandels* (verliehen ab 1950; s. BuB Anhang).

Von ähnlicher Symbolik war es, daß der *Börsenverein* im Jahre 1987 in der Nähe des *Hirschgrabens* ein Büro- und Geschäftshaus erwarb, das den Namen *Technisches Buchhändlerhaus* erhielt. Damit wurde deutlich, daß die technischen Aspekte der Literaturvermittlung das Geschehen der Branche ebenso dominierend bestimmen wir ihre geistigen.

Buchhandel und technischer Fortschritt

Es ist eine Eigentümlichkeit der Buchbranche insbesondere im deutschen Sprachraum, daß sie stets den technischen Fortschritt frühzeitig und umfassend zu nutzen wußte, um ihren kulturellen Auftrag zu erfüllen. Dabei waren und sind die wirtschaftlichen Aspekte die Klammer, die die kulturell-geistige Komponente mit der technischen verbindet.

Dies ist der Hintergrund, vor dem die Tätigkeit des *Börsenvereins* stattfindet, der auf eine seit 1825 andauernde Tradition zurückblickt (s. 1.3).

Interessenausgleich und Branchenpolitik

In oft langwieriger Kleinarbeit bemühen sich die zahlreichen, aus Wahlen hervorgehenden Gremien des *Börsenvereins* um einen Ineressenausgleich zwischen den Sparten und die Formulierung einer den Erfordernissen der Stunde angemessenen Branchenpolitik nach außen. Aus dem Interessenausgleich und den branchenpolitischen Gesichtspunkten ergeben sich die technisch-wirtschaftlichen Folgerungen, an denen sich die Arbeit des Apparates des *Börsenvereins* und seiner Wirtschaftsbetriebe ausrichtet.

Interessen des Einzelhandels

Die Interessen des Einzelhandels werden im *Börsenverein* durch den *Sortimenterausschuß,* durch die *Arbeitsgemeinschaft Antiquariat,* die *Arbeitsgemeinschaft Bahnhofsbuchhandel* und die *Arbeitsgemeinschaft Reise- und Versandbuchhandel* vertreten (s. auch *ARDEG* 3.5).

Verhaltensgrundsätze des Buchhandels (Spartenpapier)

Die Organisationsstruktur des *Börsenvereins* bringt es mit sich, daß er immer wieder für einen Ausgleich der Interessen der verschiedenen in ihm vertretenen Sparten zu sorgen hat. Zitat aus einem am 16. Januar 1985 verabschiedeten *Spartenpapier,* das *Verhaltensgrundsätze des Buchhandels* regelt:

»Angesichts der engen Verflechtung der Sparten muß Kooperation vor kurzfristigen Ertragsverbesserungen durch einseitige Maßnahmen stehen. Erhaltung der Lebensfähigkeit einer Vielzahl von Firmen auf allen Stufen soll Gesichtspunkt bei allen marktpolitischen Maßnahmen, insbesondere auch bei der Festlegung von Konditionen sein.

Die Zukunft der gedruckten Medien und damit auch des Buchhandels hängt entscheidend davon ab, daß Buch und Zeitschrift als konkurrenzlos vielfältige Quelle von Information und Unterhaltung in der Öffentlichkeit präsent sind. Alle Sparten des Buchhandels sind aufgerufen, sich untereinander umfassend zu informieren und das Bewußtsein für das breite Angebot des Buchhandels in der Öffentlichkeit wachzuhalten und zu fördern«.

Wirtschaftliche Einrichtungen und Öffentlichkeitsarbeit des Börsenvereins

Als Verlag nicht nur des *Börsenblattes für den Deutschen Buchhandel* (s. 3.4), sondern auch wichtiger Bibliografien (s. 5.4) und zahlreicher sonstiger Informations- und Werbemittel spielt die *Buchhändler-Vereinigung* als wirtschaftliche Einrichtung des *Börsenvereins* und der buchhändlerischen Landesverbände für den Buchhandel eine besondere Rolle. Ebenso wichtig für ihn ist die Tätigkeit der *BAG* als brancheninterne Clearingstelle (s. 3.2), des *RZB Rechenzentrums des Buchhandels* (s. BuB 3.5), der *Ausstellungs- und Messe GmbH* (s. BuB 3.9) und der *Schulen des Deutschen Buchhandels* (s. 4.7). Mit dem *Verzeichnis lieferbarer Bücher* (s. 5.4), der Vergabe von **Verkehrsnummern** und der *Internationalen Standard-Buchnummer* liefert der *Börsenverein* der Buchbranche die Basiselemente für den modernen, elektronisch gesteuerten Bestell- und Warenverkehr sowie für die Möglichkeit, Titel und Bezugsquellen bibliografisch nachzuweisen und zu erfassen.

Bis 1944

Nicht zuletzt ist der *Börsenverein* der Träger der Öffentlichkeitsarbeit des deutschen Buchhandels mit den drei Säulen Verkaufsförderung, Leseförderung und Politik für das Buch (s. BuB 3.10, 3.11).

Bis 1986

Der *Börsenverein des Deutschen Buchhandels e. V.* hat im Frühjahr 1986 ein neues Signet eingeführt. Von 1952 bis 1986 wurde ein Signet in Gestalt des *Fust-Schöfferschen-Allianzsignets* von 1462 mit zugefügten »BV« im linken Schild benutzt. Bis zum Jahre 1944 war das Zeichen des *Börsenvereins* ein 1888 geschaffenes Signet, das in modernisierter Form benutzt wurde.

Ab 1988

Der *Börsenverein* kennt keine persönliche, sondern nur eine Firmenmitgliedschaft, was unter anderem dazu beiträgt, daß jede Firma – unabhängig von ihrer Größe und Beitragshöhe, die sich nach Umsätzen staffelt – in den Gremien des Verbandes das gleiche Gewicht und die gleiche Stimme hat.

Buchhändlerische Landesverbände

Die buchhändlerischen Landesverbände sind keine Regionalverbände des *Börsenvereins,* sondern eigenständige Vereine mit eigenen Vorständen, Geschäftsstellen, Satzungen und Beiträgen. Ihnen obliegt die Basisarbeit vor Ort, der Kontakt zu den Mitgliedsfirmen in den einzelnen Bundesländern, die Organisation von Weiterbildungsveranstaltungen, die Koordination der Ausbildung zwischen Betrieben und Berufsschulen usw. Einige Landesverbände sind in der Öffentlichkeitsarbeit besonders aktiv und veranstalten Wanderbuchausstellungen oder große Regional-Buchausstellungen. Solche regionalen Buchausstellungen gibt es in der Vorweihnachtszeit zum Beispiel in *Karlsruhe, München, Nürnberg* und *Stuttgart.*

3.8 Das Verhältnis der Handelspartner und ihre kulturelle und wirtschaftliche Aufgabe

Einerseits vom deutschen Idealismus, andererseits von der herkömmlichen kapital- und gewinnorientierten Betriebswirtschaft geprägt, steht die Buchbranche in der polaren Spannung zwischen Produkt- und Kapital- bzw. Gewinnorientierung.

Produktorientierung bedeutet in der Buchbranche eine nicht auf den Leser, sondern ausschließlich auf den Autor und die Inhalte gerichtete Identifikation des Verlegers oder Buchhändlers mit einem Buch oder einem Programm. Dazu *Samuel Fischer* (1859–1934) im Jahre 1914: »Dem Publikum neue Werte aufzudrängen, die es nicht will, ist die wichtigste und schönste Mission des Verlegers.«

Kapital- und Gewinnorientierung bedeutet in der Buchbranche eine in erster Linie kommerzielle Ausrichtung der Tätigkeit ohne Rücksicht auf Qualität und Niveau der Bücher und Autoren und ohne Rücksicht auf die Zielgruppenwünsche.

Spannungen zwischen den Handelspartnern

Die Spannungen zwischen den Handelspartnern in der Buchbranche entstehen vor allem dadurch, daß die Gesprächspartner auf verschiedenen Ebenen diskutieren. Ein Verlag macht zum Beispiel einem Buchhändler zum Vorwurf, daß er sich zu wenig für seine Produktion einsetze. Der Verlag argumentiert in diesem Falle von seinem *Produkt* her. Der Buchhändler handelt aufgrund *kommerzieller Überlegungen* und nimmt die betreffenden Titel zum Beispiel nicht auf, weil er sie in seinem Kundenkreis für nicht oder schlecht verkäuflich hält.

Ein anderes Beispiel: Ein Buchhändler sieht sich in erster Linie als *Kulturträger* und leitet daraus den Anspruch ab, daß der Verleger seine Geschäfte am Ort nur über ihn abwickeln möge. Der Verleger hinwiederum hat *wirtschaftliche Gründe,* seine Kochbücher zum Beispiel an diesem Ort auch über Haushaltswarengeschäfte anzubieten.

Zwischenbuchhandel

In dieses Spannungsfeld ist überdies der Zwischenbuchhandel aktuell mit einbezogen, z. B. wenn große Barsortimente größere Teile von Taschenbuchprogrammen oder sonstige Titel, die sich nur schleppend verkaufen, nicht mehr am Lager führen, also konsequent *kommerziell* handeln, während der Verleger von ihnen die Erfüllung der *produktpolitischen Aufgabe* erwartet, sein gesamtes Programm vorrätig zu halten.

Produkt- gegen Zielgruppendenker

Die Buchbranche könnte ihre internen Spannungen reduzieren, wenn es ihr gelänge, sich sowohl vom produkt- wie vom gewinnorientierten Denken zu lösen und zu einer konsequenten Zielgruppen-, Käufer-, Kunden- und Serviceorientierung überzugehen. In dem Augenblick, in dem sich alle Handelspartner gleich welcher Handelsstufe unter Einschluß des Zwischenbuchhandels, der Verlagsvertreter und aller Zweige des verbreitenden Buchhandels allein als Dienstleister zu Erfüllung von Wünschen jeweils von bestimmten Zielgruppen verstehen, ergeben sich ganz neue Perspektiven. *Boris Langendorf (* 1948)* , stellvertretender Chefredakteur der Fachzeitschrift *Buchreport* dazu in einem Kommentar: »Am Markt müßte der Zuwachs geholt werden, nicht beim Handelspartner. In diesem Sinne sind Anstrengungen für Marketing, Verkäuferschulung und alle anderen leistungssteigernden Maßnahmen für das Sortiment unbedingt zu begrüßen.«

Die aktuelle Branchendiskussion zeigt, daß die Marktteilnehmer auf allen Stufen von einem solchen Denken noch weit entfernt sind.

Nur wo sich die Branche konsequent an den Wünschen und Bedürfnissen der Zielgruppe orientiert, erfüllt sie in vollem Umfang ihre Aufgabe für die Autoren, Herausgeber und Lizenzgeber, deren geistige Erzeugnisse im Buchmarkt zu vermitteln. Die moderne Informations- und Freizeitgesellschaft ist groß und fragmentiert genug, um Absatzmöglichkeiten auch für Minderheitenliteratur der verschiedensten Richtung zu bieten. Damit eröffnen sich auch den Verfassern anspruchsvoller und avantgardistischer Werke entsprechende Absatzmöglichkeiten und nicht nur den Werken der Verfasser von Massenprodukten.

Zielgruppenorientierung, Auflagen und Preisgestaltung

In der Branche ist die Klage zu hören, die Auflagen würden immer kleiner und es werde immer teurer, Kleinauflagen herzustellen. Die Klage hat ihre Berechtigung im wissenschaftlichen Bereich. Durch Mittelkürzungen bei Öffentlichen Bibliotheken und Institutionen und durch das Fotokopieren wird der ohnehin schmale Raum für Spezialveröffentlichungen noch enger.

Wer sich aber als Verleger und Buchhändler auf eine bestimmte Zielgruppe spezialisiert, kann deren Wünsche präzis erfüllen. Für präzise Wunscherfüllung sind Käufer bereit, höhere Preise zu zahlen. Die für Liebhaberbücher in speziellen Hobbybereichen und im Antiquariat erzielbaren Preise belegen diese Behauptung.

Marktwirtschaft als Basis buchhändlerischer Betätigung

In der auf marktwirtschaftlichen Prinzipien gegründeten Ordnung der modernen pluralistischen Gesellschaft findet der Buchhändler jeden Typus' sein Betätigungsfeld, soweit er sich im Rahmen der bestehenden Gesetze bewegt, sich marktwirtschaftlich behaupten kann oder einen Zuschußgeber oder Mäzenaten findet.

Die Branchenorganisation tritt immer wieder auftauchenden Versuchen entgegen, die liberale Gesetzgebung zur Meinungsfreiheit in der Bundesrepublik einzuschränken. Sie arbeitet dabei Hand in Hand mit den Autorenverbänden und anderen interessierten Organisationen. Für die marktwirtschaftliche Basis der verlegerischen und buchhändlerischen Tätigkeit versucht sie, günstige Rahmenbedingungen zu schaffen, wenn sie sich zum Beispiel für die Erhaltung des festen Ladenpreises oder für den ermäßigten Mehrwertsteuersatz oder Postsondertarife einsetzt.

Letztendlich sind es die Leser und Käufer, die innerhalb dieses Rahmens bestimmen, welchen Typ von Buchhandlung sie bevorzugen und wer deshalb die besten Überlebenschancen hat. Kritiker bemängeln an diesem System, daß es zu einer Art Markt-Darwinismus führe und die Großen über die Kleinen dominierten.

Andererseits gibt es kybernetische Regeln, nach denen jeder Bewegung eine Gegenbewegung folgt: Scheint die buchhänderische Großeinheit die individuell geführte kleinere Einheit zu verdrängen, so verlangen die Leser und Käufer plötzlich nach persönlicher Beratung, buchgerechter Atmosphäre und der menschlichen Beziehung zum Käufer, die sie hauptsächlich in Kleinsystemen finden.

Literatur Kapitel 3

Adreßbuch der Verlage
- die nicht an das Sortiment - ohne Rabatt, - nur per Vorkasse oder Nachnahme liefern/Hrsg. v. Sortimenter-Ausschuß des Börsenvereins d. Deutschen Buchhandels. Frankfurt: Börsenverein 1987.

Börsenblatt für den Deutschen Buchhandel 1934–1945.
Ca. 1 Million Seiten auf Microfiche in Kassetten. München: Saur 1979–1981.

Börsenverein des Deutschen Buchhandels e.V. Frankfurt am Main.
Satzung, Wahlordnung, Geschäftsordnung, Statuten für die Arbeitsausschüsse, Haushaltsordnung, Wettbewerbsregeln, Spartenpapier. Frankfurt: Börsenverein 1988.

Der Börsenverein des Deutschen Buchhandels.
Organisation – Aufgaben – Tätigkeit. Hrsg. v. Börsenverein des Deutschen Buchhandels e.V. 9. Ausg. Frankfurt: Börsenverein 1983.

Der Exportkatalog.
Das österreichische Buch 1987/88. Hrsg. v. Hauptverband des österreichischen Buchhandels. Wien: Hauptverband des österreichischen Buchhandels. o. J.

Formularbuch für den Sortimentsbuchhandel.
Hrsg. v. Börsenverein d. Deutschen Buchhandels, Sortimenter-Ausschuß. Red. Karl-Heinz Möller, 2. Aufl. Frankfurt: Buchhändler-Vereinigung 1984.

Informationsmappe für Sortimentsbuchhandel.
Frankfurt: Börsenverein 1987.

Krause, Joachim/Kleine, Helga/Müller, Horst:
Sortimentskunde für den Buchhändler. 3. Aufl. Düsseldorf: Verlag Buchhändler heute 1987.

Marketing Datei Buchhandel.
Der deutsche Sortimentsbuchhandel. Organisation · Struktur · Fachgebiete · Werbung · Personal · Einkauf. Hrsg. v. Ehrhardt Heinold/Rainer Rossipaul/Arnd Roszinsky-Terjung. München: Rossipaul 1987 (wird ständig ergänzt).

Who's who der Erfa-Gruppen.
Dortmund: Harenberg Kommunikation.
Erscheint jährlich

Branchenpresse

Anzeiger des österreichischen Buchhandels.
Hrsg. v. Hauptverband des österreichischen Buchhandels. Wien: Hauptverband des österreichischen Buchhandels. 2 x monatlich

Börsenblatt für den Deutschen Buchhandel
Frankfurt: Buchhändler-Vereinigung. 2 x wöchentlich

Börsenblatt für den Deutschen Buchhandel.
Fachzeitschrift für Verlagswesen und Buchhandel/Hrsg. v. Börsenverein d. Deutschen Buchhändler. Leipzig: VEB Fachbuchverlag. 1 x wöchentlich

Buchhändler heute.
Fachzeitschrift f. d. gesamten Buchhandel. Düsseldorf: Verlag Buchhändler heute. Monatlich

BuchMarkt
Das Ideenmagazin f. d. Sortimentsbuchhandel. Düsseldorf: BuchMarkt. Monatlich

Buchreport.
Fachmagazin für den deutschsprachigen Buchhandel. Dortmund: Harenberg. Wöchentlich

Der Neue Vertrieb - dnv
Offizielles Verbandsorgan f. Verband Presse-Grosso, Verband Dt. Bahnhofsbuchhändler, Verband Dt. Lesezirkel, Bundesverband d. werbenden Buch- und Zeitsch.handels, dnv ist Publikationsorgan f. Distripress-Vereinigung z. Förderung d. internationalen Pressevertriebes. Hamburg: Presse Fachverlag. Monatlich

Der Schweizer Buchhandel.
Offizielles Organ d. Schweizer. Buchhändler- u. Verlegerverbandes, d. SLESR, d. ALSI, d. SESI, VE BUKU/Hrsg. d. Schweizer. Buchhändler- u. Verlegerverband. Zürich. Schweizer. Buchhändler- und Verlegerverband. Halbmonatlich

Sortimenter-Brief
Nachrichten f. d. Mitglieder der Fachgruppe Verbreitender Buchhandel im Börsenverein des Deutschen Buchhandels/ Hrsg. v. Sortimenter-Ausschuß des Börsenvereins des Deutschen Buchhandels. Frankfurt: Börsenverein des Deutschen Buchhandels.

4 »Die Buchkultur selbst vorleben« Berufe im Buchhandel und in der Literaturvermittlung

»Der Buchhändler muß also die Buchkultur, von der er in seiner Existenz – der wirtschaftlichen, wie der geistig-moralischen – abhängt, selber vorleben.«

Wilhelm Röpke (1899–1966)

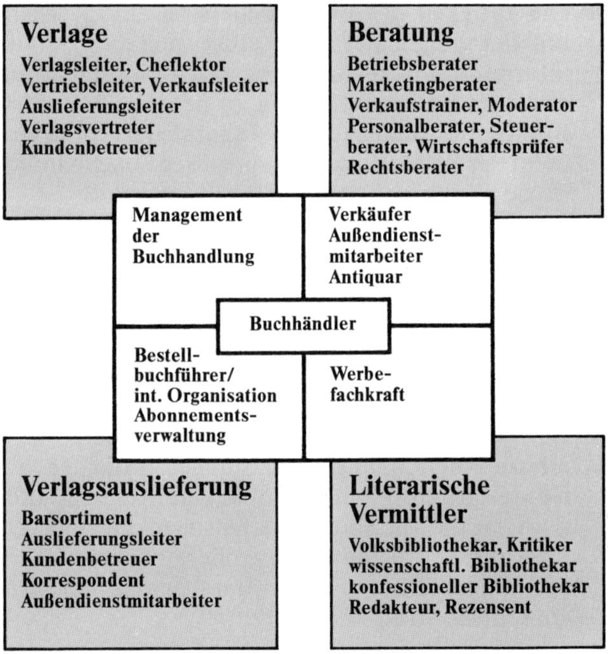

Dieses Kapitel beantwortet die Frage, welche Berufsmöglichkeiten der Buchhandel und die Literaturvermittlung bieten

4.0 Welche Berufsmöglichkeiten bieten der Buchhandel und die Literaturvermittlung? Der Buchhandel und seine Mitarbeiter

- Die besondere Form des kulturell geprägten Einzelhandels mit Büchern setzt vielfältige Qualifikationen für die Führung und Mitarbeit in einer Buchhandlung voraus. Die »geistige Ware« Buch erfordert eine eigene kaufmännische Handhabung.
- Die Tätigkeit des Buchhändlers ist ein Geschäft mit der Information. Er selbst muß umfassend informiert sein, um sein Angebot überzeugend zu gestalten und den Kunden zu beraten. Aus dem Informationsmanagement ergibt sich das Management des Warenflusses als spezifische buchhändlerische Tätigkeit.
- Das Spektrum der Berufsfunktionen innerhalb einer Buchhandlung hängt von der Größe und dem Grad der Arbeitsteilung ab. Klassische Funktionen üben der Inhaber als Geschäftsführer, der Erste Sortimenter, Abteilungsleiter und angestellte Buchhandelskaufleute aus.
- Da viele Buchhandlungen an der Rentabilitätsgrenze arbeiten, liegen die durchschnittlichen, an Landestarifen orientierten Gehälter für verkäuferisch tätige Mitarbeiter verhältnismäßig niedrig. Führungskräfte können in größeren Firmen dagegen hohe Gehälter erzielen, die sich in Teilen auch am Umsatzerfolg orientieren.
- Für das Management einer Buchhandlung gelten ähnliche Voraussetzungen wie für andere Leitungsfunktionen. Im Hinblick auf den kulturellen Aspekt buchhändlerischer Arbeit und vor dem Hintergrund niedriger Gehälter, langer Arbeitszei-

ten, physischer und psychischer Belastung in Stoßzeiten ist eine qualifizierte Mitarbeiterführung eine wichtige Voraussetzung für den Erfolg. Unabdingbar für den Geschäftsführer einer Buchhandlung sind ferner strategisches Denken und Durchsetzungsfähigkeit bei der kaufmännischen und organisatorischen Steuerung der Firma. Frauen haben gute Chancen für Führungsaufgaben im Buchhandel.

- Die an einer Verordnung über die Berufsausbildung zum Buchhändler/zur Buchhändlerin orientierte Ausbildung dauert drei Jahre. Die Schulen des Deutschen Buchhandels und andere Institutionen bieten berufsbegleitende Weiter- und Fortbildungsmaßnahmen an.

4.1 Basisberufe und mittleres Management

Im Buchhandel sind schätzungsweise zwischen 30 000 und 35 000 Mitarbeiter beschäftigt. Ihre Haupttätigkeit liegt in den Bereichen Sortimentsgestaltung, Beratung, Bedienung und Verkauf. Wegen der komplexen Materie und der hohen Titelzahl werden an die Mitarbeiter höhere Anforderungen an die Qualifikation gestellt als in vielen anderen Einzelhandelsbranchen. Demzufolge ist auch das Buchhandelsmanagement komplizierter als in anderen Zweigen des Einzelhandels.

Von der Ein-Mann-Buchhandlung zur Arbeitsteilung

Im kleinsten denkbaren Modell - der Ein-Mann-Buchhandlung - ist der Inhaber Einkäufer und Verkäufer, Werbekaufmann und Schaufensterdekorateur, Buchhalter und Controller, Administrator, Disponent und Führungskraft in einer Person. Damit sind die wichtigsten Tätigkeiten des Buchhändlers beschrieben. Von der Größe der Buchhandlung hängt der Grad der Arbeitsteilung ab.

Der Buchhandel arbeitet im Verkauf sowohl mit gelernten wie angelernten Kräften. Um flexibel zu sein, werden relativ viele Teilzeitkräfte eingesetzt.

Verkäufer im Buchhandel

Vom Verkäufer in der Buchhandlung werden in erster Linie Autoren- und Titelkenntnis, wissenschaftskundliche Kenntnisse, die Beherrschung des Bibliografierens, Einstellungsvermögen auf Kunden und Dienstleistungsbereitschaft verlangt. Genau betrachtet, ist der Verkäufer in der Buchhandlung ein Informationsverarbeiter. Er nimmt Informationen von der Verlagsseite auf und ruft sie im Verkaufsgespräch weitgehend aus dem Gedächtnis ab. Er bedient sich zusätzlich der gedruckten oder elektronisch verfügbaren Brancheninformationen. Er reagiert damit auf Informationen, die er vom Kunden über dessen Kaufwünsche empfängt. Soweit Beratung verlangt wird, ist es noch immer eine hohe Kunst, den Kundenwünschen mit dem richtigen Buch adäquat zu entsprechen. Bei einem hohen Prozentsatz der Verkäufe allerdings weiß der Käufer genau, welches Buch von welchem Autor er haben will.

Ideal ist es, wenn der Verkäufer am Einkauf beteiligt oder für ihn verantwortlich ist. In Buchhandlungen bis zu mittlerer Größenordnung wird der Einkauf zumeist auf einer anderen betrieblichen Ebene – nämlich vom Inhaber selbst – entschieden. So besteht die Gefahr, daß Informationslücken entstehen und erst nach Eintreffen der Bücher mühsam geschlossen werden.

Für Menschen, die ein Verhältnis zur Literatur allgemein oder zu bestimmten Fach- und Wissenschaftsgebieten haben und denen es Spaß macht, mit anderen Menschen umzugehen, ist der Beruf des Buchhändlers ideal und verschafft hohe Befriedigung.

Management des Warenflusses

Eine erhebliche Rolle spielt im Bucheinzelhandel der Warenfluß – im Ladengeschäft genauso wie im Versandbuchhandel. Schon rein physisch ist die Bewältigung von Büchermengen ein nicht zu unterschätzender Faktor. Dazu kommen die Dispositions-, Nachbestell- und Besorgungsprobleme und der gesamte Bestell-, Wareneingangs- und Remittendenverkehr. Diese Tätigkeiten sind in mittleren und großen Buchhandlungen beim Bestellbuchführer zusammengefaßt. *Bestellbuch* ist auch heute noch die Bezeichnung für die Bestellabteilung, obwohl das *Bestellbuch* heute längst von Telefonen, Bildschirmen, Bestellterminals, Telefaxgeräten usw. abgelöst ist. Am Arbeitsplatz Bestellbuch sind oft der bibliografische Apparat der Buchhandlung (s. 5.4), die Verlagskataloge, allgemeine Nachschlagewerke sowie Titel- und Bestellkarteien, manchmal auch Kundenkarteien untergebracht. Außerdem wird von hier aus das Abholfach für bestellte Bücher verwaltet oder gesteuert sowie der Wareneingang insgesamt überwacht.

Abonnementsverwaltung

Eine Spezialabteilung im Sortiment ist die Abonnementsverwaltung oder Zeitschriftenbetreuung. Jede Buchhandlung führt normalerweise kleinere oder größere Abbonnementsbestände von Zeitschriften, Jahrbüchern und sonstigen Periodika, Lose-Blatt-Werken sowie in Einzelfällen auch von Buchgemeinschaftsabonnements. Die Verwaltung erfolgt in vielen Fällen noch manuell. Von den verschiedensten Anbietern, darunter von den Barsortimenten, werden leistungsfähige EDV-Programme für Aboverwaltung angeboten.

Antiquariat

Ein besonderer Beruf innerhalb des Buchhandels ist der des Antiquars. Dabei muß das *echte* Antiquariat vom *Modernen* Antiquariat unterschieden werden (s. 1.4).

Unter echtem Antiquariat versteht man den Handel mit gebrauchten, mehr oder minder seltenen Büchern. »Paradoxerweise findet der Handel mit diesen optisch so reizvollen Büchern am wenigsten in der unmittelbaren Begegnung im Ladengeschäft statt, sondern überwiegend im Versandhandel und auf Auktionen.« *(Christoph Cobet *1941)*. Der Grund: Das örtliche Publikum trägt von der Zahl her zumeist ein Antiquariatsgeschäft nicht. Dazu kommen die hohen Innenstadtmieten, die von Antiquariaten kaum zu bezahlen sind.

Verband Deutscher Antiquare e.V.

Der Handapparat mit Nachschlagewerken spielt beim Antiquar eine noch wichtigere Rolle als in der Sortimentsbuchhandlung (s. 5.4).

Der Umgang mit antiquarischen Büchern setzt eine umfassende Allgemeinbildung, Detailtreue, Zähigkeit und Genauigkeit in der Ermittlung und exakten Beschreibung von Titeln sowie kaufmännisches Kalkulationsvermögen voraus. Der Beruf stellt hohe Anforderungen und verlangt vielfältige Fertigkeiten und intensive Arbeitsleistung, wird aber relativ bescheiden bezahlt.

Mittleres Management/Abteilungsleiter

Wer zum mittleren Management einer Buchhandlung gehört, bestimmt sich meist danach, ob die oder der Betreffende einkaufsberechtigt ist. Einkaufsberechtigt sind in einer modern organisierten Buchhandlung zumeist die Abteilungsleiter, die ihre Bestände anhand vorgegebener Budgets verantwortlich verwalten und für die gesamte Geschäftsabwicklung der ihnen unterstellten Abteilungen verantwortlich sind. Unter Abteilung wird zumeist ein mehr oder minder umfangreiches Angebotssegment verstanden. Damit ist die Bezeichnung *Abteilungsleiter* nicht immer notwendigerweise mit der Führung von Mitarbeitern verbunden. Abteilungsleiter im Buchhandel kann heißen, daß die oder der Betreffende das Angebotssegment oder mehrere Angebotssegmente allein oder mit einem Auszubildenden verantwortet. In mittleren und größeren Buchhandlungen sind dem Abteilungsleiter selbstverständlich die entsprechende Zahl von Verkäuferinnen und Verkäufern unterstellt.

Eine althergebrachte Bezeichnung ist die des *Ersten Sortimenters*. Je nach dem Organisationsschema der Firma ist darunter die- oder derjenige zu verstehen, die oder der den im Ladengeschäft nicht tätigen Inhaber vertritt, aber auch die rechte Hand eines tätigen Inhabers, oder aber der Ladenchef, der für die Organisation des Ladens und für den Einsatz der Mitarbeiter verantwortlich ist. Der traditionelle Erste Sortimenter ist in der Regel seit jeher einkaufsberechtigt und ein wichtiger Gesprächspartner für die Verlagsvertreter.

Erster Sortimenter

4.2 Bezahlung im Buchhandel

Die betriebswirtschaftlichen Kennziffern im Buchhandel (s. 1.2) zeigen, daß im Durchschnitt die Kostenbelastung des Buchhandels ebenso hoch ist wie der beim Einkauf erzielte Durchschnittsrabatt. Das bedeutet, daß eine große Zahl von Buchhandlungen nahe der Rentabilitätsschwelle oder darunter arbeiten und einen nur geringen Spielraum für die Bezahlung ihrer Mitarbeiter haben. Deshalb ist das Durchschnittsniveau der im Buchhandel bezahlten Löhne und Gehälter gering. Allerdings gibt es kaufmännisch vorbildlich geführte Firmen in größerer Zahl, die Renditen erwirtschaften, die denen gutgehender Branchen entsprechen. In solchen Firmen liegt normalerweise auch das Gehaltsniveau höher als in der durchschnittlichen Buchhandlung. Darüber hinaus zeichnet sich die Tendenz ab, daß Führungspositionen in den überdurchschnittlich wachsenden Buchandlungen gut bis sehr gut bezahlt werden, weil erfahrene Buchhandelsmanager rar sind.

Tarifverträge im Buchhandel

Normalerweise gelten für Mitarbeiter im Buchhandel die im Bereich der jeweiligen Landesverbände gültigen Tarifverträge. Voraussetzungen für den Abschluß von Tarifverträgen ist das Vorhandensein tariffähiger

Parteien. Auf der *Arbeitnehmerseite* sind dies die Gewerkschaften - im Regelfall: die *Deutsche Angestellten Gewerkschaft DAG* sowie die *Gewerkschaft Handel, Banken und Versicherungen HBV.*

Für die *Arbeitgeberseite* treten die Landesverbände der Verleger und Buchhändler, soweit sie sich für tariffähig erklärt haben, entweder selbst als Vertragspartner, allein oder in Tarifgemeinschaft auf oder sie haben sich unter das Dach eines größeren Arbeitgeberverbandes - z. B. Einzelhandel - begeben und übernehmen deren Tarifverträge bzw. lassen durch sie die notwendigen Tarifverträge abschließen.

Vergleicht man die Inhalte der verschiedenen Tarifverträge, so muß man immer wieder feststellen, daß Gleiches ungleich geregelt ist und eine klare Linie, die den buchhändlerischen Notwendigkeiten Rechnung trägt, nicht vorhanden ist. Dies wirkt sich insbesondere bei Mehr-, Nacht-, Sonn- und Feiertagsarbeit, Sonderurlaub sowie bei der Einstufung in Tarifgruppen und Gehaltsgruppen aus.

Ursache dieser praxisfernen Zersplitterung ist die Situation, daß Verleger und Buchhändler in Tarifangelegenheiten oft nicht nur mit vielen regionalen Zungen, sondern auch mit fremden Zungen reden.

Die Höhe der Gehälter hängt im wesentlichen von zwei Faktoren ab. Bestimmend ist einmal die *Funktion,* die der Arbeitnehmer ausübt, und zum anderen spielt die *Dauer der Tätigkeit* in dieser Funktion eine nicht unerhebliche Rolle. In den unteren Gehaltsgruppen wird in einigen Tarifverträgen auch auf die *Dauer der Berufstätigkeit* abgestellt. Bei der Einstellung eines Arbeitnehmers muß dieser nach Maßgabe der *Tätigkeitsmerkmale,* die im einzelnen für die verschiedenen Gehaltsgruppen im Tarifvertrag festgelegt sind, in die für ihn zutreffende Gehaltsgruppe eingeordnet werden. Das Tarifgehalt ergibt sich dann anhand der Tätigkeit bzw. Berufsjahre.

Beide Kriterien, d. h. die Tätigkeitsmerkmale der einzelnen Gehaltsgruppen sowie die Abstufung der Gehälter innerhalb der einzelnen Gruppen, sind in den Tarifverträgen der einzelnen Länder unterschiedlich geregelt.

4.3 Management der Buchhandlung

Das Management einer größeren Buchhandlung unterscheidet sich nur durch die Komplexität des Geschäftes und die Vielzahl der Artikel vom sonstigen Einzelhandelsmanagement. Im Management einer Buchhandlung werden intensive und extensive Waren-, Literatur- und Wissenschaftskenntnisse, Organisations- und Improvisionsgeschick, betriebswirtschaftliches Denken und Handeln, kaufmännisches Dispositionsvermögen und Führungsqualitäten verlangt.

Mitarbeiterführung

Der wichtigste Gesichtspunkt ist die Mitarbeiterführung. Schon die Zeiteinteilung bringt zum Beispiel bei einer Firma mit 50 bis 60 Mitarbeitern erhebliche Probleme mit sich. Auch Buchhändler haben wie alle anderen Arbeitnehmer eine sinkende Zahl von Arbeitsstunden, ohne daß sich die Ladenöffnungszeiten ändern. Das Management muß für stets volle Präsenz der Bedienungskräfte, vor allem in den Stoßzeiten, sorgen. Die Arbeitszeit muß so eingeteilt werden, daß die ungeliebten späten Nachmittags- sowie die Samstagsarbeitsstunden gleichmäßig verteilt sind. In den Arbeitsbereich des Ladenmanagements fällt auch die Einstellung und Entlassung von Personal sowie die Betreuung der Auszubildenden anhand eines betriebsinternen Ausbildungsplanes.

Kaufmännische und organisatorische Steuerung

Zum Management der Buchhandlung gehören

- strategische Ausrichtung der Firma
- Marketing der Firma
- betriebswirtschaftliche Steuerung

- warenwirtschaftliche Steuerung
- werbliche Aktivitäten
- Öffentlichkeitsarbeit
- repräsentative Aufgaben in örtlichen Vereinen, Verbänden und Institutionen
- Direktkontakt zu Großkunden
- Kontakt zu Verlagsvertretern
- Kontakt zu Verlagen
- Besuch von Buchmessen
- Besuch von buchhändlerischen Veranstaltungen
- Organisation der innerbetrieblichen Information
- Organisation der innerbetrieblichen Weiterbildung
- Mitarbeit in Verbänden
- Mitarbeit in Erfa-Gruppen

Angesichts dieses komplexen Aufgabenfeldes ist es unverständlich, daß moderne Organisations-, Präsentations-, Kommunikations-, Visualisierungs- und Moderationsmethoden nur zögernd im Buchhandel Einzug halten und noch immer nach dem antiquierten Führungskonzept des Anordnens und Kontrollierens statt des kooperativen Führens gearbeitet wird.

Profitcenter-Organisation

Nur in wenigen Buchhandlungen sind die Abteilungen nach dem Prinzip des Profitcenters organisiert. Profitcenter-Organisation bedeutet, daß der Abteilungsleiter nach einem vorgegebenen Budget für den Umsatz und Ertrag alleinverantwortlich ist. Das von ihm geleitete Profitcenter erwirtschaftet einen vorgeplanten Deckungsbeitrag zu den Gesamtkosten des Unternehmens. Die Profitcenter-Organisation ist die Grundlage für eine umsatz- und ergebnisabhängige zusätzliche Entlohnung.

4.4 Vertreter und Repräsentanten

Der zumeist stationär und an seinem Ladengeschäft orientierte Sortimentsbuchhandel beschäftigt nur in seltenen Fällen sogenannte Lokalvertreter. Dagegen spielt im Reise- und Versandbuchhandel sowie im werbenden Buch- und Zeitschriftenhandel der Vertreter noch immer eine wichtige Rolle (s. 1.4).

Reisende Buchhändler

Der reisende Buchhändler hat seinen Ahnen im Buchführer der Frühdruckerzeit, der von Ort zu Ort zog, um seine Ware anzubieten (s. 1.3). Heute arbeiten Vertreter und Repräsentanten im Bucheinzelhandel vor allem auf folgenden Gebieten:

- Als *Lokalvertreter* einer ortsansässigen Buchhandlung, der die Beziehungen zur örtlichen Kundschaft pflegt, Großkunden betreut und nach Aktionsplänen bestimmte Großwerke anbietet.
- Als Vertreter, der für ein Einzelhandelsunternehmen oder eine größere Vertrieborganisation *Großlexika* und *Nachschlagewerke* auf der Basis von zeitlich gestaffelten Lieferungen und Ratenpreisen verkauft. Dieser Vertreter arbeitet in der Regel in bestimmten größeren Regionen, manchmal gruppen- oder kolonnenweise und oft von Region zu Region wechselnd.
- Als Vertreter, der in bestimmten Kundenkreisen, z. B. bei Medizinern, *wissenschaftliche Neuerscheinungen* anbietet und für den Bezug von wissenschaftlichen und Fachzeitschriften wirbt. Dieser Vertreter arbeitet in der Regel auf der Basis einer größeren Regionalvertretung exklusiv für eine Spezialbuchhandlung, die einen bundesweiten Aktionsradius hat.
- Als Vertreter, der *Abonnenten* für Buchgemeinschaften oder für Zeitschriften wirbt. Dieser Vertreter arbeitet entweder auf lokaler oder auf regionaler oder auch wechselnd auf Gruppen- oder Kolonnenbasis.

Vertretergruppen und -kolonnen werden von *Verkaufsleitern* geführt, deren Aufgabe Anwerbung, Schulung, Training, Coaching (beratende Begleitung) und Controlling ist.

»Ich warte lieber, bis sie als Serie im Fernsehen kommt.«

Entlohnung

Vertreter und Repräsentanten erhalten in der Regel ein garantiertes Fixum oder Grundgehalt und eine Ergebnisbeteiligung. Im Markt ist auch der ausschließlich auf Erfolgs-(Provisions-)Basis arbeitende Typus anzutreffen. Verkaufsleiter erhalten zumeist eine Superprovision auf die Provisionen der von ihnen geführten Außendienstmitarbeiter.

4.5 Rolle der Frau im Buchhandel

Es rührt aus der bildungsbürgerlichen Tradition des Buchhandels her, daß in ihm der Anteil der Frauen überwiegt. Zwar wurden Frauen im Buchhandel noch in den ersten beiden Jahrzehnten dieses Jahrhunderts angefeindet, aber der Beruf setzte sich dann als eine Lösung für »höhere Töchter« durch, die nicht studieren sollten oder wollten und bis zur Heirat im Buchhandel sozusagen »parkten«. Dieses Höhere-Töchter-Image hängt dem Buchhandel bis heute an und wird ergänzt durch eine Art »Höhere-Söhne-Image«.

Anforderungsprofil des Buchhandels

Die Arbeit im Buchhandel ist physisch anstrengend, erfordert hohe geistige Wendigkeit und ein überdurchschnittliches Einstellungsvermögen auf andere Menschen. Diese Realitäten vertragen sich nicht mit den Vorstellungen, die »höhere Töchter« oder »höhere Söhne« von diesem Beruf haben. Auf die Dauer behaupten sich im Buchhandel nur diejenigen Frauen und Männer, die den vielseitigen Ansprüchen genügen. Ihnen eröffnen sich gute Aufstiegschancen.

Aufstiegschancen für Frauen

Aufstiegschancen können von Frauen noch nicht in vollem Umfang genutzt werden, weil die tonangebenden Männer in Inhaber- und Führungsfunktionen althergebrachte Vorurteile gegenüber der Frau im Wirtschaftsleben pflegen. Andererseits gibt es schon seit Jahrzehnten Beispiele von Frauen, die Buchhandlungen ganz oder teilweise managen und hohes Ansehen innerhalb der Branche genießen.

4.6 Weitere Berufe in der Literaturvermittlung

Unter Literaturvermittlung ist die Information über Neues aus Belletristik, Wissenschaft und Fachbereichen, das sich in Publikationen niederschlägt, zu verstehen. Literaturvermittelnd betätigen sich zum Beispiel die Journalisten des *SPIEGEL* und *STERN*, wenn sie eine Buchveröffentlichung im In- oder Ausland als Grundlage für eine Serie, einer Reportage oder einen Bericht nehmen oder auszugsweise einen Abdruck veröffentlichen.

Die Literaturvermittlung bietet ein weites Arbeitsfeld, wenn man unter Literatur im Perthes'schen Sinne nicht nur Literatur-Literatur, sondern jede Art von Sachliteratur versteht (s. BuB 4.1).

Verlagsbuchhändler und Verlagskaufleute

Am engsten verwandt mit dem Buchhändler sind einerseits die Verlagsbuchhändler und die Verlagskaufleute, andererseits die Bibliothekare. Eine Laufbahn im Verlag zieht viele Buchhändler an. Die Verlage haben sich insbesondere für Vertriebs- und Werbefunktionen, aber auch im Bereich des Verlagsmanagements immer wieder aus dem Buchhandel rekrutiert. Eine ausführliche Darstellung aller Verlagsberufe findet der Leser in dem Buch *Bücher und Büchermacher* vom gleichen Autor (s. BuB 4).

Bibliothekare

Während der Buchhändler Bücher verkauft, verleiht sie der Bibliothekar, wobei den Beschaffungs-, Erfassungs-, Verzeichnungs- und Verwaltungsfunktionen ebensoviel oder gar größere Bedeutung zukommt als dem Kundenverkehr. Dem Bibliothekswesen fehlt der kommerzielle Aspekt. Buchhändler, die ins Bibliotheksfach überwechseln, vermissen manchmal die pulsierende Lebendigkeit des kommerziell bestimmten Geschehens in einer Buchhandlung. Näheres zu den bibliothekarischen Ausbildungswegen und Berufsmöglichkeiten ebenfalls in *Bücher und Büchermacher* (s. BuB 4.11).

Kritiker

Kritik und Literaturvermittlung sind ein weites Feld in einer durch Informationen und Unterhaltung geprägten Gesellschaft. Mit dem Kritiker und Literaturvermittler verbindet den Buchhändler, daß Bücher im Hinblick auf ihre Qualität und ihre Eignung für bestimmte Zielgruppen gelesen und beurteilt werden müssen. Diese Verwandtschaft führt dazu, daß mancher Buchhändler sich im Nebenberuf als Literaturkritiker betätigt. Auch gibt es Verbindungslinien zur Autorentätigkeit. Viele namhafte deutsche Schriftsteller sind als Buchhändler tätig gewesen, so *Hermann Hesse (1877–1962)* und *Heinrich Böll (1917–1985).*

Wer was, wann und wo besprochen hat, hat jüngst das *Beiheft Buchrezensionen 1986* des *Zeitungs-Index* veröffentlicht. Ausgewertet wurden 15 führende Tages- und Wochenzeitungen. Im Jahre 1986 wurden 5 642 Bücher von 8 270 Rezensenten besprochen.

4.7 Berufliche Aus-, Weiter- und Fortbildung

Zum Beruf des Buchhändlers führt die Ausbildung in dem staatlich anerkannten Ausbildungsberuf »Buchhändler«.

Nach dem Berufsbild Buchhändler werden Sortimentsbuchhändler, Verlagsbuchhändler und Antiquariatsbuchhändler ausgebildet. Der Ausbildungsrahmenplan unterscheidet zwischen gemeinsamen Kenntnissen und Fertigkeiten für die drei Sparten und jeweils spartenspezifischen Ausbildungsschwerpunkten. Betriebe des Zwischenbuchhandels bilden nach dem Schwerpunkt »Sortiment« aus.

Ausbildung zum Buchhändler/zur Buchhändlerin

Der Ausbildung liegt die *Verordnung über die Berufsausbildung zum Buchhändler/zur Buchhändlerin vom 11. Dezember 1979* zugrunde.

Prüfungsfächer sind Buchhandelsbetriebslehre, Rechnungswesen/Datenverarbeitung, Wirtschafts- und Sozialkunde sowie Praktische Übungen. Nach bestandener Gehilfenprüfung vor der zuständigen Industrie- und Handelskammer wird der »Kaufmannsgehilfenbrief im Lehrberuf Buchhandel« verliehen.

Die Ausbildung dauert drei Jahre. Nach § 40 (1) des *Berufsbildungsgesetzes* kann der Auszubildende nach

Anhören des Ausbildenden und der Berufsschule vor Ablauf seiner Ausbildungszeit zur Abschlußprüfung zugelassen werden, wenn seine Leistungen dies rechtfertigen. In diesem Fall sollte die Ausbildung insgesamt 24 Monate nicht unterschreiten.

Zahl der Ausbildungsverhältnisse

Zum Stichtag 31.12.1986 bestanden für das Berufsbild Buchhändler/in insgesamt 3 550 Ausbildungsverhältnisse. Damit wurde eine neue Höchstmarke erreicht; 1984 waren es 2 730 Auszubildende, 1986 3 487.

Ausbildungsverhältnisse zum 31.12.1986 nach Bundesländern

	Buchhändler insgesamt	davon weiblich	davon männlich
Baden-Württemberg	648	542	106
Bayern	392	314	78
Berlin (West)	90	67	23
Bremen	30	28	2
Hamburg	115	94	21
Hessen	350	272	78
Niedersachsen	487	418	69
Nordrhein-Westfalen	1036	818	218
Rheinland-Pfalz	180	139	41
Saarland	38	28	10
Schleswig-Holstein	184	159	25
	3550	2879	671

2 879 der Auszubildenden waren weiblich, 671 männlich. Die Angaben beruhen auf Erhebungen des *Deutschen Industrie- und Handelstages (DIHT).*

Neue abgeschlossen wurden im Jahr 1986 1 423 Ausbildungsverträge. In diesem Jahr nahmen insgesamt 1 448 Buchhändler an der Abschlußprüfung teil.

Eine Erhebung des *Börsenvereins* im Herbst 1986 ergab, daß von den 3 550 Buchhändler-Lehrlingen insgesamt 63 im Zwischenbuchhandel beschäftigt waren, zu denen 223 weitere Auszubildende im Zwischenbuchhandel kamen, die einen anderen Beruf erlernten, vor allem Groß- und Außenhandelskaufmann.

Schulen des Deutschen Buchhandels

Die *Schulen des Deutschen Buchhandels* werden vom *Börsenverein des Deutschen Buchhandels* und seinem Wirtschaftsbetrieb - der *Buchhändler-Vereinigung GmbH* - getragen.

Der Berufsausbildung gilt der Arbeitszweig *Deutsche Buchhändler-Schule.* Der Fortbildung ist der Arbeitszweig *Fachschule des Deutschen Buchhandels* gewidmet, ebenso verschiedene Seminare und Spezialkurse.

Bibliothek der Schulen des Deutschen Buchhandels

Ausbildungsberuf Buchhändler/in in der Bundesrepublik Deutschland

	Buchhändler/Buchhändlerin
Voraus-setzungen	Mindestens Hauptschulabschluß, meist aber mittlere Reife, häufig Abitur
Praktische Ausbildung	Drei Jahre Ausbildung in Sortiment, Verlag oder Antiquariat. Die Ausbildungszeit kann in Ausnahmefällen - besondere schulische und betriebliche Leistungen - verkürzt werden.
Theoretische Ausbildung	Besuch der Buchhandelsfachklasse einer kaufmännischen Berufsschule oder Ersatz-Berufsschullehrgang der Deutschen Buchhändlerschule in Frankfurt am Main. Ergänzend kann ein vierwöchiger Lehrgang »Überbetriebliche Ausbildung« der Deutschen Buchhändlerschule besucht werden. Ein Lehrbrief-Kurz steht ebenfalls zur Verfügung.
Abschluß	Nach bestandener Gehilfenprüfung vor der zuständigen Industrie- und Handelskammer wird der »Kaufmannsgehilfenbrief in dem Lehrberuf Buchhändler/Buchhändlerin« verliehen.
Fortbildung	Zahlreiche Fortbildungsveranstaltungen der Schulen des Deutschen Buchhandels und der Landesverbände (1.3.7). Mehrmonatige Studiengänge der Fachschule des Deutschen Buchhandels mit Abschlußprüfung führen zu dem Prädikat »Assistent im Buchhandel«.

Deutsche Buchhändlerschule

Ersatz-Berufsschul-Lehrgang (EBL)
(9 Wochen)

Als Ablösung eines Jahres Berufsschulpflicht staatlich anerkannt in Hessen (außer Bereich Frankfurt und Kassel), Rheinland-Pfalz, Niedersachsen und Saarland.

Lehrgang für Berufsschul-Berechtigte (LBB)
(7 Wochen)

Die Lehrgänge dienen zur Vorbereitung auf die Buchhändler-Abschlußprüfung für Auszubildende, die in den einzelnen Bundesländern nicht der Berufsschulpflicht unterliegen.

EBL und LBB werden in zwei Klassen mit verschiedenen Lehrprogrammen (»Mittelstufe« und »Oberstufe«) durchgeführt.

Lehrgang »Überbetriebliche Ausbildung« (LÜA)
(4 Wochen)

Vermittlung überbetrieblicher Ausbildung. Schwerpunkte: betriebsnahe Übungen in der Lehrbuchhandlung der Schule, vertiefender Unterricht in Literaturkunde, Sortimentskunde, Wissenschaftskunde, Bibliographie.

Lehrgang für Verkaufleute (LVK)
(2 x 2 Wochen)

Für Auszubildende in Zeitschriften- und Buchverlagen. Der Lehrgang wird in zwei Abschnitten von jeweils 2 Wochen mit verschiedenen Lehrprogrammen durchgeführt und ergänzt den Besuch der öffentlichen Berufsschule. Schwerpunkte: Funktion und Organisation der Verlage; Lektorat, Redaktion; Herstellung und Kalkulation; Rechtsfragen; Marketing; Anzeigengeschäft.

Fachschule des Deutschen Buchhandels

Studiengang

von 4 bis 5 Monaten zur Fortbildung befähigter Nachwuchskräfte des gesamten Buchhandels.

Das Lehrprogramm umfaßt etwa 560 Stunden und gliedert sich in die 5 Unterrichtsbereiche

Beschaffungswesen,
Finanzierungswesen,
Rechnungswesen,
Absatzwesen,
Personalwesen/Mitarbeiterführung;

die Vorbereitung auf die Ausbilder-Eignungs-Prüfung vor der IHK;

die Ergänzungsfächer

Literaturkunde,
Herstellung,
Antiquariat,
EDV.

Abschlußprüfung zum »Assistenden im Buchhandel« mit Ausbilder-Eignungs-Prüfung

Voraussetzungen:

Abgeschlossene und buchhändlerische Ausbildung und zwei Jahres Praxis nach abgeschlossener Ausbildung.
Mindestalter: 24 Jahre.

Seminare und Kompaktkurse zur beruflichen Fortbildung

Kurse zur Wiedereingliederung und Umschulung in den Sortimentsbuchhandel (WUK)
(17 Tage)

Einweisung in den gegenwärtigen Stand des Wissens und der Fertigkeiten im Sortimentsbuchhandel.

Seminare für Buchhändler
(3–5 Tage)

Chef-Seminar, Fachklassen-Seminar, Jugendbuch-Seminar, Literatur-Seminar, »Seckbacher« Seminar.

Kompakt-Kurse
(3–5 Tage)

Themen: Bestellwesen, Verkaufskunde, Buchherstellung, Direktwerbung, Wissenschaftskunde, Auslandslizenzen.

Fachschule des Deutschen Buchhandels

In der Mehrzahl von jungen Buchhändlerinnen und Buchhändlern frequentiert – und nicht von Verlagsbuchhändlern, für die er auch angeboten wird – dient der vier- bis fünfmonatige Studiengang der *Fachschule des Deutschen Buchhandels* zur Fortbildung befähigter Nachwuchskräfte (s. Übersicht S. 202). Die Fortbildung schließt mit der Ausbilder-Eignungs-Prüfung und der Abschlußprüfung zum »Assistenten im Buchhandel« ab.

Weiterbildung

Weiterbildungsmöglichkeiten werden vor allem von den buchhändlerischen Landesverbänden angeboten, die zum Teil umfangreiche Broschüren über ihr Seminarangebot veröffentlichen (Adressen s. Anhang).

Lebenslanges Lernen

Die Berufstätigkeit im ausgehenden 20. Jahrhundert steht unter dem Stichwort »Lebenslanges Lernen«. An der Buchbranche ist zu kritisieren, daß sie die Literatur über neue Wege des Lernens, die sie selbst produziert und verkauft, für sich selber nicht oder nur in geringem Umfang nutzt.

Lebenslanges Lernen ist nur in Firmen möglich, die diesen programmatischen Punkt in ihr Firmenkonzept aufgenommen haben und ihm entsprechende Bedeutung beimessen. Ausgangsüberlegung ist, daß sich ein System und eine Firma nur in dem Umfang entwickeln, in dem sich die einzelnen Glieder des Systems – also Management und Mitarbeiter – persönlich weiterentwickeln. In der übrigen Wirtschaft wird dies durch professionell gesteuerte Personal- und Organisationsentwicklungskonzepte bewirkt. Im Bucheinzelhandel gibt es nur bescheidene Ansätze moderierter Qualitätszirkel-, Organisations- und Personalentwicklungsarbeit. Bahnbrechend ist hier die Tätigkeit des auf den Buchhandel spezialisierten Unternehmensberaters *Arnd Roszinsky-Terjung.*

Ausbildung in Österreich

In *Österreich* wird nach einem eigenen Berufsbild *Buchhändler* ausgebildet. Die Ausbildung wird als Lehrzeit bezeichnet und dauert 3 Jahre oder kürzer bei Maturanden (= Abiturienten). Der Unterricht erfolgt in eigenen Buchhändlerklassen an den Berufsschulen nach einem Rahmenlehrplan des Bundesministeriums für Unterricht, Kunst und Sport und umfaßt 1440 Unterrichtsstunden. Das Bundesland *Wien* bildet eine Ausnahme mit einer einjährigen komprimierten Ausbildung für Maturanden. Die Lehrabschlußprüfung erfolgt vor der obengenannten Kommission.

In der *Schweiz* werden Sortimentsbuchhändler ausgebildet. Die Buchhändlerfachklassen befinden sich in den Städten *Zürich, Winterthur, Luzern und Basel.* Die Buchhändlerschule in *Bern* wird vom *Berner Buchhändler- und Verleger-Verein* getragen und bildet *Verlagsbuchhändler* aus. Die Buchhändlerfachklassen sind den Berufsschulen des *Schweizerischen Kaufmännischen Verbandes* angeschlossen. Die Ausbildung dauert drei Jahre (Vorbildung Volksschulabschluß) und zwei Jahre (Vorbildung Mittelschulabschluß). Derzeit werden über 100 Auszubildende in schweizerischen Buchhandlungen und Verlagen ausgebildet. Verlagsbuchhändler bilden die Minderheit. Der Ausbildung liegen ein *Reglement über die Ausbildung und die Lehrabschlußprüfung* sowie ein *Lehrplan für den beruflichen Unterricht* zugrunde.

Ausbildung in der Schweiz

Die Monatszeitschrift *Buchhändler heute* versteht sich als Fachzeitschrift für die buchhändlerische Ausbildung speziell im Sortimentsbuchhandel und richtet ihren Inhalt danach aus.

Ausbildungszeitschrift

4.8 Selbstverständnis des Buchhandels und Sozialprestige

Das Selbstverständnis des Buchhandels hat immer wieder Anlaß zu brancheninternen Auseinandersetzungen gegeben. Dabei geht es um die Kernfrage, ob der Buchhändler mehr dem Geist oder mehr dem Kommerz verpflichtet sei, die bereits in Kapitel 3.8 abgehandelt wurde. Inzwischen ist die bis weit ins 19. Jahrhundert zurückreichende Idealisierung des Berufsbildes einer nüchternen Betrachtungsweise gewichen.

»Der Beruf des Buchhändlers ist höherer Art als die meisten anderen.« So schrieb *Curt Gonn* im *Tagebuch eines Berufsreisenden* im Jahre 1930. Die von ihm formulierte Überzeugung hat das brancheninterne Bild

Buchhändler – ein Beruf höherer Art?

des Berufsstandes lange Zeit geprägt. Daß der Buchhändler mit seinen Verdienstmöglichkeiten - als Unternehmer oder Angestellter - eher am unteren Ende der gesellschaftlichen Skala rangiert, hat sicher dazu beigetragen, eine Kompensation in der Idealisierung des Berufsbildes zu suchen.

Im *Festbuch zur Pfingsttagung Deutscher Buchhandlungsgehilfen auf der Bugra 1914 Leipzig,* herausgegeben von *Max Dietrich,* heißt es: »Die Hauptsache ist, daß sie mit dem Herzen Buchhändler sind; daß sie nicht ebenso gut mit Strümpfen oder Semmeln handeln können; daß sie ihre edle Ware lieben, wenn mich nicht alles täuscht, und stolz und eifrig sind, das Buch, den Träger des feinen und freien Gedankens, unter den Leuten zu verbreiten.«

Londoner Resolution

Nüchterner hat es die sogenannte »Londoner Resolution« der *Internationalen Arbeitsgemeinschaft von Sortimenter-Vereinigungen* vom 18. Juni 1959 ausgedrückt: »Das Buch ist nur in zweiter Linie Ware (ein wirtschaftlicher Wert in verkehrsfähiger Form). In erster Linie ist es ein Mittel menschlicher Kommunikation, ein Gefäß des Geistes, der Gedanken des Philosophen, der literarischen Schöpfung des Dichters und Schriftstellers, der wissenschaftlichen Resultate des Gelehrten, der Reproduktion künstlerischen Schaffens. Ohne das Buch in seinen vielfältigen Gestalten wäre das Leben der Neuzeit geistig, politisch, wirtschaftlich, technisch undenkbar.« (s. 5.1).

Buchhändler oder Informationshändler

Auf eine solche Beschreibung des spezifischen Charakters des Buches kann der Buchhandel ein gesundes Selbstbewußtsein gründen. Seitdem diese Resolution verfaßt wurde, hat es immer wieder Versuche gegeben, den Begriff des Buchhändlers von dem des Buches zu lösen und ihn auf ein breiteres Informations- und Medienverständnis hin anzulegen. So schrieb der um die Buchmarktforschung verdiente *Ludwig Muth (* 1930):* »Wenn der Buchhandel leistungsfähig und wirtschaftlich gesund bleiben soll, wird die Wandlung vom Buchhändler zum Informationshändler unaufhaltsam weitergehen. Aber man sollte dabei nicht alles über Bord werfen, was Charme und Anziehungskraft der guten alten Bücherstube ausgemacht hat.« Interessanterweise gibt es bisher wenig Ansatzpunkte, daß diese Prognose eintrifft.

Sozialprestige und Selbstdarstellung

Mehr als auf die Informationsbedürfnisse hat sich der Bucheinzelhandel auf seine eigene Kommerzialisierung konzentriert und das Stammgeschäft mit Büchern und sonstigen Printmedien weiter potenziert. Wohin sein Weg in der im vorliegenden Buch beschriebenen Szenerie gehen mag, wird nicht zuletzt auch vom Selbstverständnis des Buchhändlers abhängen. Jedenfalls hat das Sozialprestige, das ihm die Gesellschaft zubilligt, mit seinem eigenen Selbstverständnis in den letzten Jahren nicht Schritt gehalten. Den Buchhändler finden wir am unteren Ende einer entsprechenden Werteskala.

Im Jahr 1985 wurde vom *Institut für Demoskopie in Allensbach* eine Umfrage veranstaltet, bei der den Teilnehmern 16 Berufe genannt wurden, deren Prestige sie zu beurteilen hatten. Nach dieser Repräsentativumfrage billigten nur 8% der bundesrepublikanischen Bevölkerung über 16 Jahre dem Beruf des Buchhändlers ein hohes Sozialprestige zu. Wie kritisch man auch diese Umfrage und ihr Zustandekommen auch beurteilen mag (es wurde nur nach sogenannten Honoratioren-Berufen gefragt) – *Buchreport* liegt richtig, wenn er kommentiert: »In der (Selbst-)-Darstellung des Buchhandels als Einzelhandelsbranche, die eine Fülle nützlicher und interessanter Dinge zu bieten hat, gibt es ein gewaltiges Defizit.«

Literatur Kapitel 4

Ausbildung im Buchhandel.
Eine Informationsbroschüre des Börsenvereins des Deutschen Buchhandels. Frankfurt: Börsenverein 1988.

Bibliotheks Taschenbuch 1989.
Bad Honnef: Bock + Herchen 1988.

Böckel, Eberhard:
Abschluß von Arbeitsverträgen im Verlag und Buchhandel. Ein Ratgeber f. d. Praxis mit Darstellung des Tarifsrechts in den Bundesländern. Hardebek: Eulenhof-Verlag 1982

Böckel, Eberhard:
Der leitende Angestellte im Verlag und Buchhandel. Rechtl. Stellung - Musterverträge - Recht und Pflichten. Hardebek: Eulenhof-Verlag 1982.

Buchhändler/Buchhändlerin.
Blätter zur Berufskunde. Hrsg. v. d. Bundesanstalt für Arbeit. Bielefeld: Bertelsmann 1983.

Buchhändler.
Textausgabe der Verordnung über die Berufsausbildung zum Buchhändler nebst Rahmenlehrplan. Bielefeld: Bertelsmann 1979.

Buchrezensionen 1986.
Beiheft in: Zeitungs-Index. Hrsg. v. Willi Gorzny. München: Saur 1988.

Burckhardt, Carl J.:
Ein Vormittag beim Buchhändler. München: Callwey 1980.

Busse, Gisela/Ernestus, Horst/Plassmann, Engelbert:
Das Bibliothekswesen der Bundesrepublik Deutschland. 2. Aufl. Wiesbaden: Harrassowitz 1983.

Die Schulen des Deutschen Buchhandels.
Hrsg. v. Börsenverein d. Deutschen Buchhandels. Frankfurt: Börsenverein 1986.

Fritsch, Werner:
Berufe des Buchhandels: Antiquar. Hrsg. v. Börsenverein d. Deutschen Buchhandels u. d. Verband Deutscher Antiquare. Frankfurt: Börsenverein 1984

Grundmann, Herbert:
Buchhandel zwischen Geist und Kommerz. Grundsätzliches aus drei Jahrzehnten. Bonn: Bouvier 1984.

Hacker, Rupert:
Bibliothekarisches Grundwissen. 4. Aufl. München: Saur 1982.

Handbuch der öffentlichen Bibliotheken.
Berlin: Deutsches Bibliotheksinstitut 1987.

Jahrbuch der Deutschen Bibliotheken.
Hrsg. v. Verein Deutscher Bibliothekare. Wiesbaden: Harrassowitz 1987.

Lernkartei für den Buchhandel.
Texte v. Klaus W. Bramann u. a. Stuttgart: Ernst Klett Verlag 1987.

Neue Lehrbriefe für den Buchhandel (NLB) I
2. völl. überarb. u. erw. Aufl./Hrsg. v. Verband d. Verlage u. Buchhandlungen in Baden-Württemberg. Stuttgart: Verband der Verlage und Buchhandlungen in Baden-Württemberg 1983.

Stengel, W. Rüdiger:
Rechtskunde für Buchhändler. Düsseldorf: Verlag Buchhändler heute 1984.

Uhlig, Friedrich:
Der Sortimentsbuchhändler. Stuttgart: Hauswedell 1988.

Zeitschriften:

Buchhändler.
Hrsg. v. Angestelltenverband des Schweizer Buchhandels. Luzern: Angestelltenverband d. Schweizer Buchhandels.
5 Hefte jährlich

Buchhändler heute.
Fachzeitschrift f. d. gesamten Buchhandel. Düsseldorf: Verlag Buchhändler heute.
Erscheint monatlich

MOBILFUNK
Richard Mader
Schöne alte Städte
in Norddeutschland
Neuordnung der Telekommunikation
Isensee/Kirchhof (Hrsg.)
Handbuch des Staats Rechts
Band II
Demokratische Willensbildung –
Die Staatsorgane des Bundes
C. F. Müller
LEXICON.
Theodor Fontane
Briefe an den Verleger
Rudolf von Decker
Gottfried North
DIE POST
IHRE GESCHICHTE
IN WORT UND BILD
Schoreit/Heck
Aktien
Ziemer/Enselborn
Büro-
kommunikation
Das Recht der
Außenhandels-
kaufverträge
Industrie-
spionage
des Ostens
C.F. Müller

5 »Bücher der Stunde und Bücher für alle Zeiten« Buchtypen und -gattungen in ihrer Vielgestalt

»Alle Bücher können in zwei Klassen eingeteilt werden: die Bücher der Stunde und die Bücher für alle Zeiten.«

John Ruskin (1819–1900)

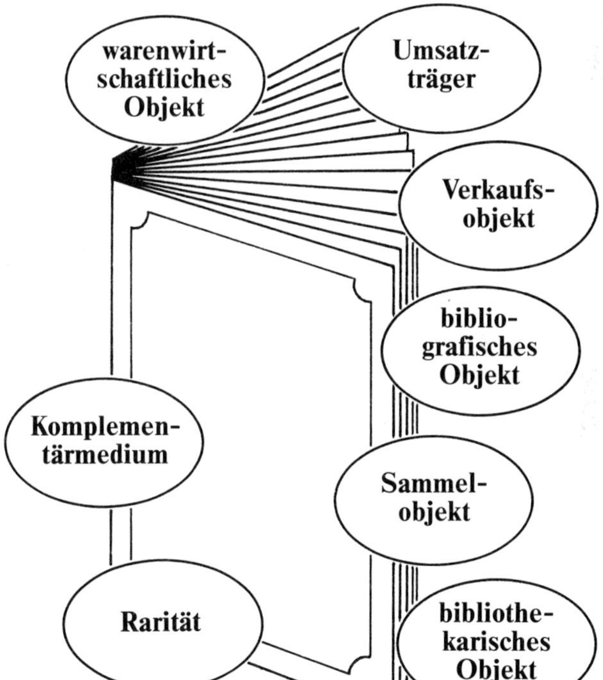

Dieses Kapitel beantwortet die Frage, welche Arten von Printmedien es gibt.

5.0 Welche Arten von Printmedien gibt es? Der Buchhandel und seine Ware

- Der Buchhandel befaßt sich neben der Verbreitung von Büchern auch mit dem Handel von Zeitschriften, Drucken aller Art, Lehrmitteln, audiovisuellen Medien, Software und auch Schreib- und Bürowaren. Man spricht von Books und Non-Books.

- Bücher treten in sehr unterschiedlichen Bindeformen auf, deren jeweiliger Typ bibliografisch erfaßt wird. Die Angebotspräsentation richtet sich teilweise nach Einband-Kategorien (Beispiel: Taschenbuch).

- Buchhändler stehen vor permanenten Mengen- und Ordnungsproblemen. Die »Einheitliche Warengruppen-Systematik« der *Deutschen Bibliothek* gibt eine Orientierung der Wissens- und Wissenschaftsgebiete, berücksichtigt aber nicht die Zugriffskriterien von Kunden. Deshalb werden warentypologische Definitionen pragmatischer in der jeweiligen Buchhandlung umgesetzt.

- Die Definition von Buchtypen kann im Rahmen einer Portfolio-Matrix nach ihrer Stellung im Sortiment erfolgen. Nach den Lebenszyklen lassen sich vier Buchtypen klassifizieren: Bestseller, Longseller, Steadyseller, Problemkinder.

- Eine wichtige Voraussetzung für die buchhändlerische Arbeit sind die Erfassung und der problemlose Zugriff auf bibliografische Daten. Bibliografien ermöglichen die Recherche nach Autoren, Titeln und Sachgebieten und stehen gedruckt, auf Speichermedien und über Datenbanken zur Verfügung. Neben der offiziellen *Deutschen Bibliographie* spielen eine Reihe weiterer Spezialbibliografien für die in- und ausländische Titelrecherche eine wichtige Rolle.

- Buchhandlungen und Bibliotheken existieren in einer Lieferanten-Kundenbeziehung nebeneinander. Sie ergänzen sich komplementär in ihren Funktionen als Verbreiter und Bewahrer der Literatur.

5.1 Gegenstände des Buchhandels

Mit der Beschreibung dessen, womit der Buchhandel handelt, tut er sich schwer. Das zeigt nicht nur der branchenübliche, gespreizte Ausdruck von *Gegenständen des Buchhandels,* sondern auch die Tatsache, daß sich beim Wort *Ware* oder *Produkt* für *Buch* bei manchem die Feder oder Zunge sträubt.

Überzeugungs-Buchhändler und Vermittlungs-Buchhändler

Im Verständnis dessen, wie sich der Buchhandel zu seiner Ware verhält, gibt es zwei Grundtypen. Der eine verlangt die volle Identifikation: der *Überzeugungs-Buchhändler,* der nur das verkauft, was er mit seinen eigenen Werten und Ansichten vereinbaren kann. Das Missionarische gerade so mancher neuen Buchhandelsgründung aus der Szene gesellschaftlicher Gegenbewegungen heraus hat hier ihren Ursprung. Auf der anderen Seite steht der Typus, der sich nüchtern als Vermittler dessen versteht, was die Kunden verlangen und der deshalb als *Vermittlungs*-Buchhändler bezeichnet werden kann. In der Praxis weist jeder Buchhändler Züge beider Typen auf.

Bücher als Ware

Veröffentlichungen der Branche zu ihrem Selbstverständnis kreisen immer wieder um den Doppelcharakter des Buches als Ware und geistiges Erzeugnis zugleich (s. 4.8). Diese Distanzierungsbemühungen von anderen Waren verkennen, daß *jede Ware* einen *mehrfachen* Charakter bzw. Wert hat:

- einen rein stofflichen Charakter (Materialwert)
- einen Tauschwert als Handelsgut
- einen Wert im Hinblick auf das Bedürfnis, das die

Ware befriedigt (beim Sekt z. B. nicht Durst, sondern Genuß)

- und schließlich einen geistigen Wert, der ihr vom Wertesystem des Käufers aus zugewiesen wird und der den Tauschwert bestimmt, den er dafür zu zahlen bereit ist.

So gesehen sind Bücher Waren wie andere Waren auch. Reibungspunkte ergeben sich da, wo geistige und kommerzielle Zielsetzungen miteinander in Konflikt geraten (s. 3.8).

Printmedien und Non-Books

Aber der Buchhandel handelt ja eben nicht nur mit Büchern. Er handelt ebenso mit Zeitschriften, Loseblattwerken, grafischen Blättern, Postkarten, Kunstdrucken, Noten, Globen, Atlanten, Landkarten, Lehrmitteln, mit audiovisuellen Medien mit Software, mit Papier, Schreib- und Bürobedarf in Form von Nebensortimenten.

Die etwas burschikosen, aber griffigen Bezeichnung *Printmedien* auf der einen, *Non-Books* auf der anderen Seite werden in der Branche gern als *Neu-Deutsch* abgelehnt. Dennoch sind sie *ein* Unterscheidungsmerkmal, um das Angebot einer Buchhandlung zu definieren.

Unterscheidung nach Einbandarten

Ein spezielles Kriterium zur Kennzeichnung von Büchern ist die Einbandart, die zur bibliografischen Erfassung gehört (s. 5.4). Die Tabelle auf Seite 215 zeigt, welche Differenzierungen hier möglich sind. Auch der Fachmann kann sie zum Teil kaum nachvollziehen. Die pragmatische englische Art, zwischen *Hardcover* und *Softcover* zu unterscheiden, macht Sinn, ist aber noch nicht branchenüblich.

Interessant ist, daß die Einbandarten gemäß dem Abkürzungsverzeichnis im offiziellen *Verzeichnis lieferbarer Bücher* den Ausdruck Taschenbuch nicht nennen. Taschenbücher werden in der Bibliografie als *kartoniert* ausgewiesen.

Einbandarten laut Abkürzungsverzeichnis im VLB

Br	Broschiert
Ebr	Englisch broschiert
Efal	Efalin
Gb	Gebunden
Gebl	Geblockt (hinten geleimt, ohne Einbanddeckel)
Gh	Geheftet
Hf	Halbfranz
Hkst	Halbkunststoff
Hl	Halbleinen
Hld	Halbleder
Hpgt	Halbpergament
Kst	Kunststoff
Kt	Kartoniert
Ld	Leder
Lep	Leporello
Lin	Linson
Ln	Leinen
Loseblattausg.	Loseblattausgabe
M, iM	Mappe, in Mappe
Ord, iOrd	Ordner, in Ordner
Pb	Paperback
Pgt	Pergament
Pl	Plastik
Pp	Pappband
Ringb	Ringbuch
Ringh	Ringheft
Sch, iSch	Schuber, in Schuber
Schnellh	Schnellhefter
Sn	Snolin
U, iU	Umschlag, in Umschlag

Um Bücher vom Einband her zu definieren, wird in der Branchenpraxis mit drei Begriffen nebeneinander operiert: mit dem Begriff des *gebundenen* oder *Hardcover-Buches,* mit dem Begriff des *Taschenbuches* und mit dem Begriff des *Paperbacks,* wobei allerdings niemand den Unterschied zwischen Paperback und Taschenbuch genau bezeichnen kann. Der englische Ausdruck Paperback bedeutet Taschenbuch. Im Branchengebrauch versteht man dennoch unter Paperback ein wie ein Taschenbuch kartoniert gebundenes, aber doch umfangreicheres und eventuell größeres Softcover-Buch.

Plazierung der Taschenbücher

Noch komplizierter wird es, wenn die Einbandkategorien zur Lagerordnung herangezogen werden. Wohl dem Reihendenken der Branche entspringend (s. 5.6), erhielten die Taschenbücher seit ihrem Auftritt im Buchhandel zu Beginn der 50er Jahre einen gesonderten Platz. Sie wurden im Regelfall nicht in die einzelnen Sachgebiete oder belletristischen Autorenalphabete eingereiht. Aus Taschenbuchregalen entwickelten sich Taschenbuchabteilungen. Aus Taschenbuchabteilungen entwickelten sich Taschenbuchkeller, Taschenbuchläden und Taschenbuchhandlungen. Inzwischen kann der Kunde Taschenbücher in Buchhandlungen nach den verschiedensten Ordnungsprinzipien finden:

- in gesonderten Taschenbuchabteilungen nach Sachgebieten und Autorenalphabeten
- in gesonderten Taschenbuchabteilungen nach Verlagen, Reihen und Nummernfolge
- in den Autorenalphabeten der einzelnen Sachgebiete.

Im Buchkaufhaus *Gemini* zum Beispiel wird von der Lagerordnung her kein Unterschied zwischen Taschenbuch und Hardcover gemacht. Allein die thematische Zuordnung entscheidet.

Warengruppensystem der Deutschen Bibliothek

Die *Deutsche Bibliothek* gliedert seit 1982 ihr *Wöchentliches Verzeichnis* und die zusammenfassenden Bibliografien nach einer neuen Warengruppensystematik. Diese umfaßt neun Haupt- und 65 Untergruppen. Für den buchhändlerischen Bedarf ist sie um die zwei Hauptgruppen *Nebensortiment* mit sechs Untergruppen und *Papier, Büro, Schreibwaren* mit acht Untergruppen erweitert worden.

In der buchhändlerischen Praxis werden die Ziffern der Sachgruppen durch neun zusätzliche Indizes ergänzt, die kennzeichnen, welchen der neun Hauptwarenbereiche einer Buchhandlung der jeweilige Titel zuzuordnen ist (s. Anhang).

Wollte man auf dem Reißbrett eine Buchhandlung konstruieren, so griffe man sich diejenigen Warengruppen heraus, die sie von diesen 65 Gruppen führt. Danach würde das Lager geordnet.

Solche auf dem Reißbrett konstruierte Buchhandlungen gibt es nicht. Buchhandlungen wachsen organisch. Ihre Individualität, Besonderheit und gelegentliche versponnene Kauzigkeit verleiht ihnen den Charme und Reiz, der vom besonderen Charakter der Bücher herrührt. Deshalb gibt es fast so viele Konzepte, das Angebot einer Buchhandlung zu gruppieren, wie es Buchhandlungen gibt.

Die bisher mangelnde Akzeptanz der Hauptwarengruppensystematik im Buchhandel ist wohl in erster Linie darauf zurückzuführen, daß nach Wissens- und Wissenschaftsgebieten differenziert wird, aber nicht nach Kundenbedürfnissen. So kommen Begriffe wie *Ratgeber* und *Lexika* überhaupt nicht vor. *Kinder-und Jugendliteratur* findet sich in der Hauptgruppe *Allgemeines, Belletristik* in der Hauptgruppe *Sprach- und Literaturwissenschaft-Belletristik.*

Warentypologische Definitionen

*Ulrich Röhm (*1957)* definiert in seiner Untersuchung *Marketing im Sortimentsbuchhandel* das Buch warentypologisch wie folgt:

»Konsumgut, Gebrauchsgut, Massenware, shopping good, zum Teil Markenware und doch erklärungsbedürftig. Bücher dienen dem Konsum oder fallen unter den Begriff der »geringwertigen Wirtschaftsgüter« (Tabellenwerke, Kommentare etc. in Betrieben). Wiederholt benutzte Werke stellen den typischen Fall eines Gebrauchsguts dar (z. B. Nachschlagewerke). Das Druckerzeugnis ist oft zu einem Massenprodukt geworden (Taschenbücher, Bestseller) und damit stark abhängig von der absetzbaren Auflage. Die Eigenschaft als shopping-good zeigt sich am deutlichsten bei wertvolleren und erklärungsbedürftigen Büchern, bei deren Kauf manche Kunden Stunden in den Buchhandlungen verbringen.«

Buchtypologie

Röhm hat sich auch mit der Frage der *Buchtypologien* befaßt. Danach lassen sich Bücher nach *Literaturgattungen,* nach der *Stellung im Sortiment* (s. 5.3) und nach *Preisklassen* (s. oben) zuordnen. *Röhm* unterscheidet folgende Literaturgattungen (die Erläuterungen in Klammern stammen ebenfalls aus seiner Feder):

- Belletristik (gehobene, anspruchsvolle Literatur und reine Unterhaltungsliteratur)
- Kinder- und Jugendbücher
- Schulbücher
- Sachbücher (in allgemein verständlicher Form dargestellt, auch für Leser ohne Vorkenntnisse)
- Fachbücher und wissenschaftliche Bücher (für Fachleute mit Vorkenntnissen)
- Nachschlagewerke
- Bild- und Kunstbände
- Kalender
- Atlanten und Karten

Zu dieser Typologie nach Literaturgattungen einige Anmerkungen: Die Unterscheidung zwischen *gehobener, anspruchsvoller Literatur* und *reiner Unterhaltungsliteratur* erscheint als typisch deutsch. Die sogenannte *gehobene Literatur* wird gelegentlich auch als *Literatur-Literatur* bezeichnet. Hier und da beginnt sich eine Unterscheidung nach *U- und E-Literatur* einzubürgern, die der Unterscheidung nach U-(Unterhaltungs-)Musik und E-(ernster) Musik entspricht, wie sie die Musikbranche kennt.

Es fällt auf, daß in Röhms Typologie der Begriff Ratgeber fehlt, die vermutlich unter *Sachbüchern* oder *Nachschlagewerken* gesucht werden müssen.

Sachbücher und Sachliteratur

Begriffsverwirrung herrscht hinsichtlich der Sachliteratur. Der Begriff Sachbuch wird in unterschiedlicher Bedeutung gebraucht. Manchmal wird darunter die gesamte Sachliteratur, manchmal ausschließlich das erzählende Sachbuch verstanden (s. Definition von *Röhm*). Der frühere Econ-Verleger *Erwin Barth von Wehrenalp* (* 1911) hat Anfang der 60er Jahre eine handliche Formel entwickelt, die das erzählende Sachbuch definiert: »Ein Werk, das, sachkundig geschrieben, einen oder mehreren Wissensbereichen einem breiten Leserkreis erschließt.«

Es ist das Verdienst von *Kindlers Literaturgeschichte* der Gegenwart, im Jahre 1978 unter der Herausgeberschaft von *Rudolf Radler (*1934)* zum ersten Mal eine umfassende Darstellung »Die deutschsprachige Sachliteratur« vorgelegt zu haben. Wie weit der begriffliche Rahmen damals gezogen wurde, zeigt die Übersicht auf Seite 220, die die Überschriften der Hauptkapitel dieses Sammelwerkes wiedergibt. Interessant ist, daß hier unter dem Begriff der Sachliteratur auch autobiografische und biografische Literatur, Erfolgsbücher und allgemeine Nachschlagewerke erfaßt werden.

Interessant aber auch für den Bewußtseinsstand von 1978, daß der Begriff *Ratgeber* im Sachregister ebenso wenig auftaucht wie der Begriff *Lebenshilfe,* während heute diese beiden Literaturgattungen in den Buchhandlungen einen erheblichen Platz einnehmen.

Kindlers Literaturgeschichte der Gegenwart. Autoren – Werke – Themen – Tendenzen seit 1945.

Die deutschsprachige Sachliteratur. Herausgegeben von Rudolf Radler. München: Kindler 1978.

Das Werk enthält folgende Hauptkapitel:

- Annäherung an das Sachbuch
  Zur Geschichte und Definition eines umstrittenen Begriffs
- Sachliteratur zur Philosophie und Soziologie
- Psychologie und Psychotherapie in der Sachliteratur seit 1945
- Psychologische Sachliteratur in der DDR
- Sachliteratur zur Parapsychologie und zu Grenzgebieten der Psychologie
- Sachliteratur zu den Erziehungswissenschaften und zu Bildungsfragen
- Sachliteratur zur evangelischen Theologie und allgemeinen Religionswissenschaft
- Sachliteratur zur katholischen Theologie
- Sachliteratur zur Archäologie
- Sachliteratur zur allgemeinen Geschichte (bis 1918)
- Sachliteratur zu Fragen der Zeitgeschichte
- Sachliteratur zur Politikwissenschaft
- Sachliteratur zum Öffentlichen Recht und zur Rechts- und Staatsphilosophie
- Autobiographische und biographische Literatur
- Sachliteratur zur Literaturwissenschaft
- Tendenzen der Literaturkritik seit 1945
- Zur Literaturkritik in der DDR oder die kritisierte Kritik
- Sachliteratur zur Kunstwissenschaft und Kunstgeschichte
- Sachliteratur über Theater und Schauspielkunst
- Sachliteratur zur Musikwissenschaft
- Sachliteratur zu volkswirtschaftlichen und wirtschaftspolitischen Fragen
- Sachliteratur zur politischen Ökonomie in der DDR
- Sachbücher als Erfolgsversprechen
- Sachliteratur zur Geographie und zu deren Nachbargebieten
- Das naturwissenschaftliche Sachbuch
- Sachliteratur zur Technik
- Zukunftsforschung und Zukunftsorientierung als Themen der Sachliteratur
- Sachliteratur zur Biologie und biologischen Anthropologie
- Sachliteratur zur Medizin
- Jugendsachbücher
- Die großen allgemeinen Nachschlagewerke in der Sachliteratur seit 1945
- Über die Zukunft des Sachbuchs

Geschichte der Sachliteratur

Ein erster Versuch, die Entwicklungsgeschichte der Sachliteratur zu schreiben, findet sich an versteckter Stelle: In *Helmut Hillers* (* 1923) Untersuchung *Zur Sozialgeschichte von Buch und Buchhandel* aus dem Jahr 1966.

Fiction und Non-Fiction

Die angelsächsische Welt tut sich mit dem Begriff der *Sachliteratur* leichter, indem sie pragmatisch zwischen *Fiction* und *Non-Fiction* unterscheidet und danach auch die Bestsellerlisten einteilt. Die deutschen Bestsellerlisten haben die Unterscheidung übernommen (s. 3.4). Allerdings wurde der Begriff *Non-Fiction* durch *Sachbücher* statt durch *Sachliteratur* ersetzt, was hinwiederum den Blick einengt und die Aufmerksamkeit auf das erzählende Sachbuch konzentriert. Damit sind zum Beispiel Ratgeber und Nachschlagewerke von den Bestsellerlisten ausgeschlossen.

Raumbedarf der Warengruppen

Im Buchhandel haben sich in den letzten Jahren erhebliche Verschiebungen in Warenbestand und -präsentation ergeben. Solche Änderungen des Stellenwertes bestimmter Literaturbereiche lassen sich daran ablesen, welcher und wieviel Platz dem betreffenden Bereich in einer Buchhandlung eingeräumt wird. So stehen zum Beispiel frühere Randsortimente wie *Touristik* heute im Mittelpunkt des Angebotes und nehmen oft mehr Platz ein als die *Belletristik*-Abteilung. Allgemein scheint Belletristik im Buchhandel an Raumbedarf und Bevorzugung in der Präsentation zu verlieren.

Kinder- und Jugendliteratur führt in vielen Buchhandlungen ein bedauerliches Mauerblümchen-Dasein. Kinderfreundliche, gut geführte Kinder- und Jugendbuchabteilungen sind eher die Ausnahme. Um so erfreulicher ist das Engagement spezieller Kinderbuchläden. Die weitgehende Indolenz der Branche auf diesem Gebiet der Buchpräsentation zeigt, daß der Buchhandel noch nicht überall verstanden hat, an der Leseerziehung und Leseförderung beispielgebend mitzuwirken.

Warenkundliche Kenntnisse

Intensive warenkundliche Kenntnisse gelten als wichtige Grundlage buchhändlerischer Arbeit. Dazu gehören das Wissen um Autoren, ihre Bücher, ihre Wirkung, sowie wissenschaftskundliches Know-how. Der Beruf des Buchhändlers bringt es mit sich, daß diese Basis durch stetige eigene Informationsaufnahme, Lektüre und Urteilsbildung untermauert wird. In zahlreichen Erinnerungsbüchern und in Werken literarischer Prosa werden Buchhändler als einfühlsame Gesprächspartner ihrer Kunden von umfassender Allgemeinbildung und oft polyhistorischem Zuschnitt gerühmt. Bekannt ist *Carl J. Burckhardts (1891–1974)* Erzählung *Ein Vormittag beim Buchhändler.*

Literatur und Wissenschaftskunde

Literaturkunde nimmt in der buchhändlerischen Ausbildung einen wichtigen Platz ein (s. 4.7). Je nach der Spezialisierung der Buchhandlung braucht der Buchhändler außerdem mehr als oberflächliche *wissenschaftskundliche* Kenntnisse. Wer zum Beispiel juristische Literatur verkauft, muß mit dem Rechtssystem der Bundesrepublik und dessen Aufbau und mit den einschlägigen Gesetzes- und Kommentarwerken vertraut sein. Er muß über den jeweils neuesten Gang der Gesetzgebung Bescheid wissen, um den Ansprüchen seiner fachkundigen Kundschaft gerecht werden zu können.

Inzwischen haben die Fach- und wissenschaftlichen Verlage erkannt, daß es ihre Sache ist, zur Fachkunde der Buchhändler auf dem jeweiligen Spezialgebiet beizutragen. Ein Beispiel sind warenkundliche Veröffentlichungen der *VCH Verlagsgesellschaft, Weinheim.*

Für eine Reihe von Fach- und Wissenschaftsgebieten gibt es wiederum Veröffentlichungen des Buchhandels für seine Kunden, die den Umgang mit der entsprechenden Literatur erleichtern sollen. So gibt die *Arbeitsgemeinschaft juristischer Fachbuchhandlungen* eine Schriftenreihe heraus, deren Heft 1 Hinweise für die Benutzung juristischer Fachliteratur vermittelt (»Vom Umgang mit juristischer Literatur«).

Buchhändlerische Wissenschaftskunde

Altertumswissenschaft und Archäologie
Anthropologie
Astronomie
Biologie
Biologische Versorgungswissenschaft
Buch- und Bibliothekswissenschaft
Chemie
Geologie
Geschichte
Informations- und Kommunikationswissenschaft
Kunstwissenschaft
Literaturwissenschaft
Mathematik
Medizin
Mineralogie und Petrographie
Musikwissenschaft
Pädagogik
Paläontologie
Philosophie
Physik
Psychologie
Rechtswissenschaft
Religionswissenschaft
Soziologie
Sport und Spiel
Sprachwissenschaft
Staats- und Politikwissenschaft
Technik
Theater- und Filmwissenschaft
Theologie
Volkskunde
Völkerkunde
Wirtschafts- und Sozialwissenschaft
Wissenschaft und Wissenschaftskunde

Je nach fachkundiger Ausrichtung seiner Buchhandlung muß der Buchhändler wissenschaftskundliche Grundlagen beherrschen, mit dem Aufbau der wissenschaftlichen Lehr- und Forschungssätten vertraut sein, Einrichtungen der Wissenschaft kennen, eine Übersicht über den Aufbau der Wissenschaftsgebiete haben, Fachausdrücke verstehen können und über grundlegende Werke der jeweiligen Fachrichtung Bescheid wissen.

Kartografie

Interessante Umsatzanteile erwirtschaftet der Buchhandel mit *kartografischen Erzeugnissen,* zu denen auch Globen und Atlanten zählen. Für dieses Gebiet benötigen Buchhändler ein spezielles Know-how, das über die Kenntnis einiger Kartenmaßstäbe hinausgeht. Führende kartografische Unternehmen bemühen sich deshalb, durch Spezialseminare und Veröffentlichungen dieses Gebiet für den Buchhandel transparenter zu machen.

Entscheidende Verbesserungen auf dem Gebiet der Kartografie ergeben sich aus dem Einsatz von Computern. Die führenden Kartenhersteller setzen inzwischen digitale Bildverarbeitungssysteme ein, um die Qualität ihrer Produkte laufend zu verbessern. Neue Perspektiven eröffnen sich durch die Kombination von computerunterstützter Kartografie und Satelliten-Fernerkundung. Das Wissen um solche technische Neuerungen gehört unabdingbar zu den warenkundlichen Kenntnissen des Buchhandels.

5.2 Umsatzanteile der Warengruppen nach dem Kölner Betriebsvergleich

Am *Kölner Betriebsvergleich* (s. 1.2) nehmen nur etwa 400, in früheren Jahren nur etwa 300 Buchhandlungen teil. Dennoch ist dem Zahlenmaterial Aussagekraft beizumessen. Der folgende Abschnitt kommentiert die Tabelle auf Seite 225 im Hinblick auf die Umsatzanteile, die von den einzelnen Literaturgruppen im Sinne von Sachgebieten erwirtschaftet werden.

Belletristik

Die *Belletristik* nimmt mit 19% Anteil an der Gesamttitelproduktion der Jahre 1951 bis 1986 die Spitzenstellung unter den Sachgebieten ein. Bei den am *Kölner Betriebsvergleich* beteiligten Firmen erwirtschaftete sie 1985 im Durchschnitt 14% des Umsatzes. Bei näherer Betrachtung der Tabelle fällt auf, daß der

Anteil der Belletristik bei kleineren Firmen wesentlich größer als bei großen Firmen ist. Das läßt wohl den Schluß zu, daß unspezifische unterhaltende Literatur lieber beim nahegelegenen örtlichen Sortiment, spezifische Literatur aber lieber in der größeren, fachlich entsprechend kompetenten und breiter sortierten Buchhandlung gekauft wird.

Kinder- und Jugendbücher

Kinder- und Jugendbücher, mit 5,3% an der Gesamttitelzahl 1951 bis 1986 beteiligt, machen nach dieser Aufstellung 7% vom Umsatz aus, wobei wiederum ein Schwerpunkt bei den kleineren Firmen liegt.

Fachbücher Naturwissenschaften

Die *Fachbücher Naturwissenschaften* erreichen ebenfalls 7% Umsatzanteil. Bei Betrachtung der Tabelle zeigt sich, daß es hier eine besondere Schwäche der kleineren und eine besondere Stärke der großen Firmen gibt.

Betriebsvergleichsergebnisse für Sortimentsbuchhandlungen mit verschiedener Beschäftigungszahl im Jahre 1985 (Kölner Betriebsvergleich)

Auswertungsposition	alle Betriebe	davon Sortimentsbuchhandlungen mit ... Beschäftigten 2–3	4–5	6–10	11–20	21–50
1 Vom Gesamtumsatz entfallen in v. H. auf:						
a) Belletristik	14	20	15	14	13	11
b) Kinder- und Jugendbücher	7	9	8	8	6	6
c) Fachbücher Naturwissenschaften	7	5	4	5	7	13
d) Fachbücher Geisteswissenschaften	10	4	7	10	10	13
e) Schulbücher	11	10	13	11	11	9
f) Taschenbücher	13	19	14	12	12	10
g) Zeitschriften, Presseerzeugnisse, Forsetzungen	7	2	5	8	9	12
h) Hobby-, Freizeit-, Reise-Literatur	8	7	9	8	9	7
i) Sachbücher	11	10	15	11	10	8
k) Antiquariat/Modernes Antiquariat	3	4	2	2	3	3
l) Alle übrigen Waren	9	10	8	11	10	8

Fachbücher Geisteswissenschaft

Dasselbe trifft für *Fachbücher Geisteswissenschaften* zu, die im Durchschnitt 10% des Umsatzes bestreiten. Von der Zahl der Neuerscheinungen her dürfte dieses Literaturgebiet höher liegen; eine genaue Prozentzahl läßt sich infolge einer anderen Einteilung nicht erheben. Auch bei diesem Gebiet fällt auf, welch geringe Rolle es in den kleineren und welch erhebliche Rolle es im größten Buchhandlungstyp spielt.

Schulbücher

Bei *Schulbüchern* ist das Verhältnis eher umgekehrt. Der durchschnittliche Anteil bei allen Betrieben beträgt 11%. Einen Schwerpunkt gibt es hier bei den kleinen und mittleren Firmen. Bei größeren Firmen ist der Umsatzanteil geringer.

Das Schulbuchgeschäft gehorcht eigenen Gesetzen, je nachdem, wie die Lernmittelfreiheit in den einzelnen Bundesländern ausgestattet ist. Die Schulbücher werden teilweise ausgeliehen, teilweise übereignet. Es gibt aber auch eine Kombination aus Übereignung und Ausleihe sowie ein Bonussystem, bei dem die Eltern einen Teil der Kosten tragen, wenn die Bücher ins Eigentum der Schüler übergehen. Der Buchhandel hat immer Lösungen bevorzugt, bei denen die Schüler in eigenen Buchbesitz gelangen, um so zu lernen, was es bedeutet, über eine eigene Bibliothek zu verfügen.

Taschenbücher

Interessanterweise werden im *Kölner Betriebsvergleich* die *Taschenbücher* – im Grunde ja eine Einbandform oder Preiskategorie – unabhängig von dem Inhalt, den sie transportieren, gesondert ausgewiesen (s. 5.1). Ihr Umsatzanteil mit durchschnittlich 13% reicht an den der Belletristik heran, wobei wiederum die Regel gilt: Je kleiner die Firma, desto höher der Taschenbuchanteil.

Zeitschriften/Presseerzeugnisse/Fortsetzungen

Zeitschriften, Presseerzeugnisse, Fortsetzungen erbringen 7% Umsatzanteil. Hier ist der Unterschied zwischen den kleinen und den großen Firmen besonders gravierend. Offensichtlich verstehen es die großen

Buchhandlungen viel besser, Stammkunden mit ihren Fortsetzungsbezügen an sich zu binden. Möglicherweise fehlt es den kleineren Firmen auch am Know-how, Fortsetzungen sachgerecht zu verwalten. Die Konzentration von Fortsetzungen in der Hand von Großlieferanten ist ein Phänomen, das die Konzentration im Buchhandel insgesamt verstärkt. Hier ergeben sich strategische Ansatzpunkte auch für kleinere Firmen, ihre Basis durch eine bewußte Fortsetzungspolitik zu verstärken.

Hobby-, Freizeit- und Reiseliteratur

Die *Hobby-, Freizeit- und Reiseliteratur* macht im Durchschnitt 8% vom Umsatz aus. Dieses Sachgebiet ist über die einzelnen Größenklassen am gleichmäßigsten verteilt. Darin spiegelt sich wohl das besondere Interesse, das dieser Freizeitbereich in allen Leserschichten findet.

Sachbücher

Der *Kölner Betriebsvergleich* kennt eine Kategorie *Sachbücher,* die in den Veröffentlichungen nicht näher definiert wird. Was mögen die am Vergleich beteiligten Buchhändler unter diesem Begriff erfassen? Wo bringen sie zum Beispiel Lexika und allgemeine Nachschlagewerke unter? Eine Erhebung ist immer so gut wie die Basisdaten, die ihr zugrunde liegen. Am schillernden Begriff Sachbücher wird das deutlich. Die beteiligten Buchhändler erwirtschaften damit 11% ihres Umsatzes, wobei wiederum die kleineren Firmen an der Spitze liegen und der prozentuale Anteil mit wachsender Größe abnimmt.

Antiquariat und Modernes Antiquariat

Antiquariat und Modernes Antiquariat liegen mit 3% vom Umsatz bei den am Betriebsvergleich beteiligten Firmen relativ niedrig. Eine zuletzt im Oktober 1986 veröffentlichte Umsatzschätzung des Börsenvereins billigt dem Sachgebiet *Billigpreisbücher* einen Umsatzanteil von 6,1% zu. Bei den am Betriebsvergleich beteiligten Firmen verteilt sich der Anteil sehr gleichmäßig über alle Größenklassen.

Alle übrigen Waren

Schließlich kennt der Betriebsvergleich noch eine Rubrik *Alle übrigen Waren* mit 9% Umsatzanteil und einer relativ gleichmäßigen Verteilung. Hierunter sind wohl die verschiedenartigsten Nebenartikel zu verstehen, die der Buchhandel führt. Der Umsatzanteil ist nicht uninteressant, ohne daß es bisher schon zu der oft prophezeiten Öffnung zu Konsumgütern hingekommen wäre, die zu dem jeweiligen Literaturgebiet passen, also z. B. *Kochtöpfe à la Bocuse,* dem Meister der *Neuen Küche,* in der Abteilung für Gourmet-Kochbücher.

5.3 Lebenszyklus der Printmedien – Erscheinungsweise, Aktualität und Lebensdauer

Eine Buchhandlung erweitert ihr Potential, wenn sie eine konsequente Lebenszyklus-Politik betreibt. Das bedeutet, Titel zu forcieren, die eine lange Lebensdauer haben. Printmedien haben eine lange Lebensdauer, wenn sie ständig nachgefragt werden oder zur Fortsetzung erscheinen. Unter diesem strategischen Gesichtspunkt behandelt das folgende Kapitel Fragen der Erscheinungsweise, Aktualität und Lebensdauer. Dabei geht es einerseits um die Backlist als Liste der ständig lieferbaren, gut gehenden Bücher, andererseits um die Lieferung von Loseblattwerken und von Periodika aller Art.

Buchtypen nach ihrer Stellung im Sortiment

Nach *Ulrich Röhm (*1957)* lassen sich Buchtypen nach ihrer *Stellung im Sortiment* unterscheiden. Stellung im Sortiment definiert *Röhm* als *Lebenszyklus* und kommt zu folgenden Buchtypen:

- Novitäten (mit unbestimmtem Lebenszyklus)
- Steadyseller oder Longseller (mit regelmäßigen Neuauflagen und kontunierlichen Absatzkurven, z. B. Lexika, Lehrbücher, »Klassiker«)

- Bestseller (als »einschlagende« Bücher mit kurzfristigem Absatzhoch)
- »Ladenhüter« (mit der Hoffnung auf Wieder-Entdeckung)
- auf Bestellung zu beschaffende Bücher

Die in Klammern wiedergegebenen Definitionen stammen von *Ulrich Röhm.*

Portfolio-Matrix

In der Matrix auf Seite 230 wird der Versuch unternommen, die von *Röhm* aufgestellten Lebenszyklustypen, ergänzt um Periodika (Zeitungen, Zeitschriften, sonstige Periodika) und Lose-Blatt-Werke, nach der Boston-Vierfelder-Matrix zu ordnen. Es handelt sich dabei um das von einer Bostoner Unternehmensberatungsgesellschaft entwickelte Modell des Portfolio-Managements. Nach diesem Modell mischt ein Anbieter seine Waren oder Dienstleistungen, wie ein Anleger in einem Portfolio die Aktien verschiedener Unternehmen mit verschiedenen Erfolgsaussichten zusammenfaßt.

Buchtypen nach der Portfolio-Matrix

Auf den Buchhandel bezogen ergibt sich eine Typologie nach vier Gruppen:

- Bestseller
- Longseller (Bestseller mit hoher Auflage)
- Steadyseller (langverkäufliche Titel mit nicht so hoher Auflage)
- Problemkinder

»Problemkinder» Beststeller, Steadyseller, Longseller

Überprüft man anhand der Matrix auf Seite 230, welchen Titeln der Buchhändler seine besondere Aufmerksamkeit zuwendet, so sind es offensichtlich die Problemkinder und die Bestseller, die ihn am meisten beschäftigen. »Weil sie ohnehin gehen«, läßt er Steadyseller und Longseller eher kontinuierlich laufen statt strategisch seine Kräfte auf sie zu konzentrieren. Von Ausnahmen abgesehen, ist es in der Politik der Verlage nicht anders.

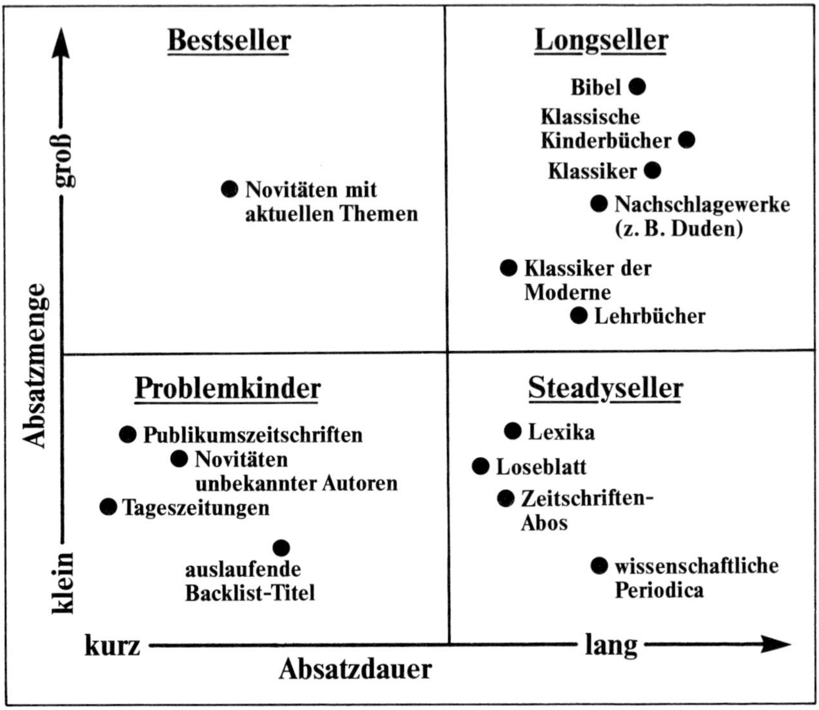

Printmedien im Hinblick auf ihre Verkäuflichkeit im Buchhandel

Kurzlebige Angebote

Die Matrix zeigt deutlich, daß das kurzfristige Geschäft mit Tageszeitungen und Publikumszeitschriften in der klassischen Buchhandlung wohl zu Recht nicht stattfindet. Zwar erzeugt es Kundenfrequenz. Der »schnelle Kunde« hat aber selten Zeit und Muße für Long- und Steadyseller.

Spezielle Sortierung des Bahnhofsbuchhandel

Hingegen sind Zeitungen und Publikumszeitschriften im Bahnhofsbuchhandel richtig angesiedelt.

Dessen Strategie zielt auf das kurzfristige Geschäft. Er führt folgerichtig als ergänzendes Sortiment Novitäten zu aktuellen Themen sowie Bestseller und Taschenbücher.

Selbstläufer

Best-, Long- und Steadyseller haben gemeinsam, daß es sich dabei mehr oder minder um *Selbstläufer* handelt, also um Titel, die stark nachgefragt werden. Im Gegensatz dazu stehen die erklärungs- und überzeugungsbedürftigen Produkte, die die Arbeit der Buchhandlungen so personalintensiv gestalten. Einmal bedeutet es einen hohen Arbeitsaufwand in der Buchhandlung, sich über diese Titel zu informieren. Zum anderen benötigen sie Zeit- und Kostenaufwand im mündlichen oder schriftlichen Verkauf. Es sind aber oft gerade die Produkte, denen sich der Buchhändler am liebsten widmet, weil er dem Autor oder dem Thema einen Weg in die Öffentlichkeit bereiten möchte.

Sternstunden des Buchhandels sind es, wenn aus einem erklärungs- oder überzeugungsbedürftigem Titel ein Bestseller wird. Die Fachwelt spricht dann davon, daß der Buchhandel einen Titel *gemacht* habe. Ein solcher Fall war *Der Name der Rose* des italienischen Autors *Umberto Eco (*1932)*: Ein Unterhaltungsroman auf hohem Niveau, für den sich der Buchhandel wegen seines historischen und allgemeinbildenden Inhalts und seiner literarischen Qualität mit Engagement einsetzte.

Lose-Blatt-Werke

Wirtschaftlich von besonderem Interesse für Buchhändler und Verleger und von hohem Nutzen für ihre Bezieher sind *Lose-Blatt-Werke,* für die sich auch der Begriff *Aktuelle Nachschlagewerke* einzubürgern beginnt. Für die Erscheinungsform Lose-Blatt-Werk sind insbesondere Verlagserzeugnisse geeignet, bei denen häufige inhaltliche Änderungen und Ergänzungen notwendig sind. Das Grundwerk besteht aus einem Ordner, einer Übersicht über die Gliederung des Gesamtwerkes, entsprechenden Trennwänden für die einzelnen Teile des Werkes und der Grundlieferung. Die *Ergänzungslieferungen* und *Aktualisierungen* erscheinen je nach Notwendigkeit, z. B. bei Kommentaren von Gesetzwerken nach dem Gang der Gesetzgebung.

Am Umsatz der staats-, rechts- und steuerrechtswissenschaftlichen Verlage halten die Lose-Blatt-Werke einen bedeutenden Anteil. Um so erstaunlicher ist es, daß es über diese interessante verlegerische Produktform bisher so gut wie keine Grundlagenliteratur gibt. Auch in der verlegerischen und buchhändlerischen Fachliteratur wird sie nur am Rande erwähnt.

Periodika

Periodika heißen Printmedien, die regelmäßig und mit stets gleichbleibendem Titel erscheinen. Dazu gehören Zeitungen, Zeitschriften und Serienwerke. Durch Numerierung sind sie als zueinander gehörig erkennbar und zumeist einzeln oder im Abonnement zu beziehen. Abonnenten erhalten eine Preisvergünstigung. *Loseblattwerke* sind eine Untergruppe. Im weitesten Sinne zählen zu Periodika auch Almanache, Jahrbücher und Kalender.

On-demand-publishing

Der aktuellste Veröffentlichungsweg ist on-demand-publishing. Bei diesem Verfahren stellt der Autor einem elektronischen Veröffentlicher eine einzige Kopie seines Manuskriptes zur Verfügung. Das Buch wird jeweils erst dann gedruckt, wenn es zur Gänze oder in bestimmten Auszügen von einem Leser verlangt wird.

Dieses Verfahren hat sicher zumindest im kommerziellen Bereich Zukunft, z.B. bei technischen Gebrauchsanweisungen, Listen lieferbarer Titel usw. Dabei ist an geschlossene Benutzerkreise von Mailbox-Systemen zu denken. Inwieweit sich Publishing-on-demand im wissenschafttichen und allgemeinen Informationsbereich durchzusetzen vermag, ist heute noch nicht zu beurteilen. Fachleute rechnen damit, daß auf den Fachinformationsmärkten die neuen Kommunikationstechniken und elektronischen Speichermedien die herkömmlichen Druckmedien als vorrangiges Transportvehikel für wissenschaftliche Informationen ablösen werden (s. BuB 5.11).

5.4 Bibliografier- und Nachschlagewesen, Datenbanken

Eine tragende Säule des buchhändlerischen Systems ist die bibliografische Erfassung aller erscheinenden Titel. Sie hat in den deutschsprachigen Ländern eine reiche Tradition und basiert auf der Arbeit zentraler Erfassungs- und Sammelstellen und auf der Herausgabe zentraler, periodisch erscheinender Verzeichnisse. Sie nutzt in steigendem Maße die vielfältigen Möglichkeiten der Elektronischen Datenverarbeitung.

Geschichte

Die buchhändlerischen Bibliografien gehen auf die Messekataloge zurück, deren ersten im Jahre 1564 der Augsburger Buchhändler *Georg Willer (um 1515 - um 1594)* herausgab (s. 1.3).

In der Folgezeit entwickelten sich verschiedene, von führenden Verlagsbuchhandlungen herausgebrachte Buchkataloge. Eine Art offizielle Bibliografie entstand, als das *Börsenblatt für den Deutschen Buchhandel* ab 1835 mit der regelmäßigen Verzeichnung von Neuerscheinungen begann.

Mit der Eröffnung der *Deutschen Bücherei* in *Leipzig* im Jahre 1912 begann die zentrale Erfassung des deutschsprachigen Schrifttums. Die Teilung des Deutschen Reiches nach 1945 hat es mit sich gebracht, daß zwei deutschsprachige Nationalbibliografien nebeneinander erscheinen. Außerdem erscheinen Nationalbibliografien in *Österreich* und der *Schweiz*.

Bibliografieren

Wer bibliografiert, recherchiert in Bibliografien und anderen bibliografischen Nachschlagewerken. Man

Deutsche Bücherei Leipzig

spricht auch von bibliografischer Ermittlung. Eine Schrift bibliografieren heißt, sie in einer Bibliografie nachweisen, die bibliografischen Angaben überprüfen und ggf. zu berichtigen und zu ergänzen.

Definition der Bibliografie

Das Wort Bibliografie kommt aus dem Griechischen und bedeutet Bücherbeschreibung. Es wurde im ursprünglichen Sinne für das Abschreiben, mitunter auch für das Schreiben von Büchern gebraucht. Im 18. Jahrhundert nahm es ganz allgemein die Bedeutung des Wissens vom Buch an. Heute versteht man unter Bibliografie

- *Literaturverzeichnisse,* die im Gegensatz zu Bibliothekskatalogen unabhängig von den Beständen einer Büchersammlung sind
- die *Lehre von den Literaturverzeichnissen,* ihrer Benutzung und ihrer Herstellung.

Es gibt *selbständige* und *unselbständige* Bibliografien. Letztere werden auch *versteckte* oder *Krypto-Bibliografien* genannt. Es handelt sich dabei um Literaturübersichten in Büchern oder in Zeitschriften.

Typologie nach der Erscheinungsart

Bibliografien werden auch nach ihrer *Erscheinungsweise* unterschieden: Es gibt *laufende (periodische)* und *abgeschlossene (retrospektive)* Bibliografien. Periodische Bibliografien können *laufend* oder *springend* kumuliert werden.

Typologie nach der Erscheinungsweise

Man kann Bibliografien auch nach ihrem *Inhalt* unterscheiden. Die Titelauswahl der *Allgemein-Bibliografie* ist von formalen Kategorien abhängig (Art des Vertriebs, Erscheinungsweise, Druckjahr, Erscheinungsort, Sprache der Publikationen). *Fachbibliografien* sind auf ein bestimmtes Wissenschaftsgebiet bezogen. Zu ihnen tritt als weitere inhaltliche Kategorie die *Personal- oder Biobibliografie.*

Typologie nach dem Inhalt

Auch nach ihrem *Zweck* können Bibliografien unterschieden werden. Es gibt *buchhändlerische, bibliophile* und *wissenschaftliche* Verzeichnisse. Schließlich gibt es die Unterscheidung nach dem *Umfang: nationale* oder *internationale, vollständige* oder *Auswahl-Bibliografien.*

Bibliografien können auch nach der *äußeren Form* unterschieden werden (Buch, Lose-Blatt-Ausgabe, Kartei, Mikrofiches, Datenbank).

Typologie nach der äußeren Form

Schließlich gibt es noch drei verschiedene Arten von Bibliografien, bei denen zur Titelaufnahme Zusätze und Anmerkungen treten. *Bibliophile Verzeichnisse* und *Antiquariats-Kataloge* beschreiben buchgewerbliche Qualitäten und buchgeschichtliche Stellung. *Analytische* bzw. *referierende* oder *Gedanken-Bibliografien* führen besonders wichtige behandelte Teile eines Werkes auf. *Kritische* oder *räsonierende Bibliografien* werten den Inhalt der verzeichneten Bücher. Zu den wertenden Bibliografien gehört das seinerzeit

Erweiterte Bibliografien

umstrittene Verzeichnis der von der katholischen Kirche verbotenen Bücher *Index librorum prohibitorum* (1559–1967).

Ordnung der Bibliografien

Die Ordnung der Bibliografien erfolgt alphabetisch nach Autoren oder Sachtiteln oder Schlagworten. Im *Kreuzkatalog* sind Verfasser, Titel und Schlagworte ineinander geordnet. Bibliografisches Material kann außerdem systematisch nach Sachgruppen, chronologisch oder topografisch geordnet sein und für eine weitere Differenzierung können diese Ordnungsprinzipien miteinander verbunden werden.

Bibliografie der Bibliografien

Unter *Bibliografie der Bibliografien* versteht man ein Verzeichnis von Bibliografien (auch Bibliografie 2. Grades genannt). Umfassende Auskunftsmöglichkeiten über alle Bibliografien bietet das *Handbuch der bibliografischen Nachschlagewerke.*

Deutsche Bibliothek

Offizielle Nationalbibliografie der Bundesrepublik Deutschland ist die *Deutsche Bibliographie,* deren verantwortliche Redaktion bei der *Deutschen Bibliothek* liegt. Die *Deutsche Bibliographie* besteht aus folgenden Einzelveröffentlichungen:

- *Neuerscheinungen-Sofortdienst (CIP)*

  Aktueller Neuerscheinungen-Sofortdienst, der mehrere Wochen vor Erscheinen eines neuen Titels Sortiment und Bibliotheken informiert. Er liegt einschließlich seinem Monatsregister dem *Wöchentlichen Verzeichnis* bei, kann aber auch separat bezogen werden.

- *Wöchentliches Verzeichnis*

  Es enthält die Pflichtexemplare (s. BuB 1.3) der in der *Bundesrepublik* und im Lande *Berlin* verlegten Druckwerke, ferner die Belegexemplare aus der *DDR, Österreich* und der deutschsprachigen *Schweiz* sowie die deutschsprachigen Belegexemplare aus der übrigen *Schweiz* und aus anderen Ländern.

- Reihe A (Erscheinungen des Verlagsbuchhandels)
- Reihe B (Erscheinungen außerhalb des Verlagsbuchhandels)
- Reihe C (Karten)
- Reihe N (Neuerscheinungen-Sofortdienst CIP s. oben)

● *Halbjahres-Verzeichnis*

Enthält in alphabetischer Anordnung alle in den Reihen A, B und C des Wöchentlichen Verzeichnisses angezeigten Titel; seit 1981 auch Reihe H. Mit Stich- und Schlagwortregister.

● *Fünfjahres-Verzeichnis*

- 1945–1950, 1951–1955, 1956–1960, 1961–1965, 1966–1970, 1971–1975, 1976–1980, 1981–1985

● *Zeitschriften-Verzeichnis*

- 1945–1952, 1953–1957, 1958–1970, 1971–1976, 1977–1980

● *Verzeichnis amtlicher Druckschriften*

- 1957/58–1981/82; in der bisherigen Form eingestellt

● *Hochschulschriften-Verzeichnis*

wird seit 1971 geführt

● *Musikalien-Verzeichnis*

erscheint monatlich seit 1976

● *Musiktonträger-Verzeichnis*

erscheint monatlich seit 1974

Verlag der Bibliografien der *Deutschen Bibliothek* ist die *Buchhändler-Vereinigung* (s. BuB 3.10).

Deutsche Bibliothek

Die 1947 gegründete *Deutsche Bibliothek* ist heute eine rechtsfähige Bundesunmittelbare Anstalt des öffentlichen Rechts. Ihre Organe sind der Verwaltungsrat, der Generaldirektor sowie zwei Beiräte.

Modell des geplanten Neubaus der Deutschen Bibliothek Frankfurt

Biblio-Data

Seit 1976 sind die in der *Deutschen Bibliographie* ab 1966 verzeichneten Titel als Online-abfragbare Datenbank *Biblio-Data* zugänglich. Nachgewiesen werden nicht nur Bücher, sondern Serien, Zeitschriften, Dissertationen, Kongreßberichte, Reports, Firmenschriften, Karten, Sprechplatten, Toncassetten und Mikrofiches. Damit wird der *graue Markt* der im Buchhandel nicht oder schwer zugänglichen Titel transparent und auch für den Buchhandel erschließbar.

Gesamtverzeichnis des deutschsprachigen Schrifttums

Aus den buchhändlerischen Bibliografien seit 1700 wurde das *Gesamtverzeichnis des deutschsprachigen Schrifttums (GV) 1700–1910* erarbeitet, das in 161 Bänden vorliegt und ca. 3 Millionen Eintragungen aus 200 oft vielbändigen Quellen enthält. Es wird ergänzt durch das *Gesamtverzeichnis des deutschsprachigen Schrifttums (GV 1911–1965),* das in einem Alphabet 2,5 Millionen Titel und 500 000 Nebeneintragungen aus 13 verschiedenen Bibliografien zusammenfaßt; es umfaßt 150 Bände. Beide Verzeichnisse sind zusätzlich in Mikrofiche-Ausgaben lieferbar.

VLB

Das *Verzeichnis lieferbarer Bücher (VLB)* erscheint seit 1971 und wurde nach dem Vorbild der in angloamerikanischen Sprachraum erscheinenden Kataloge *Books in Print* gestaltet. Es verzeichnet in der neuesten Ausgabe 1988/89 in 5 Bänden auf rund 9 900 Seiten 450 000 Titel. Das zusätzliche *ISBN-Register* enthält auf über 980 Seiten die Kenn-Nummern und Namen von über 7600 Verlagen. Außerdem gibt es ein *Schlagwortverzeichnis* (4 Bände) mit 54 000 Verweisungen auf rund 8 800 Seiten.

VLB auf CD-ROM: Eine CD-Platte von ca. 12 cm Durchmesser enthält den gesamten Datenbestand des Verzeichnisses lieferbarer Bücher (VLB). Die Abbildung zeigt die Testversion von 1987.

VLB auf CD-ROM

Seit September 1988 ist das *VLB* auf CD-ROM erhältlich. Auf einer CD-Platte mit einem Durchmesser von ca. 12 cm steht der gesamte *VLB*-Datenbestand zur Verfügung. Nachgewiesen werden rund 450 000 lieferbare Titel von 7 300 Verlagen, inklusive der *VLS* Schulbuch-Verschlüsselung (s. u.). Die ausgefeilte Verweisungsapparatur mit rund einer Million Titel-, Stichwort- und Namensverweisungen sowie etwa 60 000 Schlagwörter und 25 000 Standardverweisungen im Schlagwortbereich erlaubt es, nahezu alle bibliografischen Notwendigkeiten zu realisieren.

Die neue Technologie bietet dem Sortiment u. a. folgende Vorteile:

- hohe Aktualität durch häufiges Erscheinen (voraussichtlich 4 x jährlich)
- sekundenschneller, bequemer Zugriff
- einfache Handhabung
- vielseitige Suchkriterien
  - Autor
  - Titelstichwort
  - Schlagwort (inkl. Schlagwortverweise)
  - ISBN
  - Verlag
  - Preis
  - Erscheinungsjahr
- Verknüpfung mehrerer Suchkriterien
- wählbare Display-Formate
- Anzeige der Suchergebnisse
  - als Titel-Kurzliste oder
  - als Vollbibliografie

Das *VLB* wird von der *VLB*-Redaktion aufgrund von Titelmeldungen der Verlage erstellt. Kritiker führen auf dieses Redaktionsverfahren Unzulänglichkeiten in der Zuverlässigkeit dieses Verzeichnisses zurück.

Autopsie

Dagegen werden die Verzeichnisse der *Deutschen Bibliothek* wie aller Nationalbibliotheken aufgrund von *Autopsie* erstellt. Eine Ausnahme bildet lediglich der *Neuerscheinungen-Sofortdienst (CIP),* der den Buchhandel und die Bibliotheken mehrere Wochen vor Erscheinen eines neuen Titels informiert. Unter Autopsie ist die Erarbeitung der bibliografischen Angaben aufgrund unmittelbarer Inaugenscheinnahme des zu katalogisierenden Druckwerkes zu verstehen.

Barsortiments-kataloge

Die Barsortimente sind stolz darauf, daß für die von ihnen herausgegebenen Kataloge ausschließlich das Prinzip der Autopsie gilt. Die Barsortimente verzeichnen in ihren Katalogen die von ihnen am Lager geführten Titel. Die Barsortimentsgruppe *KNO-K&V* (s. 3.2) hat im Jahr 1987 sein Katalogwerk zum Gemeinschafts-Katalog »aufgerüstet«. An einem Sigel ist erkennbar, welches der beteiligten Barsortimente welche Titel führt. Die Kooperation umfaßt insgesamt sechs Barsortimente und eine Verlagsauslieferung:

- Unternehmensgruppe KNO-K&V
  - Barsortiment Koch, Neff & Oetinger, Stuttgart
  - Barsortiment Koehler & Volckmar, Köln
  - Grossohaus Wegner, Hamburg
  - Verlagsauslieferung Koch, Neff & Oetinger, Stuttgart
- Barsortiment Könemann, Hagen
- Barsortiment G. Umbreit, Bietigheim-Bissingen
- Barsortiment Wehling, Bielefeld

Numerierungssysteme im Barsortimentskatalog

Neben barsortimentseigenen Titelnummern erhalten die Katalogeintragungen zusätzlich die *ISBN.* Taschenbücher tragen zusätzlich die Taschenbuch-, Band- und Reihen-Nummer. Der Katalog führt die in der Bundesrepublik erhältlichen deutschsprachigen Taschenbücher komplett auf, auch diejenigen, die die Barsortimente nicht am Lager führen.

Der *Autorenkatalog* besteht aus drei Bänden plus Stichwort- und Titelregister und einem jeweils im Frühjahr erscheinenden Ergänzungsband.

Der *Schlagwortkatalog* erscheint in zwei Bänden ebenfalls mit einem Ergänzungsband im Frühjahr. Fünfmal jährlich erscheint *Der aktuelle Kurztitelkatalog*. Zum Gesamtwerk gehört ferner ein jährlich einmal erscheinender *Taschenbuch-Katalog*.

Bestellterminals und Online-Zugriff

Buchhändler, die über ein Bestellterminal der Barsortimentsgruppe *KNO-K&V* verfügen, können per Bestellnummer zeit- und kostensparend direkt bei den Barsortimenten bestellen oder ihre Bestellungen auf der elektronischen Schiene der Barsortimente direkt an die großen Verlagsauslieferungen leiten. Wer an das Informationssystem *BIS* der Firmengruppe angeschlossen ist, hat Online-Zugriff zu den Datenbanken der Gruppe, in denen auch das *VLB* mit seinen Beständen erfaßt ist.

Der Lagerkatalog der Barsortimente *Lingenbrink* (Libri) *Hamburg* und *Frankfurt* erscheint einmal jährlich und umfaßt zwei Bände *Autorenkatalog* und einen Band *Titel-Stichwort-Register* sowie einen Ergänzungsband *Neuerscheinungen Frühjahr*. Ergänzend gibt es eine dreibändige *Schlagwortbibliografie*. Der *Libri-Autorenkatalog* weist 135 000 Haupteinträge und damit 135 000 beim Barsortiment lieferbare Titel aus. Ein zweimal jährlich erscheinender Katalog *Taschenbücher/Reihen* ist in einer einbändigen Hardcover-Ausgabe oder zwei flexiblen Bänden lieferbar. Der *Taschenbuchkatalog* enthält 40 000 Haupteinträge.

Der Buchhändler kann über *Lingenbrink*-Terminals bestellen (s. 3.2) oder mit *Libri-Dialog TBA* auf den gemeinsamen Datenbestand des *Libri*-Kataloges und des *VLB* zugreifen.

Verzeichnis lieferbarer Schulbücher

Ein Abkömmling des *VLB* ist das *VLS:* das 1987 und zum ersten Mal erschienene *Verzeichnis lieferbarer*

Schulbücher, das rund 36 000 in der Bundesrepublik Deutschland einschließlich West-Berlin lieferbare Schulbücher enthält. Es umfaßt Lehrwerke für Grundschulen, Sonderschulen, Realschulen, Gymnasien, Berufs- und Berufsfachschulen, Fachschulen, Fachoberschulen und Fachgymnasien, Sprachlehrwerke, soweit diese an Volkshochschulen eingesetzt werden. Weiter verzeichnet es Klassenlektüren, Repetitorien und Interpretationen für den Schulunterricht, Schulwörterbücher und Lehr- und Arbeitsmaterial, soweit dieses schwerpunktmäßig über den Buchhandel geliefert wird.

Katalog der Library of Congress auf CD

Die zur wissenschaftlichen Verlagsgruppe *Springer Berlin/Heidelberg* gehörende Buchhandlung *Lange & Springer* bietet die bibliografischen Daten der 3,5 Millionen englischsprachigen Bücher und Zeitschriften, die die *Library of Congress* in Washington erfaßt hat, auf drei Compact-Discs an. Die Platten werden in dreimonatigem Abstand aktualisiert. Der Kostenaufwand beträgt für die Software einmalig DM 3 700, für die jährlichen Aktualisierungen DM 2 600.

Zeitschriften-bibliografien

Zeitschriften sind bibliografisch in der *Zeitschriften-Datenbank Deutscher Bibliotheken* erfaßt. Sie enthält rund 470 000 Titelaufnahmen und rund 290 000 Verweisungen sowie rund 1 350 000 Standortnachweise. Die Zeitschriften-Datenbank kann auf Mikrofiches bezogen werden. Diese Datenbank ist auch on-line zu erreichen. Der Zugang erfolgt über wissenschaftliche Bibliotheken (s. u.).

Zur bibliografischen Ermittlung von Zeitschriften dienen außerdem bewährte Handbücher.

In der 41. Ausgabe liegt das *Presse- und Medienhandbuch STAMM 1988 Leitfaden durch Presse und Werbung* vor. Es wird ergänzt durch das *Deutsche Verlags-Register* aus dem gleichen Haus in der 7. Ausgabe, das *Verlage mit ihrem periodischen Schrifttum* verzeichnet.

Im 32. Jahrgang liegt das Verzeichnis *Deutschsprachige Zeitschriften* vor, das Zeitschriften aus der *Bundesrepublik Deutschland,* der *DDR, Österreich* und der *Schweiz* umfaßt (Teil 1: Titelverzeichnis; Teil 2: Fachzeitschriften nach Fachgebieten geordnet).

Alljährlich zur Buchmesse bringt der in der Buchhändler-Vereinigung angesiedelte *ZIS-Zeitschriften-Informations-Service* einen *Zeitschriftenkatalog der Fachpresse* heraus.

Das Pressehandbuch, herausgegeben vom *Verband österreichischer Zeitungsherausgeber und Zeitungsverleger,* erscheint im 36. Jahrgang und erschließt das österreichische Zeitungs- und Zeitschriftenwesen.

In *Fribourg* erscheint ein eigenes *Schweizer Zeitschriftenverzeichnis.*

Modell-Handbibliothek

Mit welchen bibliografischen Hilfsmitteln mittlere und größere Buchhandlungen arbeiten, stellt die Modell-Handbibliothek einer Buchhandlung auf Seite 249 vor, die aufgrund einer eigenen Erhebung des Verfassers bei einer Reihe führender Buchhandlungen erarbeitet wurde.

Buchhandel und Datenbankdienste

Der schon seit Anfang der 70er Jahre prophezeite Übergang des Buchhandels zum Informationshandel läßt nach wie vor auf sich warten. Statt dessen hat sich der neue Berufszweig der Daten-Broker etabliert, die sich mit der professionellen Recherche in Datenbanken im Kundenauftrag befassen (Broker = Makler, Agent, Zwischenhändler).

Inzwischen gibt es im wissenschaftlichen Buchhandel Versuche, nicht nur die Titel-Datenbanken der Barsortimente zu nutzen, sondern die Recherche in Datenbanken generell in das Dienstleistungsangebot aufzunehmen. Pionier auf diesem Gebiet ist das Hamburger *Grossohaus Wegner* (s. 3.2), dessen »Datenbankdienst des Buchhandels« allerdings von der Branche kaum genutzt wird. Ein eigenständiges

Datenbank-Rechercheangebot hat die Bonner *Universitätsbuchhandlung Bouvier* in Kooperation mit einem Informations-Broker entwickelt.

Der Buchhändler erhält die entsprechenden Rechercheaufträge von seinen Kunden, formuliert die Fragen und reicht diese an die Datenbanken weiter. Dabei bedient er sich eines Vermittlers wie des *Grossohauses Wegner* oder eines Informations-Brokers. Einige Tage später kann er seinem Kunden das Ergebnis in ausgedruckter und broschierter Form überreichen. Seine Provision für diese Dienstleistung beträgt ca. 10% von den Recherchekosten. Das *Wegner*-System recherchiert zur Zeit in ca. 1300 Datenbanken in aller Welt.

Anstatt eigene Systeme zu installieren, können Buchhändler auch Literatur-Recherche-Angebote großer wissenschaftlicher Bibliotheken nutzen. Dieser Weg steht den Lesern auch direkt offen. So verfügt zum Beispiel die *Bayerische Staatsbibliothek* über ein Dialoggerät mit Online-Zugriff auf eine Vielzahl von Literatur-Datenbanken des In- und Auslands. Gegen Entgelt wird Literatur zu einem bestimmten Thema zusammengestellt, werden Titel gesucht oder Zitate verifiziert. Unter anderem ist der Zugriff auf folgende Datenbanken möglich:

- *Biblio-Data* der *Deutschen Bibliothek*
- *Books in Print,* USA
- *UKMARC,* die Online-Version der *British National Bibliography = BLAISE*
- *LCCMARC,* die Online-Version des *National Union Catalog (USA)*
- *ZDB,* die *Zeitschriftendatenbank* deutscher Bibliotheken

Bibliografische Auskunfsstellen

Für die *Ermittlung unbekannter Titel und Beschaffungsstellen* stehen dem Buchhändler die Auskunftsstelle der *Deutschen Bibliothek* in *Frankfurt am Main* sowie das *Bibliografische Auskunftsbüro O. Gracklauer* in *Berlin* zur Verfügung.

National-bibliotheken der anderen deutschsprachigen Länder

Nationalbibliothek der *Deutschen Demokratischen Republik* ist die *Deutsche Bücherei zu Leipzig,* die im Jahre 1912 als Deutsche Nationalbibliothek entstand. Sie erfaßt ebenfalls das gesamte deutschsprachige Schrifttum und verzeichnet es in eigenen bibliografischen Werken. Das wichtigste ist die *Deutsche Nationalbibliographie* und *Bibliographie des im Ausland erschienenen deutschsprachigen Schrifttums* mit den Reihen *A:* Neuerscheinungen des Buchhandels, *B:* Neuerscheinungen außerhalb des Buchhandels und Reihe *C:* Dissertations- und Habilitationsschriften.

Die offizielle Institution in Österreich heißt *Österreichische Nationalbibliothek.* Sie gibt die *Österreichische Bibliographie, Verzeichnis der österreichischen Neuerscheinungen,* heraus.

Lageskizze der Österreichischen Nationalbibliothek und ihrer Sammlung

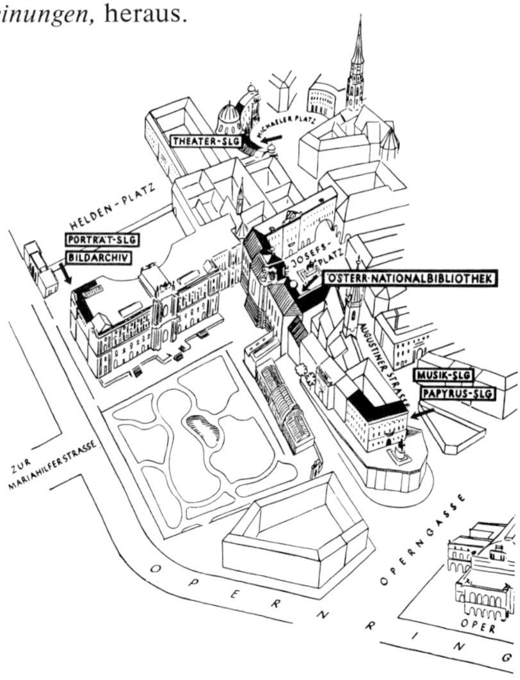

Schweizerische Landesbibliothek, Bern

Nationalbibliothek der Schweiz ist die *Schweizerische Landesbibliothek* in *Bern,* die gemäß der Mehrsprachigkeit der Schweiz auch die Bezeichnung *Bibliothèque nationale suisse* und *Biblioteca nazionale svizzera* trägt. Ihre gesetzliche Aufgabe ist die Sammlung von »Helvetica«, d. h. alter und neuer, in allen Sprachen geschriebener Werke über die Schweiz, ferner alle Publikationen von Schweizer Autoren – in der Schweiz oder im Ausland erschienen, im Original oder in Übersetzung – und schließlich die gesamte Verlagsproduktion der Schweiz.

Sie veröffentlicht *Das Schweizer Buch. Le livre suisse. Il libro svizzero* und das Mehrjahresverzeichnis *Schweizer Bücherverzeichnis.*

Bibliografier-Möglichkeiten für den Buchhandel Bibliografische Hilfsmittel	Print-version	Micro-fiche	CD-ROM	Online-Zugang
Information vor Erscheinen				
● Neuerscheinungen-Sofortdienst (CIP)	x			Biblio-Data
● Verlagsvorschauen der einzelnen Verlage	x			
● Börsenblatt für den Deutschen Buchhandel, Frankfurter Ausgabe:				
- Sondernummer Frühjahr	x			
- Sondernummer Herbst	x			
- Messe-Sondernummer	x			
● Buchreport	x			
- Sondernummer Frühjahr	x			
- Sondernummer Herbst	x			
Nationalbibliographien und Gesamtverzeichnisse				
● Deutsche Bibliographie Frankfurt: Buchhändler-Vereinigung	x			Biblio-Data
● Österreichische Bibliographie Wien: Hauptverband des österreichischen Buchhandels	x			
● Das Schweizer Buch Bibliografisches Bulletin der Schweiz. Landesbibliothek Zürich: Schweizerischer Buchhändler- und Verlegerverband	x			
● Deutsche Nationalbibliographie Leipzig: Deutsche Bücherei	x			
● Deutsches Bücherverzeichnis Leipzig: Deutsche Bücherei	x			
● Gesamtverzeichnis des deutschsprachigen Schrifttums (GV) 1700–1910 1911–1965 München: Saur	x	x		
● **VLB** Verzeichnis lieferbarer Bücher Frankfurt: Buchhändler-Vereinigung	x	seit 1987 nicht mehr	x	über BIS und Libri Dialog TBA

Bibliografische Hilfsmittel	Print-version	Micro-fiche	CD-ROM	Online-Zugang
Barsortimentskataloge/Lagerkataloge				
● Gemeinschaftskatalog KNO-K&V Koch, Neff & Oetinger Köhler & Volckmar Grossohaus Wegner, Hamburg Könemann, Hagen Umbreit, Bietigheim-Bissingen Wehling, Bielefeld - Autoren - Stichwort u. - Titelregister - Schlagwort-Katalog - Kurztitel-Katalog - Ergänzungsbände zum Lagerkatalog	x			BIS
● Libri (Lingenbrink) - Autoren-Katalog mit Titel-Stichwort-Register - Schlagwort-Bibliografie - Kurztitel-Katalog - Neuerscheinungen Frühjahr	x	x		Libri Dialog TBA
● Witt Datentechnik (s. a. Fachkataloge)	x			
● Schweizer Buchzentrum				
- Lagerkatalog, Autoren-, Titel-, Stichwort-alphabet	x	x	Hard-disk	
- Autoren-, Sachtitel-Katalog	x			
● Brücken-Verlag, Düsseldorf				
- Fachbücher aus der DDR	x			
- Fiche-Informationsdienst 20 000 Buchtitel DDR Importprogramm UdSSR		x		
Taschenbuch-Kataloge				
● Taschenbuch-Katalog (März + September) Stuttgart: KNOe, Koehler & Volckmar	x			
● Libri-Taschenbücher - Reihen Frühjahr - Reihen Herbst Hamburg, Frankfurt: Lingenbrink	x			
● International Paperbacks Katalog (erscheint jährlich ca. 1 Woche vor der Frankfurter Buchmesse) Frankfurt: Internationale Presse	x			
● Taschenbuchmagazin Dortmund: Harenberg	x			
● Gesamtverzeichnis aller Taschenbücher München: Rossipaul	x			
● British Paperbacks in Print London: Whitaker	x			
● Taschenbücher. Halbjährliches Verzeichnis. Köln: Verlag der Schillerbuchhandlung	x			

Bibliografische Hilfsmittel	Print-version	Micro-fiche	CD-ROM	Online-Zugang
Kataloge deutschsprachiger Zeitschriften				
● Deutschsprachige Zeitschriften Deutschland (BRD, DDR), Österreich, Schweiz Köln: Verlag der Schillerbuchhandlung	x			
● Stamm-Leitfaden durch Presse und Werbung Essen: Stamm	x			
● Zeitschriften-Datenbank (ZDB) Berlin: Deutsches Bibliotheksinstitut		x	x	x
● Stamm: Deutsches Verlagsregister Essen: Stamm				
● Zeitschriften-Verzeichnis Frankfurt: Buchhändler-Vereinigung	x			
● Postzeitungsliste	x			
● Zeitschriften. Katalog der Fachpresse Frankfurt: Buchhändler-Vereinigung	x			
● Schweizer Zeitschriftenverzeichnis Fribourg: Office du Livre S. A.	x			
● Pressehandbuch Wien: Verband Österreichischer Zeitungs-herausgeber und Zeitungsverleger	x			
Bücher und Zeitschriften Ausland				
● British Books in Print London: Whitaker	x	x	x*	
● Books in Print New York: Bowker	x	x	x	x
● Les Livres Disponibles Paris: Cercle de la Librairie	x	x	in Vorbereitung	via Minitel (Btx)
● Library of Congress/National Union Catalog (NUC) Washington DC.	x	x	x*	x
● International Books in Print München: Saur	x		x	
● Ulrich's International Periodicals Directory New York (München): Bowker (Saur)	x	x	x	
● HHP-Englisch-Katalog Hamburg: H. H. Petersen Buchimport	x			
* Vertrieb über Lange & Springer, Otto-Suhr-Allee 26–28. 1000 Berlin 10				
Fachkataloge				
● Reiseliteratur - Geo-Katalog Bd. 1 Touristische Veröffentlichungen Bd. 2 Geowissenschaften München: GeoCenter	x			

Bibliografische Hilfsmittel	Print-version	Micro-fiche	CD-ROM	Online-Zugang
● Schulbuchkataloge				
- VLS Verzeichnis lieferbare Schul-Bücher Frankfurt: Buchhändler Vereinigung	x		integriert in VLB	x
- Verzeichnis der Schulbücher Wien: Hauptverband des österreichischen Buchhandels	x			
● Fachbücher aus der DDR Düsseldorf: Brücken Verlag	x			
● Computerliteratur und Software				
- Witt-Datentechnik Fachhandel-Einkaufsführer (Hardware, Software, Zubehör, Literatur) Steinhagen: Witt	x			
- Softwareführer für Personal-Computer München: Rossipaul	x			
● Wirtschaft/Recht				
- Schweitzer's Vademecum Recht	x			
- Schweitzer's Vademecum Steuerrecht und Wirtschaftsprüfung	x			
- Schweitzer's Vademecum Wirtschaft München: Schweitzer Sortiment	x			
● Technische Literatur				
- Führer durch die technische Literatur Hannover: Weidemanns Buchhandlung	x			
Weitere Fachkataloge finden Sie in der Broschüre **Buchhändlerische Werbemittel und Fachkataloge,** die jährlich zur Frankfurter Buchmesse vom **Sortimenter- Ausschuß des Börsenvereins des Deutschen Buchhandels** herausgegeben wird.				
Adreßbücher				
● Adreßbuch für den deutschsprachigen Buchhandel Bd. 1 Verlage Bd. 2 Buchhandel Bd. 3 Organisationen Frankfurt: Buchhändler-Vereinigung	x			
● Anschriften deutscher Verlage Bundesrepublik Deutschland, DDR, Österreich, Schweiz Köln: Verlag der Schillerbuchhandlung	x			
● Oeckl: Taschenbuch des öffentlichen Lebens Bonn: Festland Verlag	x			
● Internationales Verlagsadreßbuch (mit ISBN-Register) (Publishers International Directory) München: Saur	x		x	

5.5 Die Bedeutung von Buchreihen, Serienwerken, Werkausgaben und Buchkassetten

Reihen und *Serien* nehmen im Buchhandel einen bedeutenden Platz ein. Der Begriff erweitert sich noch, wenn man darunter neben Reihen und Serien auch *Werke* und *Gesammelte Werke* versteht.

Historische Bedeutung

Reihen oder Serien als verlegerische Produktionsform und als Ware des Buchhandels gehören aus vielfältigen Gründen zu den Säulen, die die gesamte Branche tragen. Mit der Geschichte der Branche sind sie untrennbar verbunden. Von dem großen Verleger *Eugen Diederichs* (1867–1930) wurde gesagt, daß er »in Reihen« dachte.

Taschenbuchreihen

Den breitesten Raum unter den Reihenwerken im Buchhandel nehmen die Taschenbücher ein. Nach den Zahlen des *Kölner Betriebsvergleich* hatten Taschenbücher im Jahre 1985 einen Anteil von 13% am Umsatz der am Vergleich beteiligten Sortimentsbuchhandlungen. An der Titelproduktion des Jahres 1986 waren Taschenbücher mit 14,7% beteiligt. Jedes sechste oder siebte Buch, das verkauft wird, ist wohl ein Taschenbuch.

Zwar gab es schon den einen oder anderen Vorläufer, aber die große Stunde des Taschenbuchs schlug zwei Jahre nach der Währungsreform 1950, als *Rowohlt* und *S. Fischer* mit der Herausgabe der ersten Taschenbuchreihen begannen. Jährlich erscheinen in der Bundesrepublik fast 10 000 neue Taschenbücher. Über die Hälfte davon kommen in den 12 größten Taschenbuchverlagen heraus.

Taschenbücher sind preiswerter als gebundene Bücher. Dafür gibt es mehrere Gründe:

- die einfachere Aufmachung
- Synergieeffekte des Vertriebs in Reihenform
- niedrigere Lektoratskosten für Lizenzausgaben
- Herstellung in standardisierten Formaten und Ausstattungsformen
- geringerer Aufwand in der Herstellungsabteilung
- es werden geringere Honorarsätze kalkuliert
- keine Satzkosten, wenn Originalausgabe übernommen wird
- höhere Auflage

Bei schon einmal erschienen Büchern, die als Lizenzausgabe herauskommen, sind auch die Lektoratskosten geringer.

Mit geringeren Honoraren begnügen sich in der Regel auch Autoren, die Originalwerke für Taschenbuchreihen verfassen. Sie erhoffen sich einen Ausgleich durch den Mengenabsatz.

Ausstattung der Taschenbücher

Heute ist das Taschenbuchangebot ebenso bunt und vielfältig wie das Angebot an gebundenen Büchern. Die Qualität reicht von einfachster Ausstattung bis zum feinsten Papier. Es gibt unterschiedliche Formate, Text- und bebilderte und auch farblich illustrierte Bände. Original- und Lizenzausgabe sind fast gleich stark vertreten. Nur wenige Taschenbücher liegen noch unter der Preisschwelle von DM 5,–. Manche Taschenbuchausgaben überschreiten die Preisschwelle von DM 30,–.

Typologie der Taschenbuchverlage

Taschenbücher kommen aus Verlagen unterschiedlichen Typus. Literarische Verlage wie *Suhrkamp/Insel* und *Piper* bringen eigene Taschbuchreihen heraus, die sie zumeist aus Eigenlizenzen speisen. Taschenbuchverlage wie *Heyne* und *Moewig* operieren unabhängig von einem eigenen Hardcover-Verlag.

Taschenbuchverlage wie *Rowohlt* und *Fischer* sind mit Hardcover-Verlagen verbunden, bringen aber vorwiegend Lizenzen und Eigenproduktionen heraus, die im Taschenbuchverlag und nicht im zum Hause gehörenden Hardcover-Verlag entstehen. Manche Taschenbuchverlage befinden sich im Gemeinschaftsbesitz oder werden auf kooperativer Basis betrieben. Prototyp ist der *Deutsche Taschenbuchverlag* sowie der im gleichen Hause angesiedelte, aber einem anders zusammengesetzten Gesellschafterkreis gehörende *dtv-junior.* Ein Gemeinschaftsunternehmen sind auch die in Stuttgart ansässigen *utb Universitäts-Taschenbücher.*

Mini-Bücher

Neben dem Taschenbuch hat sich das Mini-Buch zu einem beliebten Mitbringsel entwickelt. Rund ein Dutzend Verlage bringen mehr oder minder regelmäßig solche Mini-Bücher heraus. Das kleinste Format finden wir bei den Liliput-Wörterbüchern von *Langenscheidt* mit 3,4 x 4,8 cm, das größte in der *Gerstenberg*-Reihe *Minibücher für Kinder* mit 9 x 13 cm. Die übrigen Reihen liegen im Format dazwischen. Der Verkauf an den Buchhandel erfolgt in Verkaufsboxen, Kassetten, Containern und anderen Verpackungseinheiten.

Mini-Bücher haben eine reiche Tradition. Eine Sammlerin berichtete in einer Beilage zum *Börsenblatt für den Deutschen Buchhandel* von ihrer Kollektion, die auf 6 000 Bändchen angewachsen ist. Nach ihren Angaben waren Mini-Bücher besonders im 19. Jahrhundert ein beliebtes Sammelobjekt. Das allerkleinste Buch wurde im Format 6,5 x 5 mm 1932 in Amerika gedruckt.

Das *Guinness-Buch der Rekorde* verzeichnet für 1985 ein noch kleineres Buch: 1 x 1 mm groß mit 12 Seiten Umfang und 1985 in Schottland gedruckt. Der Titel dieses kleinsten Buches der Welt, von dem 80 Exeplare erschienen: *Old Kind Cole.*

Rationalisierung durch Reihenbildung

Reihen erbringen im Verlag und in der Herstellung durch Vereinheitlichung des Formats, der Typografie, des Papiers, der Einbände und der sonstigen Ausstattung erhebliche Rationalisierungseffekte, die sich im Ladenpreis niederschlagen. Auch scheint es, daß sich der Käufer gern an bestimmte Preisstufen für bestimmte Reihen gewöhnt.

Markenartekel-Charakter der Reihen

Reihen entwickeln anders als einzelne Titel Markenartikelcharakter und bieten deshalb für das Marketing der Verlage und Buchhändler langfristige Ansatzpunkte. Reihen prägen sich durch ihren Umfang und ihre Dauer und ihre oft charakteristische Ausstattung dem Publikum nachdrücklicher ein als Einzeltitel. Beispiel: Gesamtausstattung aller *dtv*-Bände durch den Schweizer Grafiker *Celestina Piatti (*1922).*

Reihen als Sammlung

Reihen sprechen offensichtlich den Sammeltrieb ebenso der Buchhändler wie der Käufer an und animieren zu immer weiteren Käufen. Sammeln und Bücherkauf stehen ohnehin nach Aussage sozialempirischer Untersuchungen in einem engen Zusammenhang. Wer gern sammelt, kauft auch gern viel Bücher; wer gern viel Bücher kauft, sammelt auch gern – nicht nur Büchern, sondern auch sonstige Sammelgegenstände.

Unter Reihen, Schriftenreihen oder Reihenwerken ist eine mehr oder weniger große Anzahl von gleich ausgestatteten, inhaltlich verschiedenen Büchern zu verstehen, die jeweils in sich abgeschlossen sind und zumeist aus der Feder verschiedener Verfasser kommen. Im Grunde sind Reihen *mehr- oder vielbändige Sammelwerke* (deutscher Ausdruck für *Anthologie).*

Anthologien

Anthologien (griechisch Blüten = Blütenlese) sind zumeist einbändige Auswahl- oder Auslesebände, die unter einem thematischen oder anderen Gesichtspunkt zusammengestellte Stücke aus verschiedenen Werken mehrerer Autoren enthalten.

Wie nahe die Anthologie der Reihe ist, zeigen die Versuche, in Buchreihen einen klassischen Kanon der Literatur zusammenfassen. Prototyp ist *Reclams Universalbibliothek,* die älteste deutsche Taschenbuchreihe. Wiederholt hat es Versuche gegeben, Taschenbuchreihen mit einem klassischen Literaturkanon zu schaffen. Beispiel: die längst vergriffene Reihe *exemplar classica* des *Fischer Taschenbuchverlages.*

Werkausgaben

Die Zusammenfassung von verschiedenen Arbeiten eines Autors in einzel- oder mehrbändigen Werken wird als *Werkausgabe* oder *Gesamtausgabe* bezeichnet. Vollständigkeit der Werke ist bei der Gesamtausgabe nicht Voraussetzung, wenn sie die Forderung erfüllen, ein abgerundetes Bild des Schaffens des Autors zu vermitteln. Es gibt *numerierte* Werk- oder Gesamtausgaben und *Werkausgaben in Einzelbänden,* die nur durch die parallele Ausstattung als Gesamtausgabe erkennbar sind.

Die *Ausgabe letzter Hand* ist die letzte Ausgabe eines Werkes, die noch vom Verfasser selbst herausgegeben wird. Ihr steht die *Ausgabe erster Hand* gegenüber. Die *kritische Ausgabe* des Werkes eines Autors, oft auch *historisch-kritische Ausgabe* genannt, ist eine von textlichen Entstellungen befreite und mit einem kritischen Apparat versehene, manchmal kommentierte Gesamtausgabe, die Vollständigkeit der publizierenswerten Texte des Autors anstrebt.

Für den Buchhandel von besonderem kommerziellen Interesse sind die Werkausgaben von Autoren in flexiblen oder bibliophilen Einbänden, die in der Regel die wichtigsten und populärsten Werke eines Klassikers oder Klassikers der Moderne versammeln und in Großauflage zu Aktionspreisen, z. B. bei runden Geburts- oder Todestagen auf den Markt kommen.

5.6 Bücher zum Sammeln

Das Sammeln von Büchern ist eine öffentliche Aufgabe und eine private Leidenschaft - nicht nur heute, sondern in der langen Geschichte des Buchwesens, zurückgehend bis auf die Antike. Das Sammeln als Urtrieb des Menschen - ursprünglich auf Nahrungserwerb und Vorratshaltung ausgerichtet - konzentriert sich in unserer heutigen Überflußgesellschaft auf Gegenstände des höheren Bedarfs, zu denen neben Antiquitäten und Werken der Bildenden Kunst seltene, schön illustrierte und aus sonstigen Gründen wertvolle Bücher zu rechnen sind.

Geschichte

Große Büchersammlungen üben eine eigene Faszination aus. Waren es im Mittelalter Klöster und Klosterschulen, die das Wissen der Zeit sammelten, so fand im Humanismus und der Renissance der Sammeleifer humanistischer Gelehrter und die bibliophile Freude am schönen Buch ihren Niederschlag in zahlreichen Privatbibliotheken, zu denen Stadt-, Kirchen- und Schulbibliotheken kamen. In der zweiten Hälfte des 18. Jahrhunderts - im Zeitalter der Aufklärung - schlossen sich ihnen die durchweg dem Publikum geöffneten Hofbibliotheken an. Während der Aufklärung entstanden auch die ersten Universitätsbibliotheken (Göttingen 1737). Das öffentliche Bibliothekswesen, so wie wir es heute kennen, entwickelte sich im 19. Jahrhundert. Es machte nach der Gründung des *Deutschen Reiches* 1870 bedeutsame Fortschritte.

Inkunabeln/ Wiegendrucke

Unter Inkunabeln oder Wiegendrucken versteht die Fachwelt die ersten Drucke und Bücher, die nach der Erfindung der Buchdruckerkunst durch *Gutenberg* in den Jahren von etwa 1445 bis 1500 hergestellt worden sind.

Frühdrucke

Unter Frühdrucken werden teilweise die Inkunabeln verstanden, nach anderer Definition aber Druckwerke aus der Frühzeit des Buchdruckes oder alles, was seit der Erfindung der Buchdruckerkunst bis ca. 1550 gedruckt worden ist.

Der hohe Qualitätsstandard der modernen Druckkunst macht es möglich, alte kostbare Handschriften und Inkunabeln originalgetreu zu reproduzieren, so daß die großen Bücher der Buchgeschichte heute nicht mehr nur in Einzelstücken in Bibliotheken zu finden sind.

Illustrierte Bücher

Besonderen Interesses der Freunde und Liebhaber der Buchdruckerkunst erfreuen sich illustrierte Bücher. Eine Reihe kompetenter Fachveröffentlichungen aus den letzten Jahren eröffnen den Bücherfreunden den Zugang zu dieser besonderen Welt.

Aufbau von Büchersammlungen

Der Büchersammler kann seine Sammlung nach den verschiedensten Gesichtspunkten aufbauen. Er kann antiquarische oder neue Bücher sammeln, er kann sich auf eine bestimmte Stilepoche, ein bestimmtes Gebiet der Wissenschaftsgeschichte, auf einen Autor oder eine Dichtergruppe, auf illustrierte Bücher, auf bestimmte Illustratoren, auf Ausgaben ein und desselben Werkes aus den verschiedensten Epochen und Sprachen, auf handsignierte Erstausgaben deutscher Autoren und auf jede andere denkbare Variante konzentrieren. Immer wird sich ihm ein interessantes Sammelgebiet auftun, von dem aus sich vielfältige geistes- und kulturgeschichtliche Zusammenhänge erschließen lassen.

Der Bücherfreund oder Bibliophile findet seinen Tummelplatz in Bibliotheken, Antiquariaten, auf Ausstellungen und Auktionen und nicht zuletzt in seiner eigenen Bibliothek. In der Bundesrepublik Deutschland gibt es eine Reihe von bibliophilen Gesellschaften, in denen sich die Liebhaber der Bücher und der schönen Bücher zusammengeschlossen haben.

Buchpflege

Ein wichtiges Kapitel für den Bücherfreund stellt die Buchpflege dar. Fachveröffentlichungen helfen dem Bücherliebhaber weiter. Eine Gefahrenquelle für die privat und öffentlich gesammelten Bücher ist erst in letzter Zeit evident geworden: Die säurehaltigen Gebrauchspapiere aus den Produktionen vom 19. Jahrhundert bis heute sind chemisch nicht unbeständig, verfärben sich und werden brüchig, so daß ganze Bibliotheksbestände zu zerbröseln beginnen.

Besonders wertvolle alte Zeitungsbände werden inzwischen nach einem von der *Stiftung Volkswagen* geförderten Verfahren durch eine Spezialbehandlung vor dem Zerfall gerettet. Inzwischen bemüht sich aus die *Washingtoner Library of Congress,* den Zerfall der Bücher durch »Entsäuerung« zuvorzukommen. Das teure Verfahren ist weder für die meisten öffentlichen Bibliotheken noch gar für private Sammler finanzierbar.

In diesem »imaginären« Museum innerhalb der Reihe »Die bibliophilen Taschenbücher« werden 75 der herausragendsten Bücher und Tafelwerke seit der Erfindung des Druckes mit beweglichen Lettern durch Gutenberg in Wort und Bild vorgestellt.

Inzwischen sind eine Reihe von Verlagen dazu übergegangen, für Klassikerausgaben und andere wichtige Titel säurefreies, hochwertiges Dünndruckpapier zu verwenden.

Katalogisierung von Privatbibliotheken

Mit Hilfe von Personalcomputern und entsprechender Software-Programme lassen sich auch Privatbibliotheken erfassen, katalogisieren und sachgemäß verwalten

5.7 Buchhandel und Bibliotheken

Bücherschreiben bedeutet den Versuch, »dem Augenblick Dauer zu verleihen«, die Vergänglichkeit zu besiegen und Vergangenheit und Gegenwart in verwandelter Qualität in die Zukunft zu führen. Das gleiche Streben liegt dem Sammeln von Büchern in privaten oder öffentlichen Bibliotheken zugrunde. So ist die Geschichte von Büchern begleitet von einer Geschichte ihrer Sammlung, Erfassung und Verzeichnung. Neben dem reichgegliederten Verlags- und Buchhandelswesen hat sich ein ebenso reichgegliedertes Bibliothekswesen entwickelt.

Bibliotheksgeschichte

Schon in der Zeit der handgeschriebenen Bücher existierten Buchhandel und Bibliotheken nebeneinander. Im Altertum gab es sowohl private wie öffentliche Bibliotheken. Im Mittelalter verlagerten sich Buchherstellung, Büchertausch und Buchverwahrung aus dem weltlichen Bereich in die Klöster und Klosterschulen. Die Jahrhunderte nach der Erfindung des Drucks mit beweglichen Lettern durch *Gutenberg* sind gekennzeichnet von einem Nebeneinander öffentlicher und privater Buchsammeltätigkeit einerseits und einem kommerziell betriebenen Verlags- und Buchhandelswesen andererseits (s. 5.6).

Bibliotheken und Buchhandel

Heute verbindet die einzelne Buchhandlung mit dem Bibliothekswesen eine faire, nüchtern-freundschaftliche Lieferanten-Kundenbeziehung, ohne daß sich die beiden Zweige des Buchwesens emotional oder rational allzusehr als Partner im selben Arbeitsfeld empfinden.

Bibliotheken beziehen nur etwa 60% ihrer Materialien über den Buchhandel. Der Rest der Bezüge setzt sich aus sogenannter »grauer Literatur«, die nicht über den Buchhandel zu beziehen ist, aus AV-Medien, Computerprogrammen usw. zusammen.

Kooperationen zwischen Buchhandlungen und Bibliotheken bleiben auf die lokale Ebene beschränkt und beziehen sich zumeist auf Lesungen für Kinder oder Veranstaltungen mit Autoren.

Buchbranche und Bibliothekswesen insgesamt sind sehr eng verbunden. So wurden zum Beispiel die *Deutsche Bücherei* in Leipzig wie auch die *Deutsche Bibliothek* in Frankfurt auf Initiativen des Buchhandels hin gegründet. Auf dem Gebiet der bibliografischen Erfassung in den beiden Systemen *CIP* und *VLB* (s. 5.4 und BuB, Anhang) besteht eine direkte

Bundesland	**Bibliotheken**		**Medienbestand**		**Gesamtausleihe**	
	1986	**1987**	**1987**	**% zu 1986**	**1987**	**% zu 1986**
Baden-Württemberg	419	431	9 282 956	5,2	24 298 848	4,2
Bayern	417	427	10 051 777	5,2	30 023 387	5,0
Berlin	138	140	4 847 459	1,6	13 893 442	0,9
Bremen	45	44	1 324 127	-0,1	2 899 910	-2,6
Hamburg	61	61	2 464 664	3,5	9 601 183	3,9
Hessen	185	181	4 492 002	14,7	11 307 265	10,6
Niedersachsen	387	387	7 211 737	5,0	17 852 745	2,2
Nordrhein-Westfalen	846	845	21 802 029	2,6	55 703 726	1,4
Rheinland-Pfalz	142	129	2 392 338	3,7	5 540 282	-5,7
Saarland	72	86	977 148	0,2	1 698 951	0,6
Schleswig-Holstein	121	122	3 979 501	2,2	10 609 275	2,0
Total	**2 833**	**2 853**	**68 815 738**	**4,2**	**183 429 014**	**2,8**

Bibliothekswesen der deutschen Bundesländer (Stand: 31.12.1987)

Zusammenarbeit. Viele Verleger wirken in bibliothekarischen und viele Bibliothekare in buchhändlerischen Arbeitsgruppen mit. Auf dem Gebiet des Einsatzes neuer Technologien sind gemeinschaftliche Projekte geplant. Die Warengruppensystematik wurde ebenfalls in buchhändlerisch-bibliothekarischer Gemeinschaftsarbeit erstellt (s. 5.1).

Aufgaben und Aufbau des Bibliothekswesens

Jedes einzelne Buch entspringt dem Impuls des Sammelns und des Bewahrens. Bibliotheken sind die logische Fortsetzung dieser Entwicklung. Sammeln Bücher die Gedanken eines oder mehrerer Autoren, so sammeln Bibliotheken diese Sammlungen, archivieren und verzeichnen sie und machen sie einem bestimmten Benutzerkreis zugänglich. Dem pluralistischen und förderalistischen Aufbau der Bundesrepublik entsprechend ist das vorwiegend von der Öffentlichen Hand getragene Bibliothekswesen vielfältig gegliedert und differenziert.

Bibliotheken und öffentliche Hand

Insbesondere im Bereich wissenschaftlicher Monographien wird durch die Käufe der Bibliotheken die

Gesamtausgaben/DM		Erwerbungsetat/DM		Personal	
1987	% zu 1986	1987	% zu 1986	1986	1987
118 317 574	16,5	16 627 990	8,6	1 143	1 213
119 442 885	-0,3	14 966 162	-1,6	1 299	1 333
55 055 115	15,5	5 358 154	5,1	849	866
14 199 610	1,3	1 600 000	6,4	215	199
43 036 596	4,6	3 236 934	-6,5	498	513
52 681 103	17,3	6 619 721	4,7	548	573
66 493 797	1,4	9 338 163	2,9	824	836
256 586 083	6,4	30 200 457	-1,4	2 999	3 010
22 263 339	-3,4	3 148 178	-4,3	309	312
7 096 343	7,1	915 129	8,3	94	91
38 128 492	2,6	6 383 409	2,5	436	446
793 300 941	**6,8**	**98 394 297**	**1,4**	**9 218**	**9 396**

Grundauflage eines Werkes für den Verleger gesichert, ja manchmal überhaupt erst ermöglicht. Im Besitz der Öffentlichen Hand, sind Wissenschaftliche und Öffentliche Bibliotheken allen Fährnissen der jährlichen Etatberatungen ausgesetzt.

Nicht nur die schon aus materieller Sicht interessierte Buchbranche, sondern unabhängige Experten kritisieren, daß in der Bundesrepublik zu wenig Mittel für die wichtige Aufgabe der öffentlichen Literaturversorgung zur Verfügung stehen. Die Etats für Bucheinkauf, Personal und Gebäudeunterhaltung werden in den Haushalten getrennt ausgewiesen und sind nicht gegenseitig deckungsfähig. Die Haushaltsmittel für Bestandserneuerungen und -vermehrungen sind von vornherein relativ niedrig angesetzt.

Buchhandel als Bibliotheks-lieferant

Der Buchhandel spielt für die Bibliotheken die Rolle des Hauptlieferanten. Interessant ist es in diesem Zusammenhang, daß das maßgebende Fachbuch *Das Bibliothekswesen der Bundesrepublik Deutschlands* den Buchhandel nur am Rande erwähnt, ihn aber nicht ausdrücklich als den wichtigsten Partner beim Auf- und Ausbau von Bibliotheksbeständen aufführt.

Geschäftsverkehr des Buchhandels mit Bibliotheken

»Wie in allen Dienstleistungs- und Verwaltungsbereichen werden auch in den Bibliotheken und im Buchhandel zunehmens EDV-Systeme eingesetzt. Jedoch sind bisher Planung und Einsatz der EDV in den Bibliotheken und im Buchhandel in getrennten Bahnen verlaufen.« Mit diesen Worten beginnt ein Arbeitspapier, das Anfang 1988 von einer Arbeitsgruppe aus Bibliothekaren und Buchhändlern auf Initiative der *Arbeitsgemeinschaft wissenschaftlicher Sortimentsbuchhandlungen AwS* (s. 1.4) verfaßt und veröffentlicht worden ist. Es will den Weg weisen für eine intensive Zusammenarbeit der EDV im zukünftigen Geschäftsverkehr zwischen Verlagen und Buchhandlungen.

Eine zusammenfassende Darstellung des Geschäftsverkehrs zwischen Bibliotheken und Buchhandlungen für die Hand beider Partner gibt es zur Zeit nicht. Einem speziellen Beschaffungsproblem ist die vom *Deutschen Bibliotheksinstitut Berlin* herausgegebene *Checkliste für die Auswahl von Lieferanten beim Bezug ausländischer Monographien* gewidmet.

ekz Reutlingen

Die *Einkaufszentrale für öffentliche Bibliotheken GmbH (ekz)* in *Reutlingen* (gegründet 1947) gehört in ihrem buchhändlerischen Teil zum Großbuchhandel. Gesellschafter bzw. Eigentümer sind ausschließlich öffentliche Gebietskörperschaften, und zwar alle Bundesländer sowie rund 60 Städte und Landkreise.

Die *ekz* ist ein Wirtschaftsunternehmen in der Rechtsform einer GmbH. Ihre Hauptgeschäftszweige sind Lieferung von Daten zum Bestandsaufbau und zur Bestandsergänzung für öffentliche Bibliotheken (Lektorats- und Katalogisierungsdienste), Lieferung von Büchern und Medien in *ekz*-gefertigter bibliotheksgemäßer Spezialausstattung, Lieferung von Bibliothekseinrichtungen und Bibliotheksmaterialien sowie Dienstleistungen für öffentliche Bibliotheken.

Weder die öffentlichen Bibliotheken der Gesellschafter noch sonstige Bibliotheken sind verpflichtet, bei der *ekz* zu beziehen. *Ekz*-Lieferungen können über den örtlichen Buchhandel abgewickelt werden, der dafür einen verminderten Funktionsrabatt erhält.

Für die Titelauswahl beim Bestandsaufbau und für die Bestandserschließung gibt die *ekz* im Zusammenwirken mit dem *Deutschen Bibliotheksverband (DBV)* und dem *Verein der Bibliothekare an Öffentlichen Bibliotheken (VBB)* etliche Publikationen mit einem gestaffelten Angebot von Besprechungen und Begutachtungen heraus.

Bibliothekswesen und Elektronik

Angesichts weltweit steigender Zahlen von Neuerscheinungen drängt das Bibliothekswesen internatio-

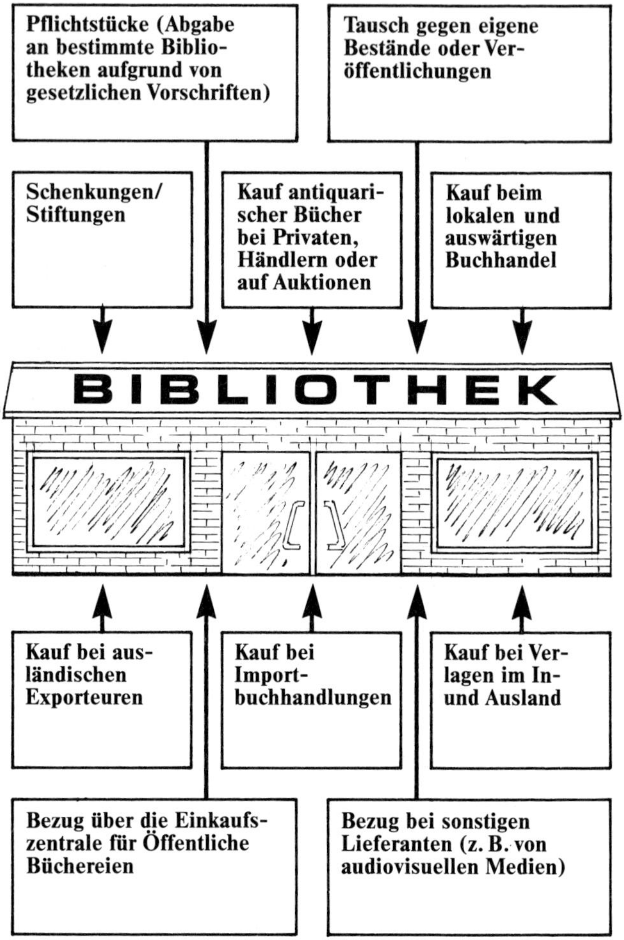

Bezugsquellen für Bibliotheken (Aufbau – Erweiterung – Erneuerung von Beständen)

nal auf mehr Elektronik. Damit soll das internationale Schrifttum nicht nur besser erschlossen und die Information durch weltweite elektronische Netzwerke wesentlich verbessert werden. Auch hoffen die Bibliothekare, größere Mengen bedruckten Papiers durch raumsparende Speichermedien ersetzen zu können. So läuft der Trend zur Zeit technisch in Richtung CD-ROM (Compact Disc, read-only-memory), wobei in erster Linie an Nachschlagewerke und Kataloge gedacht wird. Neben dem raumsparenden Effekt ergeben sich vor allem bessere Zugriffsmöglichkeiten. Beispiel: Die *Academic American Encyclopedia* wird zur Zeit auf einer einzigen Compact-Disc gespeichert. Damit sind auf dieser Platte 9 Millionen Wörter untergebracht und dem Verlag verbleiben 20% freies Volumen für Zusatz-Informationen.

Langfristig haben Bibliotheken offensichtlich keine Bestrebungen, auf Bücher und Fachartikel zu verzichten. In bestimmten Bereichen werden allerdings schon heute Fachartikel elektronisch ermittelt und ausgedruckt. Das geschieht zum Beispiel in den naturwissenschaftlichen Fächern über medizinische, chemische oder technische Datenbanken. Ziel dieser Computerbenutzung ist eine Verbesserung der aktuellen Informationen, denn bis eine Zeitschrift in einer Bibliothek benutzt werden kann, vergeht nach Erscheinen des Heftes noch einige Zeit.

5.8 Die Zukunft des Buches in der Gesellschaft von morgen

Nach der Zukunft des Buches zu fragen heißt, nach der Zukunft der Gesellschaft zu fragen. Hierfür gibt es die verschiedensten soziologischen Beschreibungsmodelle: Industriegesellschaft, postindustrielle Gesellschaft, postmoderne Gesellschaft, Kommunikationsgesellschaft, Informationsgesellschaft, Freizeitgesellschaft, Mediengesellschaft – mit Recht spricht der Soziologe *Jürgen Habermas (*1929)* von der *Neuen Unübersichtlichkeit.*

Trendbeobachtung

In dieser Neuen Unübersichtlichkeit findet der Buchhändler wie jeder andere Unternehmer seine Orientierung an den vorherrschenden Trends. Je unübersichtlicher, verwirrender und turbulenter das gesellschaftliche, politische, wirtschaftliche und technische Geschehen ist, desto notwendiger ist sorgfältige Trendbeobachtung. Für dieses neue unternehmerische Verhalten beginnt sich inzwischen der aus dem Amerikanischen kommende Fachausdruck *Trendmonitoring* einzubürgern.

Für den Buchhandel relevante Trends

Solche für den Buchhandel relevanten Trends sind: Computerisierung, Roboterisierung, steigende berufliche Qualifikationsansprüche, lebenslanges Lernen, Vernetzung der elektronischen Kommunikationssysteme, von Kundenwünschen gesteuerte, differenzierte Industrieproduktion; Überfluß und Luxus, Fragmentierung und Segmentierung von Zielgruppen und Bedürfnissen; qualifizierte Freizeitansprüche; Anwachsen der Freizeit; Verschiebungen in der Bevölkerungsentwicklung und der Alterspyramide; Veränderung der Lese- und Mediennutzungsgewohnheiten; Werte- und Bewußtseinswandel; verändertes Gesundheits- und Ernährungsbewußtsein; Isolation in der Massengesellschaft; fremdbestimmte Arbeit und ihre Folgen; Trend zu mehr selbstbestimmter Arbeit; Bedürfnis nach Tradition und überlieferten Werten; Bedürfnis nach neuen Werten und Traditionen; Kommunikations- und Beziehungsbedürfnisse; Bedürfnisse nach Wärme und Geborgenheit; Streben nach Lebensgenuß (Hedonismus) und Bedürfnis nach Lebenssinn.

Zukünftige Aufgaben des Buchhandels

Aus diesen vielgestaltigen Trends, Veränderungen, Umbrüchen und Bedürfnissen ergeben sich für einen aktiven Buchhandel so reizvolle Aufgaben wie vielleicht noch nie zuvor in seiner Geschichte. Angesichts der vielfältigen Potentiale einer in stürmischer Bewegung befindlichen Gesellschaft haben die Propheten des buchhändlerischen Weltuntergangs keine Chance, Recht zu behalten. Aufgabe jedes einzelnen in dieser Branche Tätigen und Aufgabe jeder einzelnen buchhändlerischen Firma ist es, in dem in ständiger Veränderung befindlichen Gesamtsystem den ihm gemäßen Platz zu finden, der den eigenen Stärken und Voraussetzungen entspricht.

Buchhandlungen als offene Systeme

In diesem Szenario hat eine Buchhandlung als geschlossenes, starres System keine Überlebensmöglichkeit. Beinahe unendlich groß sind die Potentiale, die sich Buchhandlungen eröffnen, die als offenes System geführt und weiter entwickelt werden.

Buchhandel und Mitarbeiterorientierung

Voraussetzung dafür ist ein neues Verständnis von der Rolle des Mitarbeiters. Wie eine Buchhandlung sich entwickelt, hängt davon ab, wie sich Inhaber und Mitarbeiter entwickeln. Wie sich das Gesamtsystem Buchbranche entwickelt, hängt davon ab, wie sich die einzelnen Buchhandlungen entwickeln. Die Zukunft des Buchhandels ist gesichert, sobald sich in der Branche die entscheidende Wende zu einem neuen Verständnis vom Mitarbeiter vollzieht. Mit den heute noch weitgehend dominierenden patriarchalischen Führungsverhältnissen und der emotionalen Ablehnung kooperativer Managementtechniken stehen für weite Teile des Buchhandels die Zeichen weiterhin auf Sturm.

Buchhandlung herkömmlichen Typs

Die Buchhandlung traditionellen Typs arbeitet nach den Richtlinien der herkömmlichen Betriebswirtschaft. Sie denkt demzufolge in erster Linie gewinnorientiert und sieht als oberstes Unternehmensziel die Gewinnmaximierung an. Unter diesem Denken gewinnen Finanzierung und Verwaltung des Unternehmens als Basis und tragende Mauern besonderes Gewicht. Die Mehrzahl der unternehmerischen Aktivitäten zielt auf Beschaffung und Absatz. Unternehmerische Aufgabe ist, beide Prozesse bis ins einzelne

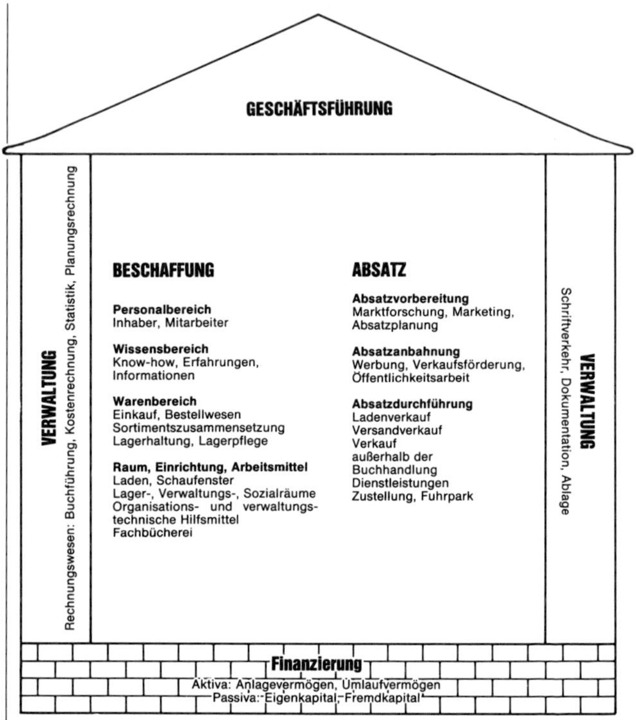

Funktionen einer Sortimentsbuchhandlung

Noch Anfang der 70er Jahre ließ sich eine Buchhandlung als festgefügtes Haus darstellen: Mit der Finanzierung als Fundament, der Verwaltung als soliden Wänden, der Geschäftsführung als Dach und dem Beschaffungs- und Absatzprozeß im Inneren des Gebäudes. Heute sehen wir Buchhandlungen als kybernetisch zu steuernde Systeme, die vielfältig mit ihrer Umwelt vernetzt sind (s. Abb. S. 271).

zu organisieren. Die Buchhandlung alten Typs denkt in Produkten und in Hierarchien.

Buchhandlung neuen Typus

Im Mittelpunkt der Buchhandlung der Zukunft stehen die Zielgruppe und ihre Bedürfnisse, auf das sich das *mimetische* (sich anpassende) *Marketing* der Buchhandlung ausrichtet. Die Buchhandlung spiegelt das

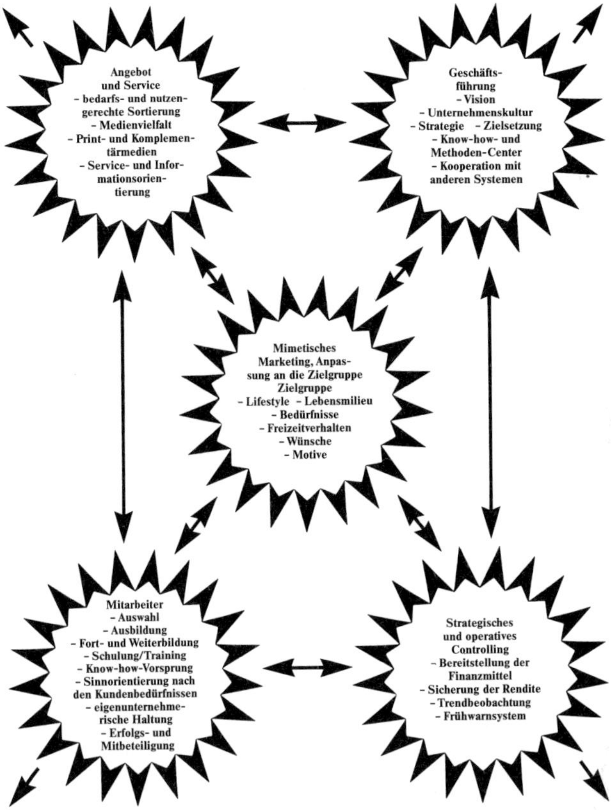

Lebensmilieu ihrer Kunden wider. Der Buchhändler wird zum Lifestyle-Partner.

Hauptaufgabe der Geschäftsführung der Buchhandlung der Zukunft ist die kybernetische Steuerung des Systems und die Kooperation mit anderen Systemen. Dabei spielt es eher eine zweite Rolle, ob es sich um den selbständig operierenden Teil eines größeren Ganzen oder eine völlig eigenständige Einheit handelt. Angebot und Service orientieren sich an den Bedürfnissen der Zielgruppe und gewinnen dadurch eine eigene Qualität.

Buchhandlung Gondrom, Kaiserslautern: Ziel aller gestalterischen Kunstgriffe ist es, dem Betrachter immer wieder neue Einblicke und Eindrücke zu ermöglichen; ihm farbenprächtige Abwechslung zu bieten, ihn sinnlich und emotional zu aktivieren. Dies macht den Unterschied eines »Erlebniskonzepts« zu einer »normalen« Buchhandlung aus. *Foto: Brübach*

Controlling neuen Typus

Das Controlling orientiert sich am Modell des Regelkreises. Hauptaufgaben sind die Bereitstellung der Finanzmittel und die Sicherung der Rendite unter dem strategischen Gesichtspunkt der Überlebensfähigkeit des Systems.

Mitarbeiter als Mitunternehmer

Die Situation der Mitarbeiter ist durch freiwillig übernommene Lernprozesse gekennzeichnet, die aus ihrer mitunternehmerischen Haltung resultieren. Erfolgs- oder Mitbeteiligung am Unternehmen verschafft ihnen die materielle Basis für die eigene Teilhabe am Leben der modernen Freizeit- und Informationsgesellschaft.

Literatur Kapitel 5

Hinweis: Barsortimentskataloge und Nachschlagewerke sind im Kapitel »Bibliografier-Möglichkeiten für den Buchhandel« (5.4) aufgeführt.

Allischewski, Helmut:
Bibliografierkunde. 2. neubearb. u. erw. Aufl. Wiesbaden: Reichert 1986.

Bestseller Almanach.
Die 3 000 meistverkauften Bücher. Ausgabe 86/87. Hrsg. v. Rossipaul. München: Rossipaul 1986.

Bielschowsky, Ludwig:
Der Büchersammler. Eine Anleitung. 2. neubearb. Aufl. Koblenz: Edition Plato 1980.

Busse, Gisela/Ernestus, Horst/Plassmann, Engelberg:
Das Bibliothekswesen der Bundesrepublik Deutschland. 2. Aufl. Wiesbaden: Harrassowitz 1983.

Checkliste für die Auswahl von Lieferanten beim Bezug ausländischer Monographien.
Berlin: Deutsches Bibliotheksinstitut 1988.

Domay, Friedrich:
Formenlehre der bibliografischen Ermittlung. Eine Einführung in die Praxis der Literaturerschließung. Stuttgart: Hiersemann 1968.

Eyssen, Jürgen:
Buchkunst in Deutschland. Hannover: Schlütersche 1980.

Fünf Jahrhunderte Buchillustration.
Meisterwerke der Buchgraphik aus der Bibliothek Otto Schäfer. Germanisches Nationalmuseum Nürnberg 1987. Hrsg. v. Germanischen Nationalmuseum Nürnberg. Nürnberg: Germanisches Nationalmuseum 1987.

Gent, Sigrid:
Die Taschenbuch Fibel. Über 100 Stichwörter rund ums Taschenbuch. Düsseldorf: BUCHMARKT 1982.

Greenfeld, Howard/Spangenberg, Berthold:
Bücher wachsen nicht auf Bäumen. München: Ellermann 1979.

Hadamowsky, Franz:
Kleines Lexikon des Sammelns. Salzburg: Residenz 1965.

Halbey, Hans Adolf (Hrsg.):
Museum der Bücher. Dortmund: Harenberg 1986.

Handbuch der Öffentlichen Bibliotheken 13. Ausgabe 1985.
Hrsg. v. Deutschen Bibliotheksinstitut. Berlin: Deutsches Bibliotheksinstitut 1986.

Helbig, Gerhart/Klingner, Edwin:
Wissenschaftskunde. 7. Aufl. Düsseldorf: Verlag Buchhändler heute 1984.

Hilka, Thomas:
Bücher sammeln - Bestimmen - Pflegen. München. Keyser 1981. (Keysers Sammlerbibliotheken)

Hiller, Helmut:
Zur Sozialgeschichte von Buch und Buchhandel. Bonn: Bouvier 1966.

Informationsführer.
Bibliotheken und Dokumentationsstellen in Österreich. Hrsg. v. Bundesministerium für Wissenschaft und Forschung. Wien: Verlag der österreichischen Staatsbücherei 1983.

Internationale Buchkunst im 19. und 20. Jahrhundert.
Hrsg. v. Georg Kurt Schauer. Ravensburg: Maier 1969.

Jahrbuch der Auktionspreise für Bücher, Handschriften und Autographen.
Ergebnisse der Auktionen in Deutschland, Österreich und in der Schweiz. Mit einem Anhang Spezialgebiete des Antiquariats. Stuttgart: Hauswedell. Erscheint jährlich.

Kartographie.
Das Stansergebiet wird zur Landkarte. Hrsg. v. Kümmerly + Frey. Ostfildern: Fink, Kümmerly + Frey o.J

Katalog der 9. Mainzer Minipressen-Messe.
München: Richter 1987.

Kohl, Hermann Joseph:
Stichworte zu einer buchhändlerischen Fachkunde für den Bereich Katholische Theologie. Stuttgart: Verband katholischer Verleger und Buchhändler 1983.

Kompendium Zeitgenössischer Handpressendruck.
Hrsg. v. H. S. Bartkowiak. Hamburg: H. S. Bartkowiak 1988. Erscheint 2 x jährlich

Koppitz, Hans Joachim:
Grundzüge der Bibliografie. München: Saur 1977.

Krause, Joachim:
Bibliografieren in Praxis und Unterricht. 3. Aufl. Düsseldorf: Verlag Buchhändler heute 1987.

Kürschners Deutscher Literatur-Kalender.
Hrsg. v. Werner Schuder. Berlin: de Gruyter 1984.

Landkarten A-B-C.
Hrsg. v. Reise- und Verkehrsverlag Stuttgart. Zusammengestellt von Richard Wittmann. Stuttgart: Reise- und Verkehrsverlag 1962.

Leser, Hans G./v. Bieberskin, Wolfgang:
Vom Umgang mit juristischer Literatur. Frankfurt: Bockenheimer Bücherwarte 1986.

Müller, Udo:
Zugang zur Literatur. Freiburg: Herder 1978.

Perspektiven für eine künftige Verlags- und Buchhandelspolitik.
Rüschlikon: Gottlieb Duttweiler Institut 1982.

Popp, Helmut:
Der Bestseller. München: Oldenbourg 1975.

Raabe, Paul:
Die Bibliothek als humane Anstalt betrachtet. Plädoyer für die Zukunft der Buchkultur. Stuttgart. Metzler 1986.

Rühle, Günther:
Die Büchermacher. Von Autoren, Verlegern, Buchhändlern, Messen und Konzernen. Frankfurt: Suhrkamp 1985.

Sachgruppen der Deutschen Bibliografie.
Warengruppen für den Buchhandel. Leitfaden zu ihrer Vergabe. Frankfurt: Buchhändler-Vereinigung 1982.

Sammleradreßbuch Alte Bücher/Graphik 1987/88.
Das Verzeichnis der Antiquariate u. Sammler. Braunschweig: Kuhle 1987.

Schmitt, Christian W.:
Die Auflagen-Millionäre. Begegnungen, Gespräche und Erfahrungen mit 44 Schriftstellern. Hann. Münden: Gauke 1988.

Schneider, Georg:
Handbuch der Bibliografie. 5. Aufl. Stuttgart: Hiersemann 1969.

Schwarzner, Britta:
Krisenvorsorge – Frühwarnsysteme für das Sortiment. Stuttgart: Verband d. Verlage und Buchhandlungen in Baden-Württemberg 1987.

Stamm, Willy:
Deutsches Verlags-Register. Verlage mit ihrem periodischen Schrifttum. 7. Ausg. Essen: Stamm 1987.

STAMM-Leitfaden durch Presse und Werbung.
41. Ausgabe Essen: Stamm. Erscheint jährlich

Taschenbuch der Auktionspreise alter Bücher.
Ein Preisführer über alte Bücher. Aachen: F. Radtke Verlag für Büchersammler. Erscheint jährlich

Totok, Wilhelm/Weitzel, Rolf:
Handbuch der bibliografischen Nachschlagewerke. 1. Allgemeinbibliografien u. allgemeine Nachschlagewerke. 6. Aufl. 2. Fachbibliografien. 6. Aufl. Frankfurt: Klostermann 1984 und 1985

Albert Spindler (Hrsg.): Typen.
Pressedrucke des deutschen Sprachraums. Eine Bibliografie deutschsprachiger Pressen seit 1945 anläßlich der Ausstellung von Pressedrucken im Gutenberg-Museum Mainz 1988. Gifkendorf: Merlin 1988.

Wendland, Henning:
Die Buchillustration. Von den Frühdrucken bis zur Gegenwart. Aarau: AT Verlag 1987.

Wilhelmy, Herbert:
Kartographie in Stichworten. Bandausgabe. Kiel: Hirt 1972.

Willberg, Hans Peter:
Buchkunst im Wandel. Die Entwicklung der Buchgestaltung in der Bundesrepublik Deutschland. Hrsg. v. d. Stiftung Buchkunst. Frankfurt: Buchhändler-Vereinigung 1986.

Zeitschriften:

Bibliotheksdienst. Hrsg. v. DBI. Berlin: DBI/DBK. Monatlich.

BuB. Buch und Bibliothek. Fachzeitschrift des VBB. Bad Honnef: Bock + Herchen.
10 x jährlich.

Der Evangelische Buchberater. Zeitschrift für evangelische Büchereien. Göttingen: Deutscher Verband Evangelischer Büchereien. Vierteljährlich.

das neue buch. dnb. Buchprofile für die katholische Büchereiarbeit. Bonn: Zentralstelle des Borromäusvereins. 6 x jährlich

Anhang

1. Adressen und Kontakte

Die folgenden Adressen sind systematisch geordnet und ermöglichen den schnellen Zugriff auf wichtige Informationen und Kontakte im Buchhandelswesen.

An- und Verkäufe

Heinold Verlagsservice, Eulenhof
2351 Hardebek
Tel. 0 43 24/5 02
ferner die Mehrzahl der Betriebsberater (s. dort)

Aus- und Weiterbildung

Schulen des Deutschen Buchhandels
Wilhelmshöher Straße 283
6000 Frankfurt am Main 60

Buchhändlerische Landesverbände
(s. S. 284)

Betriebsberater

BBE-Unternehmensberatung
Sachsenring 89
5000 Köln 1
Tel. (02 21) 33 97-1

Joachim Brunold Unternehmensberatung
Krämerstraße 48
7410 Reutlingen
Telefon (0 71 21) 4 46 79

Unternehmensberatung Franz Hinze
Düsterntwiete 55
2000 Hamburg 55
Telefon (0 40) 80 21 05

Diplom-Volkswirt
Johannes Immken
Unternehmensberatung
Kranichzug 17
3000 Hannover 61
Telefon (05 11) 57 36 27

Möller & Co. Unterneh-
mensberatung
Postfach 15 64
Moltkeallee 13
2070 Ahrensburg
Telefon (0 41 02) 5 24 97

Fritz-Dieter Plautz,
BBE-Unternehmens-
beratung GmbH
Lothringer Straße 56–58
5000 Köln 1
Telefon (02 21) 3 39 72 34

Unternehmensberatung
Jochen Raschwitz
Dornhagen 5
3155 Edemissen
Telefon (0 53 72) 62 92

Persönliches Marketing
Arnd Roszinsky-Terjung
Regentenstraße 17 B
4052 Korschenbroich
Telefon (0 21 61) 64 05 15

Unternehmensberatung
Dr. Karl Ruf
Feichthofstraße 23
8000 München 65
Telefon (0 89) 88 51 73

Unternehmensberatung
Dieter Schlender
Leopoldstraße 181
8000 München 40
Telefon (0 89) 36 27 29

Diplom-Ökonom Klaus
Schwarz
Schiffgraben 24
3000 Hannover 1
Telefon (05 11) 34 51 51

Unternehmensberatung
Britta Schwarzner
Junkermühle 1
6531 Seibersbach
Telefon (0 67 24) 10 21

Unternehmensberatung
Gudrun Vierbücher
Waldallee 33
6239 Eppstein 3
Telefon (0 61 98) 3 31 09

Unternehmensberatung
Christian Warweg
Lärchenweg 3
8095 Schnaitsee 2-Wald-
hausen
Telefon (0 80 74) 15 15

Unternehmensberatung
Holger Wiggers
Holsteinische Straße 58
1000 Berlin 31
Telefon (0 30) 87 51 03

Unternehmensberatung
Winter & Partner
Bantschowstraße 32
2000 Hamburg 65
Telefon (0 40) 6 47 25 19/
5 36 25 65

Unternehmensberatung
Joachim Zender
Postfach 57
6620 Völklingen
Telefon (0 68 98)
1 61 01-02

Bibliografische Auskünfte

Deutsche Bibliothek
Auskunftstelle
Zeppelinallee 4-8
6000 Frankfurt 1
Telefon (06 11) 7 56 63 95

Deutsche Bücherei
Deutscher Platz
DDR-7010 Leipzig
Telex 5 15 62 dbeuch dd

Deutsche Staatsbibliothek
Arbeitsbereich Publikationen und Druckgenehmigungen
Unter den Linden 8
Postfach 13 12
DDR-1086 Berlin
Telefon 15

O. Gracklauer
Bibliografische Agentur
Reuterpfad 6-8
1000 Berlin 33
Telefon (0 30) 8 25 81 39

Buchhändlerische Arbeitsgemeinschaften und Verbände

Über die Adresse des Börsenvereins des Deutschen Buchhandels e.V., Großer Hirschgraben 17-21, 6000 Frankfurt am Main 1, 069-13 06-0, sind folgende Ausschüsse und Arbeitsgemeinschaften zu erreichen:

Arbeitsgemeinschaft Antiquariat

Arbeitsgemeinschaft Bahnhofsbuchhandel

Arbeitsgemeinschaft Buchgemeinschaften und verwandte Unternehmen

Arbeitsgemeinschaft Reise- und Versandbuchhandel

Arbeitskreis kleinerer Sortimenter

Sortimenter-Ausschuß

Ausschuß für den Zwischenbuchhandel

Arbeitsgemeinschaft der Verleger, Buchhändler und Bibliothekare der Friedrich-Ebert-Stiftung,
Godesberger
Allee 149,
5300 Bonn 2

Arbeitsgemeinschaft Wissenschaftlicher Sortimentsbuchhandlungen (AWS)
Postfach 64 06,
3000 Hannover 1

ARDEG – Arbeitsgemeinschaft der Erfa-Gruppen im Buchhandel,
Postfach 93 07,
4000 Düsseldorf 1

Bundesverband der Deutschen Versandbuchhändler e.V.,
An der Ringkirche 6,
6200 Wiesbaden

Bundesverband des Deutschen Kunst- und Antiquitätenhandels e.V.,
Stadtwaldgürtel 32 A,
5000 Köln 41

Bundesverband des werbenden Buch- und Zeitschriftenhandels e.V.,
Pecher Hauptstraße 2C,
5307 Wachtberg-Pech

Bundesverband Deutscher Kunstversteigerer e.V.,
Neumarkt 3,
5000 Köln 1

Gesamtverband Deutscher Musikfachgeschäfte e.V.,
Friedrich-Wilhelm-Str. 31,
5300 Bonn

PRESSE-GROSSO – Verband Deutscher Buch-, Zeitungs- und Zeitschriften-Grossisten e.V.,
Classen-Kappelmann-Str. 24,
5000 Köln 41

Verband Deutscher Antiquare e.V.,
Braubachstr. 34,
6000 Frankfurt a. Main

Verband Deutscher Bahnhofsbuchhändler e.V.
Postfach 11 12 17,
4000 Düsseldorf 11

Verband Deutscher Lesezirkel e.V.,
Flensburger Str. 28,
4000 Düsseldorf 30

Verband katholischer Verleger und Buchhändler e.V.,
Lehenstr. 31
7000 Stuttgart 1

Verband Wissenschaftlicher Importbuchhändler,
Universitätsstr. 31,
8400 Regensburg 1

Vereinigung Evangelischer Buchhändler e.V.,
Lehenstr. 31,
7000 Stuttgart 1

Österreich:

Hauptverband des österreichischen Buchhandels,
Grünangergasse 4,
A-1010 Wien 1

Innerhalb des Hauptverbandes sind organisiert:

Österreichischer Buchhändlerverband

Verband österreichischer Kommissionäre, Grossobuchhändler und Auslieferer

Verband der Antiquare Österreichs

Verband der österreichischen Zeitungs- und Zeitschriften-Grossisten und der Werbenden Zeitschriftenhändler

Bundesgremium des Handels mit Büchern, Kunstblättern, Musikalien, Zeitungen und Zeitschriften,
Wiedner Hauptstr. 63,
A-1045 Wien
(mit Landesgremien in den einzelnen Bundesländern)

Vereinigung des kath. Buchhandels in Österreich,
Strozzigasse 8,
A-1080 Wien

Schweiz:

Schweizerischer Buchhändler- und Verleger-Verband,
Baumackerstr. 42,
CH-8050 Zürich

Verband Wissenschaftlicher Buchhandlungen,
Kirchgasse 17,
CH-8001 Zürich

Verband Evangelischer Buchhandlungen und Verlage in der Schweiz,
Postfach 645,
CH-5401 Baden

Vereinigung Katholischer Buchhändler und Verleger in der Schweiz,
Pérolles 42,
CH-1700 Fribourg

Internationale Vereinigungen des verbreitenden Buchhandels:

Internationale Buchhändler-Vereinigung (IBV)

- International Booksellers Federation (IBF)

- Fédération Internationale des Libraires (FIL), Grünangergasse 4, A-1010 Wien

Gruppe der Sortimenterverbände in der EG - Groupement des Associations de Libraires de la C. E. E., 35, Rue de las Chasse Royale, B-1160 Brüssel

Liguie Internationale de la Libraire Ancienne - International League of Antiquarian Booksellers Korrespondenz über die jeweiligen Nationalverbände

Internationale Gemeinschaft der Konzessionäre von Kiosken und Bahnhofsbuchhandlungen - Association Internationale des Concessionaires de Kiosques et de Librairie de Gare - International Association of Railway Bookstall and Kiosk Concressionaires (I. B. A.), c/o Generalsekretär F. H. Bruns, Postbox 8181, NL-3503 RD Utrecht

DISTRIPRESS - Vereinigung zur Förderung des internationalen Pressevertriebes - Association pour la Promotion de la Diffusion de la Presse - Association for the Promotion of the International Circulation of the Press, Beethovenstr. 20, CH-8002 Zürich

Buchhändlerische Landesverbände

Verband der Verlage und Buchhandlungen in Baden-Württemberg e.V.
Leonhardsplatz 28
7000 Stuttgart 1

Verband Bayerischer Verlage und Buchhandlungen e.V.
Thierschstr. 17
8000 München 22

Berliner Verleger- und Buchhändler-Vereinigung e.V.
Lützowstr. 105
1000 Berlin 30

Landesverband der Verleger und Buchhändler Bremen-Unterweser e.V.
Contrescarpe 17
2800 Bremen 1

Hessischer Verleger- und Buchhändler-Verband
Großer Hirschgraben 17–21
6000 Frankfurt a. M. 1

Landesverband der Buchhändler und Verleger in Niedersachsen e.V.
Hausmannstr. 2
3000 Hannover 1

Norddeutscher Verleger- und Buchhändler-Verband e.V.
Brahmsallee 24
2000 Hamburg 13

Verband der Verlage und Buchhandlungen in Nordrhein-Westfalen e.V.
Marienstr. 41
4000 Düsseldorf 1

Landesverband der Verleger und Buchhändler Rheinland-Pfalz e.V.
Schönbornstr. 3
6500 Mainz

Landesverband der Verleger und Buchhändler Saar (LVBS) e.V.
Eisenbahnstr. 68/II
6600 Saarbrücken 1

Formularverlage

Otto Kolb Formularverlag,
Tel. (0 92 81) 8 52 00,
8670 Hof

Sontag, Adolf, Druck & Papierverarbeitung GmbH & Co. KG,
Ingelheimer Str. 7, Postfach, 6501 Nieder-Olm,
Tel. (0 61 36) 7 65-0,
Telex 4 18 72 12

Ladenbaufirmen

Böttcher-Ladenbau, Christian Böttcher, Einrichtungen für Buchhandlungen und Schreibwarengeschäfte;
Mitte:
Industriepark Rhön,
Postfach 11 50,
6405 Eichenzell/Fulda;
Telefon (0 66 59) 18 35
Süd:
Poppenweilestr. 18,
Postfach 97,
7142 Marbach/Neckar
Telefon (0 71 44) 70 39

Brübach, Hans, Ladenbau & Verkaufstechnik,
Ladeneinrichtungen,
Postfach 11 53,
3430 Witzenhausen
Telefon (0 55 42) 40 51.

Cordes & Co.,
Ladeneinrichtungen für Buch und Presse,
Lindenstr. 11,
6350 Bad Nauheim
Telefon (0 60 32) 60 41–42.

HEYSER GmbH,
Industriegebiet Eichenstruth,
Postfach 11 10,
5439 Bad Marienberg
Telefon (0 26 61) 52 10, 65 48.

Kreft, Wilhelm, GmbH,
Einrichtungen für Buchhandlungen und Bibliotheken,
Postfach 10 02 55,
3002 Wedemark 1
Telefon (0 51 30) 58 08–0.

Studio Kortschik,
Planung und Einrichtung für den Buchhandel
Elisabethstr. 4,
4000 Düsseldorf,
Theesener Str. 26,
Telefon (05 21) 88 33 31,
4800 Bielefeld 15,
Telefon (02 21) 37 12 66.

Weimann, Johann, Ladenbau GmbH,
Geniner Str. 159–167,
2400 Lübeck
Telefon (04 51) 5 29 47.

Personalberater

Heinold Personal- und Unternehmensberatung GmbH BDU
Eulenhof
2351 Hardebek
Telefon (0 43 24) 5 02

Preisbindung

F. C. von Bismarck
Preisbindungsbevollmächtigter des Sortiments
Adelheidstr. 70
6200 Wiesbaden

Dieter Wallenfels
Preisbindungstreuhänder der Verlage
An der Ringkirche 6
6200 Wiesbaden

2. Glossar
Abkürzungen, Codes und Definitionen

Das nachfolgende Glossar bringt eine Auswahl wichtiger Branchentermini, Codes und Abkürzungen. Die meisten Sachverhalte sind im Haupttext im jeweiligen Zusammenhang umfassender dargestellt.

Abkürzungen im Buchhandel
(Eine Auswahl)

á. c.	á condition, Bedingtbezug
ARDEG	Arbeitsgemeinschaft der ERFA-Gruppen
BAG	Buchhändlerische Abrechnungsgesellschaft
BKG	Buchhandels-Kreditgarantiegemeinschaft
CD-ROM	Compact Disc - Read Only Memory
CIP	Cataloguing-in-Publication
ERFA	Erfahrungsaustauschgruppen
HWG	Hauptwarengruppen des Buchhandels
ISBD	International Standard Bibliografic Discription
ISBN	International Standard Book Number
ISDS	International Serials Data System
ISSN	International Standard Serial Number
KNO	Barsortiment Koch, Neff & Oetinger
K&V	Barsortiment Koehler & Volckmar

LIBRI	Barsortiment Lingenbrink
MA	Modernes Antiquariat
RZB	Rechenzentrum Buchhandel
SBK	Standard-Buchlaufkarte
SBVV	Schweizerischer Buchhändler- und Verleger-Verband
VEB	Vereinigung Evangelischer Buchhändler
VKB	Vereinigung Katholischer Buchhändler
VLB	Verzeichnis lieferbarer Bücher
VLS	Verzeichnis lieferbarer Schulbücher
WBZ	Werbender Buch- und Zeitschriftenhandel

Adreßbuch für den deutschsprachigen Buchhandel
Jährlich aktualisiertes Nachschlagewerk in drei Bänden, das alle wichtigen Marktteilnehmer des Buchhandels im In- und Ausland erfaßt. Herausgeber ist der Börsenverein des deutschen Buchhandels e.V., Frankfurt am Main.

Almanach
Jahrbücher zu bestimmten Themen. Auswahlbände großer Verlagshäuser mit Proben aus ihren Veröffentlichungen.

Ansichtsexemplar
Unverlangte oder bestellte Ansichtssendungen einer wissenschaftlichen Neuerscheinung an Kunden und Institutionen durch das Sortiment.

Antiquariat
Form des Buchhandels, die sich mit dem Handel von alten, neueren, gebrauchten oder aus der Preisbindung herausgenommenen verlagsneuen Büchern befaßt. Das wichtigste Vertriebsmittel ist der Antiquariatskatalog.

apart
Die Bestellung einzelner Titel von Periodika oder von mehrbändigen Werken und Reihen. Sogenannter Apartbezug durch das Sortiment beim Verlag.

Aufhebung des Ladenpreises
Wird die Preisbindung eines Buches durch den Verlag aufgehoben, dann kann es zu beliebigen Preisen abgesetzt oder verramscht werden. Der Buchhändler ist innerhalb eines bestimmten Zeitraumes nach Abruf zur Remission an den Verlag berechtigt.

Ausgewählte Werke
Auswahl bestimmter ungekürzter Einzelwerke aus dem Gesamtwerk eines Autors.

Autograph
Handgeschriebenes Werk oder Urkunde, häufig auch Musikkomposition, eines Autors. A. sind Gegenstände des Antiquariatsbuchhandels.

Autorenlesung
Zur gemeinsamen Öffentlichkeitsarbeit von Verlagen und Buchhandlungen zählen sog. Autorenreisen, bei denen Verfasser meist neuer belletristischer Werke in den Verkaufsräumen von Buchhandlungen aus ihren Werken vorlesen.

BAG. Abkürzung für Buchhändler-Abrechnungs-Gesellschaft mbH
1923 in Leipzig zur rationelleren Abwicklung des Abrechnungs- und Zahlenverkehrs zwischen Buchhändlern und Verlegern eingerichtet und 1953 erneut in Frankfurt am Main für den Buchhandel in der Bundesrepublik Deutschland errichtet.

Bahnhofsbuchhandel
Servicebetriebe der Deutschen Bundesbahn, die auf Pachtgrundlage unter Freistellung von den gesetzlichen Ladenschlußzeiten nach den Bedürfnissen des Reiseverkehrs arbeiten. Der Begriff umfaßt auch Buchhandlungen in Flughafeneinrichtungen. Derzeit ca. 300 Firmen mit rd. 1000 Verkaufsstellen.

Barsortiment
Form des Zwischenbuchhandels. Barsortimente halten die gängige Produktion vieler Verlage auf Lager und ermöglichen über elektronische Bestellsysteme die Belieferung von Büchern verschiedener Verlage aus einer Hand. In sog. B.-Lagerkatalogen sind die lieferbaren Titel ausgewiesen.

Bedingtverkehr
Zur Minderung des Lagerrisikos beim Sortiment die Lieferung meist hochpreisiger Fachbuch- oder Wissenschaftstitel »bedingt« oder »á condition – á. c.«. Diese Bücher können bei Nichtverkauf zu einem festgelegten Abrechnungstermin an den Verlag remittiert werden.

Behördenbibliothek
Halböffentliche, auf den Behördenbedarf abgestellte Bibliothek.

Belletristik
Bezeichnet sog. schöngeistige Literatur inkl. der Produktion der Publikumsverlage.

Bestand
Gesamtheit der Bücher einer Bibliothek. Lagerbestand eines Sortiments, einer Verlagsauslieferung, eines Titels.

Bestellanstalt
1842 in Leipzig gegründet mit dem Ziel, sämtiche Bestellungen aus dem deutschen Sprachraum zusammenzuführen und zur Abwicklung an die Verlage weiterzugeben. Heute übernehmen ähnliche Funktionen u. a. die Bestellanstalten der Firmengruppen KNO-K&V und Lingenbrink.

Bestellkarte
Als Postkarte bedrucktes Bestellformular. Mit der Kennzeichnung »Bücherzettel« oder »Büchersendung« portogünstig für Bestellungen des Sortiments beim Verlag.

Bestellterminal
Über Einweg-Bestellterminals kann der Sortimenter bei entsprechend elektronisch eingerichteten Barsortimenten Bestellungen aufgeben.

Bestellwege, elektronische
Zu den elektronischen Bestellwegen zählen Einweg-Bestellterminals, Bildschirm-Dialogsysteme (u. a. BIS, LIBRI-Dialog), Mailbox-Systeme (BAS, BiBS), Telefax, Teletext, Telex.

Bestellzettel
Bestellformulare, die ein Sortimenter einzeln oder gebündelt als »Zettelbrief« mit dem Vermerk »Bücherzettel« zur Titelanforderung an Kommissionäre oder Verlage versendet.

Bestseller
Besonders gut verkäufliche Titel, sog. »Schnelldreher« im Unterschied zu Steady- und Longsellern.

Betriebsvergleich
Jährliche Betriebsvergleichsanalyse des Kölner Instituts für Handelsforschung auf der Basis von 400 Sortimenten. Ein wichtiges Steuerungsinstrument für die Geschäftsplanung. Ferner Kleingruppenvergleiche (5–10 Buchhandlungen) durch Erfa-Gruppen.

Bezugsbedingungen
Die Konditionspolitik sieht bestimmte Bestellanreize für den Buchhändler vor, u. a.: erhöhte Messe- und Vertreterrabatte, Partielieferungen (Freiexemplar ab einer bestimmten Menge z. B. 7/6, 11/10), Reizpartien (z. B. bei Bestellern 120/100) und Jahreskonditionen (s. u.). Bei Zeitschriften/Zeitungen im Abonnement: Bezugspreis, Dauer des Abonnements, Zustellungsprocedere usw.

Bibliografie
Heutige Bezeichnung für Schrifttumsverzeichnisse, die periodisch und thematisch geordnet erscheinen. Z. B. Deutsche Bibliografie, VLB usw.

Bibliografieren
Ermittlung eines Titels mit seinen bibliografischen Angaben in einer Bibliografie.

Bibliophile Bücher
Luxus-, Liebhaberausgaben und besonders aufwendig (Ledereinband) gestaltete Bücher.

Bibliothek
Private, halböffentliche und öffentliche Büchereien oder Büchersammlungen. Vielfältig gegliedert u. a. in wissenschaftliche, kirchliche, thematische, kommunale, Werk- und Leihbibliotheken. Wichtige Zielgruppen im Geschäftsverkehr mit den Buchhandlungen.

Bindeart
Die Einbandart eines Buches ist ein wichtiges Kriterium für Preis, Angebotsform und Präsentation im Sortiment. In bibliografischen Angaben immer erwähnt. Grobe Unterteilung neuerdings häufig in Hard- und Softcover.

Börsenblatt für den deutschen Buchhandel
Verbandsorgan des Börsenvereins des Deutschen Buchhandels. Ersch. 2 x wchtl. Wichtigstes Branchenblatt mit Text-, Anzeigen- und Stellenteilen. Sondernummern sind wichtige Nachschlagewerke für den Buchhandel. Ein eigenes »Börsenblatt für den Deutschen Buchhandel« erscheint in der DDR (s. BuB, 3.13)

BuB
Der Vermerk BuB signalisiert dem Leser dieses Buches, daß sich weitergehende Informationen in »Bücher und Büchermacher« des gleichen Autors befinden.

Buchbezug aus der DDR
Nach Beitritt der DDR zum internationalen ISBN-Abkommen wird ihre Buchproduktion im VLB verzeichnet und auch von Barsortimenten geführt. Darüber hinaus gibt es spezielle Importeure für DDR-Literatur.

Buchentsäuerung
In den USA entwickeltes Verfahren zur Bekämpfung von Säureschäden in den Bibliotheken. In Vakuumkammern wird das Wasser den Büchern entzogen, Gas eingeleitet und damit die im Papier gebundene Säure neutralisiert. In Frankreich entsteht derzeit ein Entsäuerungswerk, das täglich 600–900 Bände behandeln soll.

Büchersendung
Verbilligte Versandform lt. Postordnung für Verlagserzeugnisse bis 1000 g. Begleitende Geschäftswerbung ist mit wenigen Ausnahme davon ausgeschlossen.

Bücherzettel
Postkartenformular mit vorgedruckten bibliografischen Angaben, Liefer- und Zahlungsbedingungen, das portovergünstigt für Verlagsbestellungen des Sortiments verwendet wird.

Buchformate
Durch den Verleger festgelegte Abmessungen eines Buches als Element der Gesamtgestaltung. Häufig in Bibliografien vermerkt.

Buchgemeinschaften
Buchclubs sind ein eigener Absatzweg für Bücher. Teilweise in Zusammenarbeit mit dem Buchhandel. Clubcenter und Bücherstuben als Vertriebsstellen werden teils in eigener Regie, teils in Kooperation mit Buchhändlern betrieben. Der Buchgemeinschaftsmarkt wird heute von den Verlagskonzernen Bertelsmann AG und Georg von Holtzbrinck beherrscht.

Buchgroßhandel
Zwischenbuchhandel, zu dem Barsortimente, Bestellanstalten und Grossobuchhandlungen zählen.

Buchhändler
Der Beruf »Buchhändler/Buchhändlerin« ist ein staatlich anerkannter Berufsabschluß, der nach dreijähriger Ausbildungszeit erreicht wird.

Buchhändlerische Landesverbände
In allen Bundesländern existieren eigenständige Landesverbände, die eng mit dem Börsenverein zusammenarbeiten. Die Mitglieder sind Vertreter aller Handelsstufen. Funktionen sind Mitgliederberatung, Förderung der Aus- und Fortbildung, Gemeinschaftswerbeaktionen u. a.

Buchhändlerischer Verkehr
s. Verkehrsordnung des Deutschen Buchhandels.

Buchhändlerische Werbemittel
Spezifische, vom Verlag bereitgestellte oder vom Sortiment entwickelte Werbemittel, die im Ladenbereich präsentiert oder im Directmarketing an Zielgruppen verteilt werden. Ferner Gemeinschaftswerbung wie Buchschenkservice, Vordrucke für Füllanzeigen, kostenlose Werbemagazine.

Buchhändlertage
Jährliche Mitgliederversammlung des Börsenvereins des Deutschen Buchhandels in jeweils wechselnden Bundesländern mit fachspezifischen Veranstaltungen und kulturellem Rahmenprogramm.

Buchhändler-Vereinigung
Wirtschaftliche Institution des Buchhandels; Gesellschafter sind die buchhändlerisch-verlegerischen Landesverbände. Enge Verzahnung mit dem Börsenverein des Deutschen Buchhandels, u. a. Verlag des Börsenblattes für den Deutschen Buchhandel, des Verzeichnisses lieferbarer Bücher (VLB) sowie der von der Deutschen Bibliothek erstellten Deutschen Bibliografie.

Buchimport
Die deutschsprachigen Länder Österreich und die Schweiz führen die deutsche Importstatistik an. Die Beschaffung von Titeln aus fremdsprachigen Ländern ist wegen der Beschaffungswege und unterschiedlichen Usancen häufig problematisch. Einige Importbuchhändler haben sich auf diesen Nachfragesektor spezialisiert.

Buchlaufkarte
Rationalisierungsinstrument für das Sortiment. Viele Verlage legen diese Karte mit wichtigen bibliografischen Angaben dem jeweiligen Buch bei. Sie dient als Rechnungsvorlage, für Nachbestellungen usw. und erleichtert die Lagerdisposition.

Buchtypologie
Es gibt verschiedene Ansätze, Bücher warentypologisch zu differenzieren. Eine Gliederung liefert die »Warengruppen-Systematik« der Deutschen Bibliothek. Daneben gibt es kundenorientierte Gliederungen.

Bundesprüfstelle für jugendgefährdende Schriften
Diese Institution arbeitet nach den Richtlinien eines eigens erlassenen Gesetzes auf Antrag. Indizierte

Schriften werden im Bundesanzeiger veröffentlicht. Unter anderem entfällt der ermäßigte Steuersatz für betroffene Druckerzeugnisse.

CIP
Abk. für Cataloguing-in-Publication. Bezeichnet die Katalogaufnahme eines in Vorbereitung zur Veröffentlichung befindlichen Titels. Anmeldung bei der CIP-Zentrale der Deutschen Bibliothek.

Defektexemplar
Fehlerhaftes oder beschädigtes Buch. Nach Reklamation werden defekte Exemplare ergänzt oder umgetauscht.

Deutsche Bibliografie
Allgemein- und Spezialbibliografien der Deutschen Bibliothek, die im Verlag der Buchhändler-Vereinigung erscheinen.

Direktbezug
Bezug von Büchern direkt vom Verlag unter Ausschaltung des Handels oder Zwischenhandels.

Einband
Bucheinbände in unterschiedlicher Materialform (z. B. kartoniert, Leinen, Leder).

Erstausgabe
Die erste Ausgabe eines neu erschienen Verlagstitels. Nicht zu verwechseln mit Originalausgabe, Neuauflage und Erstdruck.

Erstdruck
Probeabzug eines in der drucktechnischen Herstellung befindlichen Titels.

Erstverkaufstag
Bei Büchern der erste Tag, an dem ein Titel im Buchhandel angeboten wird. Bei Zeitschriften der Tag, an dem das Periodikum regelmäßig am Kiosk erhältlich ist.

Fachbuch
Im Unterschied zum Sachbuch ein methodisch-didaktisch orientiertes Werk, das sich vertiefend mit einem bestimmten Berufs- oder Wissensgebiet befaßt.

Fachbuchhandlung
Auf ein bestimmtes Fachgebiet oder eine Fachgebietsgruppe spezialisiertes Sortiment mit deutlicher Zielgruppenausrichtung.

Fest mit Umtauschrecht
Festberechnete Lieferung mit Umtauschrecht gegen andere Titel.

Festabnahme, Festbestellung
Auch »fest« für Festverkauf ohne Rückgabe- oder Umtauschrecht.

Flexcover
Einbandart bei Taschenbüchern und Paperback mit vorstehendem Umschlagrand. Wirkt wie ein gebundenes Buch.

Fortsetzungswerk
In mehreren Teilen oder Fortsetzungen erscheinendes Werk. Apartbestellungen sind meist nicht möglich. Häufig im Rahmen von Subskriptionen erhältlich.

Frankfurter Buchmesse
Traditionelle, jährlich stattfindende und international bedeutendste Buchmesse in Frankfurt am Main. Organisiert von der Ausstellungs- und Messe GmbH des Börsenvereins.

Franzen-Sammelrevers
Siehe Sammelrevers

Friedenspreis
Im Rahmen der Frankfurter Buchmesse jährliche Verleihung des Friedenspreises des Deutschen Buchhandels an bedeutende Literaten oder Wissenschaftler.

Gesammelte Werke
Aus mehreren Einzelwerken eines Autors zusammengestellte Ausgabe ohne Anspruch auf Vollständigkeit des Gesamtwerks.

Gesamtkatalog
Vollständiger Katalog eines Bibliotheksbestandes oder Gesamtverzeichnis eines Verlags.

Grossist
Im Buchhandel eine Form des Zwischenbuchhandels; im Zeitungs- und Zeitschriftenvertrieb die Handelsstufe (Grosso) zwischen Verlagen und Einzelverkaufsstellen (hier Gebietsmonopole der Grossisten zur Vermeidung von Doppelbelieferungen).

Importgrossisten
Auf den Einkauf von Büchern und Zeitschriften aus dem Ausland haben sich verschiedene Barsortimente und Grossisten spezialisiert. Diese sind mit der Branchenlogistik des Buchhandels verknüpft.

Impressum
Presserechtlich vorgeschriebener Druckvermerk in Büchern und Zeitschriften (hier mit länderspezifischen Zusätzen). Das Impressum enthält in der Regel Angaben über das Copyright, Verlagsort und Jahr der Ersterscheinung sowie Angaben über Satz, Druck, Land des Drucks, Übersetzer, Redaktion usw.

Imprint
Eigentlich: Druckvermerk oder Verlagsangabe in einem Buch. Bezeichnet heute Reihen oder Programme eines Verlags im Angebot eines anderen im Rahmen einer Kooperation (Imprint-Verlag).

Index
Alphabetisches Verzeichnis oder Register eines Werks oder Jahrgangs einer Zeitschrift.

Inkunabeln
Wiegendrucke. Frühe Form von Drucken und Büchern nach der Erfindung des Buchdrucks.

Inventur
Lagerbestandsaufnahme am Ende eines Geschäftsjahrs bei Sortimenten und Verlagen.

ISBD
International Standard Bibliographic Description. Internationale Verständigung über bibliografische Angaben auch in fremden Sprachen.

ISBN
International Standard Book Number. Die Internationale Standard Buchnummer kennzeichnet weltweit als kurzes, eindeutiges und maschinenlesbares Identifikationsmerkmal jeden Titel unverwechselbar.

ISDS
International Serials Data System. Das ISDS-Zentrum hat seinen Sitz in Paris und führt eine Datei über sämtliche ISSN, die national zugeteilt wurden.

ISSN
International Standard Serial Number. Bibliografische Kennzeichnung eines »fortlaufenden Sammelwerks«, also Zeitschriften, Reihen, Serien, Zeitungen und sonstige Periodika.

Jahreskonditionen
Individuelle Vereinbarung zwischen Verlagen und Buchhandlungen über Rabattgewährung für den Zeitraum eines Jahres.

Kiosk
Verkaufsstelle für Presseerzeugnisse, häufig in Verbindung mit anderen Waren.

Kommissionsbuchhandel
Zählt zum Zwischenbuchhandel und hält die lieferbaren Produktionen verschiedener Verlage (Kommittenten) für das Sortiment auf Lager. Die Lieferung erfolgt in Namen und auf Rechnung des Verlags.

Kommissionsverlag
Verlag, der den Vertrieb von Titeln auf Rechnung Dritter (z. B. Autoren) übernimmt.

Kopfremission
Abgetrennte Titelblätter als Abrechnungsbeleg für unverkaufte Zeitungs- und Zeitschriftenexemplare. Dadurch Portoeinsparung für Rücksendungen, da die Exemplare ohnehin makuliert werden.

Körperlose Remission (KR)
Remissionsabwicklung zwischen Großhandel und Verlag, bei der die Remissionsgutschrift aufgrund eines vom Großhandel eingereichten Warenflußprotokolls erfolgt. Voraussetzung für die KR ist der lückenlose, kontrollierbare Nachweis jeder Warenbewegung beim Großhandel.

Kundenberatung im Sortiment
Zum Kundenservice einer Buchhandlung gehört eine qualifizierte Kundenberatung, die u. a. die Kenntnis der Wissenschaftssystematik, der Bibliografiertechnik und eine umfassende Programmkenntnis der Verlage voraussetzt.

Kundenbestellung
Sortimente übernehmen die Beschaffung nicht vorrätiger Titel kostenlos für den Kunden.

Kundenkartei
Ein gepflegter Kundenadreßstamm ist für marketingorientierte Buchhandlungen ein wichtiges Instrument für die Zielgruppenbindung und den aktiven Verkauf.

Ladenpreis
Der vom Verlag festgesetzte und gebundene Bruttoverkaufspreis. Auf den LP erhalten der Zwischenbuchhandel und der Buchhändler den jeweilige Konditionsrabatt.

Lagerbestellung
Buchhandelsbestellung zur Ergänzung des Sortimentsangebots.

Leseexemplar
In der Belletristik übliches Verfahren, dem Sortiment bestimmte Titel vorab zur Prüfung zuzusenden. Dabei kann es sich um noch nicht fertig konfektionierte oder unkorrigierte Exemplare handeln.

Leseförderung
Derzeit intensiviertes Bemühen der gesamten Buchbranche zur Förderung des Leseinteresses, vor allem auch angesichts der Medienkonkurrenz und sinkender Bevölkerungszahlen.

Lesung
Autorenlesungen im Rahmen der Öffentlichkeitsarbeit von Verlagen und Buchhandlungen.

Lieferbar
Vom Verlag bereitgestellter, sofort verfügbarer Titel.

Lieferbedingungen
Im Rahmen der buchhändlerischen Verkehrsordnung und der individuellen Konditionen eines Verlags oder einer Firma des Zwischenbuchhandels fixierte Bedingungen für die Lieferung von Titeln.

Lieferungswerk
Ein sukzessive erscheinendes Werk, häufig im Rahmen einer Subskription. Die Lieferung erfolgt jeweils nach Erscheinen.

Literaturpreise
Wichtige Literaturpreise sind der Nobel-Preis für Literatur, in der Bundesrepublik der Friedenspreis des Deutschen Buchhandels und zahlreiche weitere Preise, die von Institutionen gestiftet werden. Sie bedeuten wichtige Kaufimpulse für die Titel der Preisträger.

Longseller
Bücher mit langfristig stetigem Absatz, z. B. fachliche Standardwerke, Lexika, gelegentlich auch belletristische Werke und Sachbücher.

Loseblattwerk
Nachschlagewerk in Loseblattform für aktualitätsabhängige Themen, z. B. Rechte, Normen, technische Entwicklungen für die berufliche Anwendung. Publikationsform mit auswechselbaren Blättern als Grundwerk und einem Lieferservice für notwendige Ergänzungen. Loseblattwerke sind meist als systematisches Ordnersystem konzipiert und haben außerordentlichen Praxisnutzen.

Mail order
Schriftlich oder telefonisch eingegangene Buchbestellung eines Kunden. Wird häufig im Rahmen von Directmail-Aktionen ausgelöst. Sog. Mailorder-Firmen vertreiben auf diesem Weg eigene und fremde Buchprogramme direkt an die Zielgruppe.

Mängelexemplar
Beschädigte Bücher einer lieferbaren Auflage, die der Preisbindung unterliegt. Bei preisreduzierter Abgabe von Mängelexemplaren soll möglichst ein entsprechender Aufdruck an der unteren Schnittkante erfolgen. Derzeit signalisieren drei Stiche das beschädigte Exemplar. Nach einer Empfehlung der buchhändlerischen Landesverbände sollen Mängelexemplare nicht früher als 12 Monate nach Erscheinen auf den Markt kommen. Die Regeln sind für Taschenbücher und Hardcover-Titel anwendbar.

Modernes Antiquariat
Im Rahmen von Discountgeschäften der Vertrieb aus der Preisbindung herausgenommener Bücher (Groß-, Sonder- und Restauflagen) an Einzelkunden, Filialbetriebe und Firmen.

Nachbezug
Nachorder im Rahmen von Partie- oder Bedingtbestellungen durch das Sortiment beim Verlag.

Nationalbibliothek
In der Bundesrepublik Deutschland die Deutsche Bibliothek in Frankfurt am Main, die die gesamte

deutschsprachige Literatur des eigenen Landes und der DDR sammelt; in der DDR die Deutsche Bücherei Leipzig; in Österreich die Österreichische Nationalbibliothek Wien; in der Schweiz die Schweizerische Landesbibliothek Bern.

Nationale Bibliografie
Zusammen mit der Deutschen Bibliografie ist die Deutsche Nationalbibliografie und die Bibliografie des im Ausland erschienenen deutschsprachigen Schrifttums das wichtigste Verzeichnis.

Novitäten
Allgemeine Bezeichnung für Neuerscheinungen.

OCR-b-Schrift
Schreibmaschinenähnliche optisch lesbare Maschinenschrift; wird z. B. für den Eindruck der ISBN auf der 4. Umschlagseite von Büchern verwendet.

Ordinärpreis
Bruttoverkaufspreis (= Ladenpreis) eines Buches.

Partie
Sortimentsbestellung einer bestimmten Anzahl von Büchern, denen ein unberechnetes Exemplar zugegeben wird, z. B. 7/6, 11/10.

Partieergänzung
Abnahme einer Partie in mehreren Teilen zur Risikominderung des Buchhändlers.

Postvertriebsstück
Zeitung oder Zeitschrift, die im Postzeitungsdienst an einen Abonnenten verschickt wird.

Preisbindung
Die Preisbindung gilt heute für Verlagserzeugnisse und wenige andere Warengruppen. Es handelt sich um eine vertikale oder Preisbindung der zweiten Hand. Der Verlag setzt den Ladenpreis fest und bindet ihn für die nachfolgenden Handelsstufen.

Preisbindungsrevers
Durch Einzel- oder Sammelrevers verpflichten sich Sortimente gegenüber Verlagen zur Einhaltung der Endabnehmerpreise, die die Verlage festsetzen.

Pressegrosso
Großhandelsunternehmen, die Presseerzeugnisse von Verlagen, nationalen Vertriebs- und Importfirmen einkaufen und an den Einzelhandel in ihrem Vertriebsgebiet weiterverkaufen. Der Pressegrossist löst das logistische Problem, die richtige Warenmenge termingerecht zum richtigen Verkaufsort zu bringen.

Rabatt
Auch Handelsspanne. Preisnachlässe sind für preisgebundene Waren wie Bücher und Presseerzeugnisse unzulässig. Die Handelsspannen bei Büchern betragen zwischen 25–50%, bei Zeitschriften ca. 22% für den Grossisten und ca. 22% für den Einzelhändler.

Raubdruck
Unerlaubter Nachdruck von Büchern. Die Verbreitung von Raubdrucken z. B. gängiger Bestseller hat derzeit steigende Tendenz und wird strafrechtlich verfolgt.

Reihe
Mehrere Titel innerhalb einer Buchreihe. Häufig wird eine Reihe von einem Herausgeber veröffentlicht. Sie hat meist einen thematischen Schwerpunkt (z. B. Geschichte) oder wird buchtypologisch zusammengestellt (z. B. Ratgeber).

Reisemuster
Verkaufshilfe für Vertreter und Reisebuchhändler. Das Reisemuster besteht häufig aus Schutzumschlag, Einband und ersten Druckbögen, die einen Eindruck vom späteren Original vermitteln.

Reiserabatt
Sonderrabatt, den der Vertreter bei Sortimentsbestellungen gewährt.

Remission
Bei Büchern in der Regel die körperliche Rückgabe von nicht verkauften Exemplaren im Rahmen des Bedingtverfahrens. Bei Zeitschriften-Remission unverkaufter Exemplare an den Grossisten durch Aufruf. Dieser remittiert an den Verlag in Ganzstücken, Titelseiten, Abrissen von Titelseiten (Kopfleistenremission) oder körperlos (KR = Körperlose Remission) aufgrund von Warenflußprotokollen.

Sachkatalog
Ein nach Sach- und Schlagwörtern aufgebauter Bücherkatalog, der also nicht nach Verfassernamen gegliedert ist.

Sammelreversverfahren
siehe Preisbindung

Sämtliche Werke
Gesamtwerk eines Autors, häufig auch als Gesamtausgabe bezeichnet.

Schaufensterwerbung
Wichtiges Marketinginstrument des stationären Sortiments. Häufig in Zusammenarbeit mit Verlagen die Veranstaltung von »Sonderfenstern«, »Schaufensterwettbewerben«, »Saisonfenstern«.

Schlagwortkatalog
Alphabetischer Sachkatalog vor allem wissenschaftlicher Bibliotheken.

Sortimentsbuchhandlung
Buchhandlung oder Sortiment als Einzelhandelsform des vertreibenden Buchhandels mit vielfältigem Lager und repräsentativem Verkaufsraum.

Standing order
Vormerkung eines Sortimenters (oder einer Bibliothek) zur Belieferung bestimmter Neuerscheinungen zu festgelegten Themen bei einem Verlag (oder einer Buchhandlung).

Subskription
Verpflichtung zur Abnahme eines meist mehrbändigen in Folge erscheinenden Werkes zu ermäßigtem Preis. Die Subskription erlischt meist mit dem Erscheinen des letzten Bandes des Fortsetzungswerks.

Suchliste
Im Antiquariatsbuchhandel eine Zusammenstellung gesuchter Titel. Als Beilage auch im Börsenblatt.

Verkehrsnummer
Jeder dem Börsenverein und der BAG angeschlossene Verlag und jedes Sortiment besitzen eine fünfstellige Kennziffer, anhand derer der gesamte buchhändlerische Abrechnungsverkehr abgewickelt wird.

Verkehrsordnung des deutschen Buchhandels
Die Verkehrsordnung regelt die Geschäftsbeziehungen der Verlage mit den buchhändlerischen Verbreitern über Gegenstände des Buchhandels. Sie definiert u. a. die Beteiligten des Buchhandels, die Handelsgegenstände, den Ladenpreis usw. Eine erneute kartellamtliche Anmeldung als »unverbindliche Konditionenempfehlung« des Börsenvereins steht bevor.

Verlagsauslieferung
In vollstufigen Verlagen eigener Lager- und Auslieferungsbetrieb oder eigenständiger Dienstleister des Zwischenbuchhandels, der die Produktionen mehrerer Verlage ausliefert.

Verlagsbuchhandel
Bezeichnet Verlage im Unterschied zum Sortimentsbuchhandel. Eigenes Berufsbild für diesen Zweig ist neben dem Verlagsbuchhändler der Verlagskaufmann/die Verlagskauffrau (s. BuB 4.10, 4.13).

Verlagsvertreter
Besucht den Sortimentsbuchhandel und bietet turnusmäßig, auch im Rahmen von Vertreterbörsen, die

Neuproduktionen und Backlisttitel von Verlagen an. Tätigkeit auf Gehalts-, Fixum- und/oder Provisionsbasis, frei oder angestellt.

Versandbuchhandel
Form des Buchhandels ohne Ladengeschäft. Das Angebot erfolgt im Rahmen des Directmarketing durch zielgruppenspezifische Werbung per Directmail, Anzeigen, Katalogsendungen usw. Bestellungen werden per Post zugesandt.

Verzeichnis lieferbarer Bücher - VLB
Wichtigstes bibliografisches Nachschlagewerk des Sortimenters. Gliederung nach Autorenalphabet mit Titel- und Stichwortregister. Mehrbändig und ständig aktualisiert. Auch auf CD-ROM erhältlich.

Warengruppen-Systematik
Ein von der Deutschen Bibliothek in ihren wöchentlichen Verzeichnissen verwendetes Warengruppensystem, das Bücher in 9 Hauptwaren und 65 Warengruppen gliedert. Diese Warengruppen-Systematik ist für das Sortiment wegen ihrer Kundenferne nur bedingt brauchbar (s. Seite 310, 311).

Warenhausbuchhandel
Auch Kaufhausbuchhandel. In Warenhäusern geführte Buchabteilungen in der Form von großflächigen Medienetagen bis zu kleinen Buchsortimenten, teilweise mit Discountcharakter.

Zwischenbuchhandel
Form des verbreitenden Buchhandels, vor allem Kommissionäre, Grossisten, Barsortimente, Verlagsauslieferungen.

ZZ
Abk. für ein Zeitschriften- und Zeitungssortimente in einer Buchhandlung. Nur 2 000 von 3 500 Sortimentsbuchhandlungen bieten ein ZZ-Sortiment an.

3. Warengruppensystematik

Die neue einheitliche Warengruppensystematik besteht aus einem

1. Zeile: ISBN 3-421-06138-6 DM +039.80
2. Zeile: T 1-16-00 * 13

Erläuterung am folgenden Beispiel:

Titel: Scholl-Latour, Peter, »Allah ist mit den Standhaften«
DM 39,80, ISBN 3-421-06138-6, Deutsche Verlags-Anstalt, Stuttgart

Eindruck auf der 4. Umschlagseite (OCR-b-Schrift)
1 Zeile: ISBN 3-421-06138-6 DM +039,80
2 Zeile: T 1-16-00 x 13

1. Stelle: **Index**

2.+3. Stelle: **Hauptwarengruppe** gemäß DB-Leitfaden und Praxis/Hauptsachgruppen der Deutschen Bibliothek

4.+5. Stelle: **Unterwarengruppen** gemäß Vereinbarung von Verlagsgruppierungen

6.+7. Stelle: **Ausnahmsweise DB-Eingruppierung** falls auf 2.+3. Stelle abweichende Sachgruppe steht

1. Indizes

1 Bücher
2 (Noch offen)
3 Taschenbücher
5 Kallender (voller MwSt.-Satz)
6 Zeitungen/Zeitschriften
7 unregelmäßige Fortsetzungen
8 Audiovisuelle Medien (voller MwSt.-Satz)
9 Papier-, Büro- und Schreibwaren (PBS) (voller MwSt.-Satz)

2. Sachgruppen

Allgemeines

01 Wissenschaft und Kultur allgemein
02 Buch und Bibliothek, Information und Dokumentation
03 Nachschlagewerke, Bibliographien
04 Adreßbücher, Fernsprechbücher
05 Kalender
06 Publizistik
07 Publizistik
08 Kinder- und Jugendliteratur
09 Handschriften, Buchkunst

Philosophie, Psychologie

10 Philosophie
11 Psychologie

Religion, Theologie

12 Christliche Religion
13 Allgemeine und Vergleichende Religionswissenschaft, Nichtchristliche Religionen

Sozialwissenschaften

14 Soziologie, Gesellschaft
15 Statistik
16 Politik
17 Wirtschaft
18 Arbeit
19 Recht
20 Öffentliche Verwaltung
21 Militär
22 Erziehung, Bildung, Unterricht
23 Schulbücher
24 Berufsschulbücher
25 Volkskunde, Völkerkunde

Mathematik, Naturwissenschaften

26 Natur, Naturwissenschaften allgemein
27 Mathematik
28 Informatik, Kybernetik
29 Physik, Astronomie
30 Chemie
31 Geowissenschaften
32 Biologie

Angewandte Wissenschaften, Medizin, Technik

33 Medizin
34 Veterinärmedizin
35 Technik allgemein
36 Energie-, Maschinen-. Fertigungstechnik

vierteiligen Nummernsystem:

1. Zeile: N = Zeichen zur Eröffnung der ISBN
+ = DM-Zeichen

2. Zeile: T = Zeichen zur Eröffnung der Warengruppen-Nummer (T wie Titelgruppe)
1 = Index; hier »Hardcover«
16 = Hauptwarengruppe; hier »Politik«
00 = Unterwarengruppe; hier: noch keine vergeben
* = Zeichen betreffend Ende der maschinellen Lesezone
13 = DB-Eingruppierung: hier »nichtchristliche Religionen« Erfolgt an dieser Stelle keine Eingruppierung, ist die Warengruppen-Nummer nur 5-stellig.

Nur die unterstrichenen Buchstaben/Ziffernfolgen des OCR-b-Eindrucks werden maschinell gelesen.

37 Elektrotechnik
38 Bergbau, Bautechnik, Umwelttechnik
39 Landwirtschaft
40 Hauswirtschaft, Hotel- und Gaststättengewerbe
41 Nachrichten- und Verkehrswesen
42 Chemische Technik, Verschiedene Technologien
43 Basteln, Handarbeit, Heimwerken

Kunst, Kunstgewerbe, Photographie, Musik, Spiel, Sport

44 Umweltschutz, Raumordnung, Landschaftsgestaltung
45 Architektur
46 Bildende Kunst
47 Photographie
48 Musik
49 Theater, Tanz, Film
50 Sport, Spiele

Sprach- und Literaturwissenschaft, Belletristik

51 Allgemeine und Vergleichende Sprach- und Literaturwissenschaft
52 Englische Sprach- und Literaturwissenschaft
53 Deutsche Sprach- und Literaturwissenschaft
54 Sprach- und Literaturwissenschaft der übrigen germanischen Sprachen
55 Romanische Sprach- und Literaturwissenschaft
56 Klassische Sprach- und Literaturwissenschaft
57 Slawische und baltische Sprach- und Literaturwissenschaft
58 Sprach- und Literaturwissenschaft sonstiger Sprachen
59 Belletristik

Geographie, Geschichte

60 Archäologie
61 Geographie, Heimat- und Länderkunde, Reisen
62 Atlanten
63 Geschichte und Historische Hilfswissenschaften
64 Sozialgeschichte
65 Wirtschaftsgeschichte

Nebensortiment

80 Regionalliteratur
85 Modernes Antiquariat
86 Klassisches Antiquariat
87 Graphik, Stiche, Bilder
88 Schallplatten, Kassetten (E-Musik, U-Musik)
89 Buchgemeinschaftsproduktion

Papier-, Büro- und Schreibwaren

90 Karten (Glückwunsch-, Ansichts-, Kunstkarten)
91 Büroartikel
92 Schulbedarf, Zeichenbedarf
93 Spiele, Spielzeug, Bastelbedarf
94 Geschenkartikel, Alben, Mappen
95 Kunstgewerbe, Kunsthandwerk, Replikate, Devotionalien
97 Bürogeräte, -maschinen, -möbel

4. Abbildungs- und Quellennachweis

1. Abbildungsnachweis

Nachfolgend nicht aufgeführte Abbildungen sind von Ehrhardt Heinold entworfen

Titelbild Gestaltung und Foto Richard Mader

Kapitel 1

S. 21 Kostenverteilung im Buchhandel 1986. Buch und Buchhandel in Zahlen 1987. Grafisch umgesetzt nach einer Idee von Ehrhardt Heinold.

S. 22 Umsatzentwicklung des Sortimentsbuchhandels. Buch und Buchhandel in Zahlen 1987. Grafisch umgesetzt nach einer Idee von Ehrhardt Heinold.

S. 23 DurchschnittlicherJahresumsatz des Buchhandels 1988 nach Regierungsbezirken. Freundlicherweise vom Wickert-Institut für Standortforschung zur Verfügung gestellt. Illereichen: Wickert 1988.

S. 25 Anzahl der Buchhandlungen im deutschsprachigen Raum. Jochen Wörner: Ausliefern und Verkaufen in Österreich und in der Schweiz. Hardebek: Eulenhof-Verlag Ehrhardt Heinold. Grafik aktualisiert 1988.

S. 26 Umsatz mit Büchern in der Schweiz. Jochen Wörner: ebd.

S. 28 Kupferstich aus Diderots Enzyklopädie 1762–1777.

S. 31 Innenansicht der Campeschen Buchhandlung. Abbildung freundlicherweise von Hoffmann und Campe zur Verfügung gestellt.

S. 35 Strukturwandel im linken Buchhandel. In: Elmar Sing: Geschichte der Selbstverwaltung im linken Buchhandel. In: CONTRASTE, Oktober 1986.

S. 39 Positionierung ausgewählter Betriebstypen. In: Buchmarkt 4/87.

S. 44/45 Handelsbetriebstypen und ihre wichtigen Funktionen. Claudia Leonhardt: Das Taschenbuch – seine Stellung und sein Einfluß im deutschen Buchmarkt. Frankfurt: Börsenblatt 77/1985.

S. 46 Gesamtmarkt Bücher 1987 nach Endverbraucherpreisen. Zahlen in BuchMarkt 7/88. Grafisch umgesetzt nach einer Idee von Ehrhardt Heinold.

S. 51 Buchgruppen und Betriebsformen des Einzelhandels. Claudia Leonhardt: ebd.

S. 57 Karikatur »Färn seen«. Wolter in: Börsenblatt 89/1986.

S. 60 Wer kauft wie viele Bücher? In: Bücher und Leser. Betriebsberatungsstelle für den Einzelhandel (BBE). Köln: BBE 1986.

S. 61 Anteil des Buchkonsums am privaten Verbrauch. Arnd Roszinsky-Terjung.

S. 64 Ludwig Muth: Möglichst viele Buchstaben. In: Börsenblatt 34/1986.

S. 74 Preisgestaltung. In: Argumente (Faltbroschüre). Georg Thieme Verlag, Stuttgart.

S. 81 Expansive und schrumpfende Betriebsformen. Arnd Roszinsky-Terjung.

Kapitel 2

S. 91 Lesepult. Foto wurde freundlicherweise von der Firma Kreft zur Verfügung gestellt.

S. 91 Grundriß mit Innenhof. Kreft.

S. 95 Liquiditätskurve einer Buchhandlung. Wolf Greth: Sind Sortimenter schlechte Kaufleute? In: Börsenblatt 67/1986.

S. 97 Der Verkehr über Leipzig. In: Hellmuth Langenbucher (Hrsg.): Die Welt des Buches. München: Langewiesche-Brandt 1938.

S. 103 Jörg Winter/Wolf Greth: Nach Anfangsschwächen jetzt hohe Repräsentanz. In: Börsenblatt 60/1988.

S. 106 So arbeitet das optimale Warenwirtschaftssystem. impulse Schnellkurs: Wie sich das Lager besser organisieren läßt: Warenwirtschaft für jedermann. impulse 3/88.

S. 115 Signets freundlicherweise vom Börsenverein zur Verfügung gestellt.

S. 116 VerlagsPR. Freundlicherweise vom Franckh Kosmos Verlag zur Verfügung gestellt.

S. 117 Werbemittel-Angebot. Aus: Werbung rund ums Buch. Frankfurt: Buchhändler-Vereinigung

S. 122 BücherScheck. Frankfurt: Buchhändler-Vereinigung, BuchSchenkService.

S. 131 Fünf Zielgruppenstrategien des Buchhandels. Nach einer Idee von Philipp Kotler: Marketing-Management. Stuttgart: Poeschel 1980.

Kapitel 3

S. 135 Grafik Kapitelanfang. J. Krause/H. Kleine/H. Müller: Sortimentskunde für Buchhändler. Düsseldorf: Verlag Buchhändler heute 1983.

S. 138 Kostenvolumen und -struktur der Branchenlogistik. In: BuchMarkt 7/88.

S. 139 Leipziger Buchhändlerhaus. Foto freundlicherweise vom Börsenverein – Historisches Archiv – zur Verfügung gestellt.

S. 142 KNO-K&V Bestellanstalten. Koch, Neff & Oetinger/Koehler & Volckmar, Stuttgart, Köln.

S. 144 Konzeption des Datenverkehrs. In: Börsenblatt 77/1987.

S. 147 Warenbeschaffung im Sortimentsbuchhandel. Franz Hinze: Gründung und Führung einer Sortimentsbuchhandlung. 4. Aufl. Frankfurt: Börsenverein 1985. Daten 1988 überarbeitet.

S. 156 Börsenblatt für den Deutschen Buchhandel. Nachdruck freundlicherweise vom Börsenverein - Historisches Archiv - zur Verfügung gestellt.

S. 159 Bestseller-Listen. Buchreport 1988.

S. 166 Umsatzverteilung im Sortiment. Arnd Roszinsky-Terjung.

S. 167 Konzentration in der Buchbranche. Buch und Buchhandel in Zahlen 1986 (Amtliche Umsatzsteuerstatistik 1984). Grafisch nach einer Idee von Ehrhardt Heinold umgesetzt.

S. 169 Gewinner und Verlierer im Buchhandel. Arnd Roszinsky-Terjung.

S. 171 Größte Einzelflächen im Sortiment. Buchreport 6/1988.

S. 172 Die größten Sortimentsbuchhandlungen. Buchreport 6/1988.

S. 175 Signets freundlicherweise vom Börsenverein zur Verfügung gestellt.

Kapitel 4

S. 188 Abbildungsvorlage freundlicherweise vom Verband Deutscher Antiquare e.V. zur Verfügung gestellt.

S. 194 Karikatur von Eberhard Holz. In: Börsenblatt 76/1986.

S. 198 Ausbildungsverhältnisse zum 31.12.1986 nach Bundesländern. In: Buch und Buchhandel in Zahlen 1987.
S. 199 Foto Buchhändlervereinigung Frankfurt.
S. 200 In Anlehnung an: Miller. Wörterbuch des Bundes. Frankfurt/Main: Klostermann 1980.
S. 203 Signet. Die Schulen des Deutschen Buchhandels, Frankfurt/Main.

Kapitel 5

S. 210 Foto Richard Mader
S. 225 Betriebsvergleichsergebnisse für Sortimentsbuchhandlungen. In: Buch und Buchhandel in Zahlen 1987.
S. 234 Die Deutsche Bücherei Leipzig. In: Hellmuth Langenbucher: Die Welt des Buches. Ebenhausen/München: Langewiesche-Brand 1938.
S. 238/39 Neubau-Modell der Deutschen Bibliothek. Foto freundlicherweise von der Deutschen Bibliothek zur Verfügung gestellt.
S. 247 Lageskizze der Österreichischen Nationalbibliothek. In: Die Österreichische Nationalbibliothek. Hrsg. v. Josef Stummvoll. Wien: Verlag Brüder Hollinek, o. J.
S. 248 Schweizerische Landesbibliothek. Foto freundlicherweise vom Photoatelier der Schweizerischen Landesbibliothek zur Verfügung gestellt.
S. 260 Museum der Bücher. Reihe: Die bibliophilen Taschenbücher. Freundlicherweise von Harenberg Kommunikation zur Verfügung gestellt. (Foto: Richard Mader)
S. 270 Funktionen einer Sortimentsbuchhandlung. Franz Hinze: Gründung und Führung einer Buchhandlung. Frankfurt: Börsenverein 1982.
S. 272 Buchhandlung Gondrom, Kaiserslautern. Fotos freundlicherweise von Brübach Ladenbau & Verkaufstechnik zur Verfügung gestellt.

2. Quellennachweis - Zitate

Präambel Herbert Grundmann. In: Börsenblatt für den Deutschen Buchhandel Nr. 28/1971.
Hans Ferdinand Schulz. In: Der deutsche Buchhandel in unserer Zeit. Göttingen: Vandenhoeck & Ruprecht 1961.
Joachim Zentes: Das massive Eindringen von außen kommt erst noch. In: BuchMarkt 8/1988.

S. 13 Samuel Fischer. In: Hans Widmann (Hrsg.): Der deutsche Buchhandel in Urkunden und Quellen. Hamburg: Hauswedell 1986. Band 1.

S. 41 Joachim Zentes: Herausforderung für das Sortiment. In: Sassendorfer Sortimentertage 1987. Hrsg. v. Verlagsgruppe Bertelsmann. München: Bertelsmann 1987.

S. 56 Interview (Boris Langendorf) mit Jens-Jörgen Middeke. In: Buchreport 8/88.

S. 63 Peter Schaper: Die Zukunft des Lesens fängt erst an. In: COPY 17/1987.

S. 63 Kurt Meurer: Leserbrief zum Artikel von Joachim Kaisers »Unsere Bildungslüge« (Buchreport 12/88). In: Buchreport 16/1988.

S. 71 Hans Franzen: Die Preisbindung des Buchhandels. 3. Aufl. München: Beck'sche Verlagsbuchhandlung 1987.

S. 73 Ulrich Röhm: Marketing im Sortimentsbuchhandel im Zeichen neuer Herausforderungen. Archiv für Soziologie und Wirtschaftsfragen des Buchhandels LXI. Frankfurt: Börsenblatt 53/1986.

S. 110 Gerd Gerken: Die Buchbranche vor neuartigen Problemen. In: RADAR für TRENDS 6/88.

S. 135 Helmut Schmidt anläßlich der Feier zum Tag des Buches im Mainzer Rathaus 1981. In: Börsenblatt 42/1981.

S. 176 Samuel Fischer. Aus einer Diskussion zwischen S. Fischer und Franz Pfemfert, veröffentlicht in: Einladung an alle Auszubildenden im verbreitenden Buchhandel zu einem Ideenwettbewerb anläßlich »100 Jahre S. Fischer«. Frankfurt: S. Fischer 1986.

S. 177 Boris Langendorf: Für Verlage keine Verlockung. In: Buchreport 6/1988.

S. 183 Wilhelm Röpke. In: Hans Widmann (Hrsg.): Der deutsche Buchhandel in Urkunden und Quellen. Hamburg: Hauswedell 1965, Band 1.

S. 188 Christoph Cobet: Wo der Markt funktioniert. Der Antiquar. In: Frankfurter Allgemeine Zeitung, 7. 6. 1986.

S. 205 Curt Gonn: Tagebuch eines Berufsreisenden. Wien: Saturn-Verlag 1930.

S. 206 Festbuch zur Pfingsttagung. In: Herbert Grundmann: Buchhandel zwischen Geist und Kommerz. Bonn: Bouvier 1984.

S. 206 Londoner Resolution. In: Herbert Grundmann, ebd.

S. 206 Ludwig Muth: Vom Buchhändler zum Informationshändler. In: Börsenblatt 78/1972.
S. 207 Uwe Schmidt: Buchhändler - ganz unten? In: Buchreport 28/1986.
S. 211 John Ruskin. In: Egon Jameson: ABC der klügsten Sätze. Reinbeck/Hamburg 1961.
S. 217 Ulrich Röhm, ebd.
S. 219 Erwin Barth von Wehrenalp. In: Ulf Diederichs: Annäherung an das Sachbuch. In: Rudolf Radler (Hrsg.): Kindlers Literaturgeschichte der Gegenwart. München-Zürich: Kindler 1978.
S. 228 Ulrich Röhm, ebd.
S. 262 Bibliothekswesen der deutschen Bundesländer. In: Buchreport 26/1988.
S. 264 Überlegungen zur EDV-gestützten Zusammenarbeit zwischen Bibliotheken und Buchhandel. In: Börsenblatt 9/1988.

5. Danksagung

Bei der Abfassung des Manuskriptes zu diesem Kompendium erhielt ich vielfältige Unterstützung. In erster Linie nenne ich Gernot Keuchen, der das Glossar und zusammenfassende Abschnitte am Eingang eines jeden Kapitels beigesteuert hat. Die umfangreichen Recherche- und Dokumentationsarbeiten lagen in der Hand von Uwe Schultz. Außerdem erhielt ich Unterstützung von Ludwig Delp, Ursula Frank, Horst Machill, Christian Herrmann, Franz Hinze, Boris Langendorf, Wolfgang Grimpe, Franz W. Moersch, Robert Müller, Kristian Müller von der Heide, Arnd Roszinsky-Terjung, Manfred Seidel, Annegret Stein-Karnbach, Heinz Steinberg, Ute Valentin, Jochen Wörner. Ihnen allen möchte ich besonders danken, daß sie zur Praxisnähe und Verständlichkeit dieses Buches beigetragen haben.

Mein besonderer Dank gilt dem Verleger Dr. Hans Windsheimer, der den Anstoß zur Publikation dieses Bandes und meines Buches »Bücher und Büchermacher« gegeben hat, sowie allen Mitarbeitern des Verlages für ihr Engagement bei der Produktion und Distribution dieses Bandes.

6. Register

• Ansprechpartner • Strukturdaten • Werbeaktivitäten
• Interessengebiete •
Ihr Wegweiser zum Sortiment
MARKETING DATEI BUCHHANDEL
BAND 1
PLZ-Bereich 1000–2999
BAND 2
PLZ-Bereich 3000–4699
MARKETING DATEI BUCHHANDEL
Der deutsche Sortimentsbuchhandel
Organisation · Struktur
Fachgebiete · Werbung
Personal · Einkauf
Ehrhardt Heinold
Rainer Rossipaul
Arnd Roszinsky-Terjung
Loseblattwerk in sechs Ordnern mit ca. 5300 Seiten inklusive der bis zur Herstellung vorliegenden Ergänzungslieferungen. Die stets aktuellen Daten von ca. 2500 Firmen, gegliedert nach PLZ-Gebieten, zum Preis von DM 798,– Verlagsnettopreis, zzgl. Mehrwertsteuer, Porto und Verpackung.
Dr. Lothar Rossipaul Verlagsgesellschaft mbH
Postfach 150108
Bavariaring 24
8000 München 2
Telefon (089) 5309227
Telex 5214180
Das Loseblattwerk mit den aktuellen Informationen zu über 2500 Firmen. Inklusive aller Ergänzungslieferungen.
Herausgegeben von Ehrhardt Heinold, Rainer Rossipaul und Arnd Roszinsky-Terjung.